미디어 비즈니스 시장과 생태계

미디어 비즈니스 시장과 생태계

초판 1쇄 인쇄 2010년 9월 14일
초판 1쇄 발행 2010년 9월 17일

지은이 송해룡 지음
펴낸이 서정돈
펴낸곳 성균관대학교 출판부
출판부장 한상만
편 집 신철호 · 현상철 · 구남희
디자인 김숙희
외주디자인 아베끄
마케팅 장민석 · 송지혜
관 리 이승재 · 김지현

등록 1975년 5월 21일 제1975-9호
주소 110-745 서울특별시 종로구 명륜동 3가 53
대표전화 02)760-1252~4
팩시밀리 02)762-7452
홈페이지 press.skku.edu

ISBN 978-89-7986-854-8 93070

잘못된 책은 구입한 곳에서 교환해 드립니다

본 출판물은 2008년 63학술연구기금의 연구비를 지원받아 수행되었음(2008-0983-000).

미디어 비즈니스 시장과 생태계

복잡계 이론과
미디어 콘텐츠를 중심으로

생태계

———— 송해룡 지음

성균관대학교
출판부

차례

작금의 콘텐츠, 디바이스 그리고 네트워크가 다양한 교차점을 이루고 있는 디지털 생태계(Digital Ecosystem)는 매우 역동적이고, 적응적이다. 그래서 생물학적 은유의 파괴력을 높이면서 미디어 관련 논의에 대한 다양하고 풍부한 학문적인 접근을 요구하는 동시에 미디어 콘텐츠의 모든 과정을 '비즈니스 생태계'의 범주에서 바라보도록 한다. 다보스 포럼에서 시작된 디지털 생태계의 컨셉은 명확하지 못하여 논쟁이 계속 불거져 나오고 있음에도 불구하고, 여전히 여러 영역에서 그 관점의 중요성은 날로 커져가고 있다. 최근에 관련 연구들이 심층적으로 이루어지면서 '디지털 생태계'라는 컨셉은 학문 간 융합이라는 거대한 담론을 만들어내는 시대의 틀이 되고 있다. 이 가운데 사회경제적 시스템과 디지털 정보통신 기술이 만들어내는 융합 영역, 그리고 컴퓨터 과학과 생물학이 서로 만나는 공통 영역에 대한 관심은 기존의 패러다임을 변화시킬 정도로 넓어지고 있다. 이제 겨우 형태를 갖추기 시작하였지만, 생물학 시스템과 정보 시스템 간의 서로 마주보기, 그리고 생물학과 사회 경제 시스템과의 관련성은 단순한 은유의 수준을 넘어서고 있다.

디지털 생태계가 추동하는 사회는 모든 시스템 간의 균형적인 소통을 원한다. 그래서 서로 다른 연구 분야 간의 학문적인 대화가 비록 생태계 사회 환경에서 필요로 하는 모든 요소를 다룰 수 없다 하여도, 이것은 새로운 사회질서를 분석하는 핵심적인 접근 방법으로 인정을 받는다. 이 학문 간의 대화는 함께 새로운 사회적 질서의 기본 틀을 세우고 생태환경의 핵심적 특징을 사회적으로 수용하는 디지털 생태계 이론을 정립하는 데 있어 많은 기회를 주고 있다. 디지털 비즈니스 생태계, 미디어 콘텐츠 생태계와 같은 개념들은 이와 같은 시대적인 문제를 해결하려는 의식의 산물이다. 이제 미디어 콘텐츠는 교환가치에 기초한 재화의 의미를 폭넓게 갖게 될 것이며, 더욱더 이러한 추세가 강화될 것은 분명하다.

이러한 패러다임의 변화는 기존에 초월적인 의미를 갖던 미디어 시스템 역시 사회를 구성하는 여러 시스템 중의 하나라는 인식을 갖도록 하는 데 일조하였다. 이것은 모든 시스템에 우선한다는 미디어 시스템의 사회적인 특수성을 붕괴시켰고, 동시에 새로운 정체성을 요구하고 있다. 이로 인해 사회 시스템 간의 갈등이 일어나고, 가치가 전도되는 모습을 보이고 있다. 디지털 미디어의 도입과 확산은 산업사회에서 논의된 발전의 개념을 넘어서 진화론적인 차원에서 사회의 진화를 추동할 것이다. 이러한 디지털 미디어의 예측 불가능한 변화 속에서 거시적인 새로운 현상이나 질서가 출현하는 것을 의미하는 소위 복잡계(Complex System)에 대한 연구도 미디어 분야에서 많은 관심의 대상이 되고 있다. 복잡계 이론을 미디어 연구에 원용하여 접목시키는 것은 예상할 수 없는 디지털 문명의 문제점을 미리 예측하여 사회적인 예방 시스템을 구축하는 데 일조하는 것이다.

일상화되고 있는 방송과 통신의 융합이 동반한 '미디어 2.0' 및 '웹 2.0'에 대한 개념은 현재 미디어 분야의 사회적 변화를 잘 표현해준다. 기존의 컨버전스, 퓨전이라는 용어로는 더 이상 설명할 수 없는 새로운 문명융합이 이루어지고 있다. 예컨대, 아이폰, 안드로이드폰 같은 첨단 스마트 폰의 등장은 미디어 콘텐츠를 진화시키면서 디지털 미디어 생태계에 진화론적인 접근을 요구하고 있다. 이 책은 이러한 다양하고 풍부한 미디어 생태계 분야의 관심사들을 출발점으로 삼아 집필되었다. 시시각각으로 변모하는 다양한 사례들을 담기 위해서는 논의해야 할 부분이 매우 많지만 축적된 연구가 미진하여 현재의 상황을 스케치 수준에서 대략적이나마 그려보는 것에 그 의의를 두었다. 우리나라의 디지털 미디어 산업이 현재의 발전 상태를 넘어서 세계일류 산업으로 진화하며, 지속가능한 사회적 균형을 만드는 기반 시스템이 되기 위해서는 무엇보다도 다양하고 풍부한 학술적인 연구결과가 이 디지털 미디어 생태계 논의 속으로 녹아들어야만 한다. 앞으로 커뮤니케이션학적인 관점에서 '비즈니스 생태계'에 대한 연구는 빼놓을 수 없는 학문의 십자로가 될 것이다. 더 많은 연구가 이 분야를 뒷받침해주기를 바라며 많은 부분이 미진하고, 더 상세한 학술적인 검증이 필요하다는 고백을 한다. 이 책의 내용과 관련해 향후 여러 독자들과의 질책과 피드백의 활성화를 기원하며, 본서의 자료조사에 도움을 준 김원제 박사, 정세일 박사, 조항민, 이윤경 박사과정 학생들에게 고맙다는 말을 전한다. 이 책의 집필에서 교정까지 물심양면 도움을 준 성균관대학교 출판부의 여러분께도 감사의 말을 전하며, 곧 더 좋은 내용을 담은 책으로 독자들에게 다가갈 것을 약속한다.

2010년 8월
송해룡

제1장

신경제와
비즈니스 생태계
시스템

1

신경제와 지식집약형 기업의 등장

20세기 말에 갑자기 등장한 '신경제'라는 용어는 누구나 사용하기는 했지만 여전히 명확한 정의를 끌어내지는 못하고 있다. 학자들은 신경제에 대해서 제조업이나 정유산업 같은 산업체를 대신해서 기술, 재정 서비스, 미디어/오락 등 새로운 산업 영역이 지배체제로 변화되는 것으로 말하고 있다. 그러므로 기업에서 자원은 보이는 생산물에서 기술과 지식 같은 보이지 않는 것으로 옮겨갔다는 것이다. 이것은 또한 OECD국가 곳곳에서 1975~1995년 동안 제조업에서 나오는 생산물보다는 R&D에서의 투자가 3배가량 증가했다고 밝히고 있는 것에서 지식기반 경제의 성장을 찾아볼 수 있게 한다. 신경제는 국가적인 경쟁 그리고 경제발전과 밀접한 관계를 갖고 있다. 지식, 정보, 소통, 배움에 대한 중요성은 많은 국가가 직면하고 있는 도전이지만 예측할 수 없는 어려움이 있다. 성공의 공통분모로 간주된 이용 가능한 자본의 크기가 나타내는 중요성은 줄어들고 있고, 역으로 그 중요성은 사람과 그들의 지식 그리고 배움의 능력으로 옮겨가고 있다.

신경제의 특징은 뛰어난 교육을 받은 인력과 높은 기술력을 갖고 있는 수많은 기업이 등장하고 있다는 것이다. 이것은 신경제 상황에서 생존을 위해 필요했던 구성요소인 능력에서 기본적인 변화가 생겼다고 받아들일 수 있다. 이러한 능력에는 기술의 중요한 능력과 그것의 촉매효과를 다루기 위한, 그리고 소통에 대한 새로운 가능성을 충분히 이용하기 위한 능력을 포함한다. 그러나 무엇보다도, 신경제는 '증가하는 지식의 가치'에 관한 것이다. 이것은 단지 지식이 일상용품으로서 재화와 서비스에 대항하는 방법이 되었다는 것만을 나타내는 것은 아니다. 예를 들면 역설적으로 제품의 디자인과 그것의 제조방법을 알아갈 수 있었지만, 지식, 특히 암묵적인 지식은 그러한 유형적인 생산물에 적용했던 역설의 방식을 변형시키는 것을 뛰어넘지는 못했다.

이 외에 신경제의 특징을 구분 짓는 것은, 아이디어, 정보 그리고 관계를 들 수 있다. 그러므로 구경제와 신경제 사이의 다른 점은 기업의 혁신을 생산하기 위한 지식과 관계들을 다루는 능력에 있다. 지식과 지식에 의한 창조가 중요하다는 것이다. 지난 10년 동안 진행된 새로운 경제 질서에서 보듯이 서비스를 중시하는 관점은 비즈니스 세계에서 주된 변화를 나타낸다. 진화하는 지식경제 하에서 서비스의 역할은 너무도 명백하기 때문에 서비스 산업에 대한 인정은 이미 시작되었다. 그러나 서비스에 대한 관심은 명백하게 지식집약적인 산업을 지향하고 있다. 이것이 기업들이 지식을 모으는 이유이고 지식이 사업의 한 기회로 변할 수 있는 근거이다. 지식집약적 산업은 다른 산업들에 비해 빠르게 성장하는 특징이 있다. 혁신을 앞당기는 기술집약적 서비스 분야의 능력 이외에도 기술집약적 서비스는 경제를 발전시키는 주된 성장 분야가 되었다. 노동비용이 높은 국가의 제조업 환경에서는 눈에 띄는 큰 성장을 쉽게 이뤄낼 수 없다. 지식집약적 서비스의 성장은 우리의 생활수준을 유지하는 데 필수적이기 때문이다.

여러 학자들이 주장하듯이, 지식은 많은 조직들 속에서 중요하지만 그것의 중요성은 지식집약적 서비스(KIS)에서 부각된다. 그들은 또한 지식산업의 성장이 지식집약적 서비스의 중요성에 의해 특징 지을 수 있다고 말하는데 이것은 또한 새로운 상품, 서비스 그리고 과정에서 상업화와 창조와 연결된 지식집약적 서비스의 역할을 언급한다. 지식집약적 서비스들은 혁신 과정에서 운반자, 형태를 만드는 자, 창조자로서 기능을 하고, 다른 산업의 발전과 혁신을 촉진시킨다. 지식집약적 서비스는 뭔가 새로운 것을 창조하기 위해 많은 산업들로부터 현존하는 기술과 지식을 결합하는 네트워크 구조물의 형태를 이용한다. 그러므로 기술집약적 서비스 회사는 많은 산업들 속에서 새로운 지식의 창조와 혁신을 촉매하는 중요한 역할을 할 수 있다. 또한 혁신적이고 높은 기술의 제품을 이끄는 것을 목적으로 하는 조직 구성원들 중에서 핵심적인 멤버로서의 기능을 할 수 있다. 기술집약적 서비스의 다양한 역할을 아래 그림에서 볼 수 있다.

지식집약적 서비스 회사는 기억작용, 한계요소, 그리고 감각작용을 보유한 살아 있는 시스템(스스로 생산하고, 자동적으로 만들어내는)으로 간주

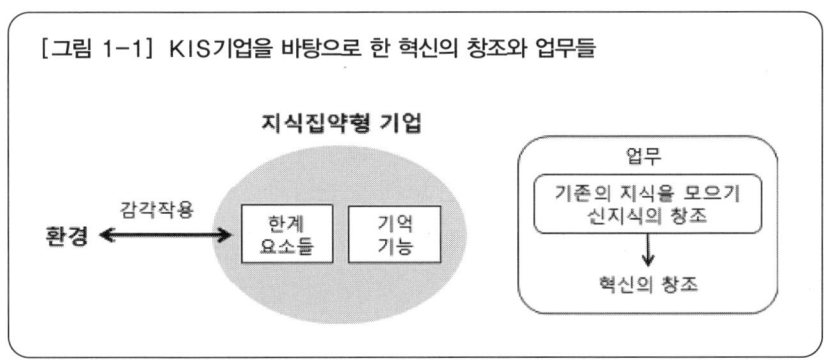

[그림 1-1] KIS기업을 바탕으로 한 혁신의 창조와 업무들

된다. 기업 내부의 기억은 계속적으로 변화하고 자율적인 방식을 채택하고 있다. 그것의 내부적인 규칙과 현존하는 지식에 따르면 그 기업은 감각적인 기능 그리고 한계요소를 사용함으로써 그 환경으로부터 자극들을(당황, 불안) 이해한다. 그러나 이러한 과정은 어떤 의미에서는 기업 또한 기업의 환경에 효과를 미칠 수 있는 쌍방향적인 흐름이라고 할 수 있다. 신지식은 기억과 감각 기능의 상호작용 내에서 창조된다. 이는 기

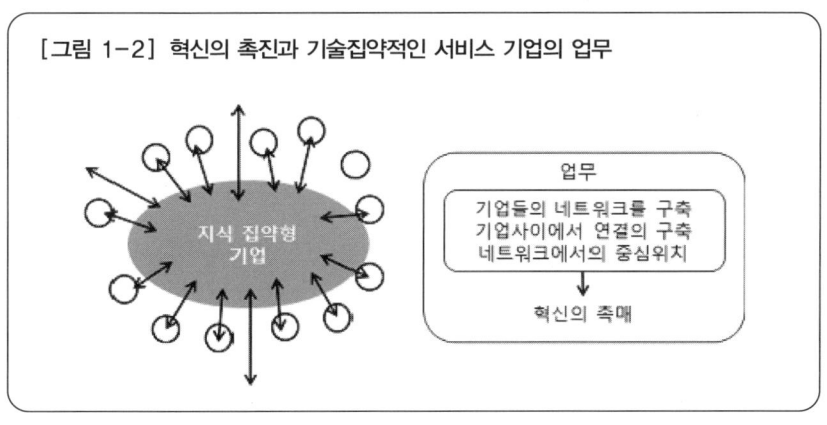

[그림 1-2] 혁신의 촉진과 기술집약적인 서비스 기업의 업무

업이 어떻게 현존하는 지식들을 모으고, 어떻게 새로운 지식을 창조하고 어떻게 혁신을 일으키는가를 의미하는 것이다.

네트워크 모델에서 중심적인 위치는 다른 회사들 가운데 기술집약적 서비스 회사의 혁신 과정과 지식 창조 속에 나타난다. 기술집약적 서비스 회사가 이 위치를 차지한 이후에 이 회사는 다른 회사들로 구성된 네트워크를 구성할 수 있었고, 회사들 간 개개의 상호접속을 가능하게 만들었다. 그러므로 기술집약적 서비스 기업은 소통의 수단과 관계들에 있어 창조자로서의 역할뿐만 아니라 혁신과 지식의 창조자로서의 기능을 수행한다. 이것이 바로 혁신을 어떻게 촉진시키는가를 의미한다.

그러나 이러한 견해는 제한적이고 한편 극단적이다. 왜냐하면 그것은 개개의 지식집약적 서비스 기업의 수준에 대한 심사, 그 기업의 기능과 업무, 다른 기업들에게 미치는 영향 그리고 혁신 과정에 미치는 영향과 같은 것들에 한정되기 때문이다. 확실히 경쟁적이면서도 협조적인 관계를 유지한 조직 개체들, 활발한 소통과 상호작용, 높은 기술력, 방향, 성장뿐만 아니라 불확실성까지 이런 것들에 대한 고찰이 결여되어 있다. 필요한 것은 기술집약적 서비스 기업이 중요한 부분을 차지하는 새로운 디지털 미디어 생태계를 전체적인 관점에서 조망하는 것이다. 미디어는 이제 지식집약적 서비스를 담보하는 모습을 해야 한다.

2

조직개체 모델에 적용되는 신고전경제학의 가정

경제학은 일반적으로 현실에서 비롯된 학문으로 간주된다.
과학보다는 철학이나 수학의 한 가지에 가깝다(Foster, 2004, p. 2).

신고전경제학은 잘 정리된 분야이며, 조직개체 모델의 기반을 만들어내는 데 좋은 가정과 원칙을 제공하고 있다. 극대화, 합리성과 균형은 신고전경제학의 기본 개념을 만들어 내고 있다. 디지털 미디어 생태계를 설명하기 위하여 이 개념과 이것들이 함축하고 있는 의미를 조명해보는 것은 매우 중요하다. 그래서 신고전경제학에 대한 몇 가지의 가정을 살펴보고, 신고전경제학을 평가해보는 것은 디지털 미디어 생태계에 대한 시각을 넓혀줄 것이다.

1) 극대화와 합리성에 대한 가정

극대화와 합리성은 신고전경제학에서 애지중지하는 중요한 학술적 가정이다. 이 가정들을 토대로 모든 사람들의 행동양식이 뚜렷하게 밝혀진다. 사람들은 무언가를 선택할 때, 그들은 항상 각 대안들의 결과를 알아보고 난 후에 가장 좋은 것 하나를 고르게 된다.

극대화에 대해서는 여러 정의가 있지만, 기업은 외부 혹은 내부의 환경에 따라 그들의 행동을 결정하게 되며, 이런 규칙들은 기업의 한 중요 부분인 극대화를 반영하는 데 이 주장은 정설의 한 축이 된다. 이 정설 모델에 따르면 회사는 환경이 그들에게 가하는 압력에 따라 극대화를 추구한다는 것이다. 다른 한 축인 합리성은 개인적 기대와 환경에 대한 상호 일관성을 유지하는 것이다. 이처럼 경제 시스템에서 개개인들은 합리적으로 행동하고, 그들을 둘러싸고 있는 환경들은 합리적으로 움직이게 된다.

그러나 이런 가정들은 종종 거부되었다. 조직 만족이 극대화보다 중요하다는 것이다. 사람들은 경쟁으로부터 자신을 보호하기 위해 특정 영역을 찾아낸다고 주장한다. 적어도 기업이 항상 극대화를 추구한다는 부분은 의심스럽다는 것이다. 매번 최고의 선택을 하기란 쉽지 않다. 간단히 말해 모든 기업들이 항상 극대화를 위해 움직이지는 않는다. 기업들이 전체적으로 합리적으로 운영되지 않을 때 지식기반 시스템을 제안하는데, 이는 미래를 설계하는 것에 초점을 맞춘다. 이는 지식이 조직에서 중요한 역할을 한다는 것이다.

자기조직 관점에서, 지식기반 시스템은 촉매적인 모습을 한다고 주장된다. 지식은 예측할 수 없는 방법으로 더 많은 지식을 생성시키기 때문이다. 만약 지식의 생성이 예측 불가능하다면, 합리성과 극대화 그리고 최적화의 개념은 즉시 의미를 잃는다. 이처럼 경제 행위자의 중요한 속성은 효율성을 위한 이성적인 접근이 아니라 대안적 경제세계와 미래의 상상적인 것을 건설하는 것이다. 모든 경제 행위자는 자신이 소유한 지식에 따라 결정을 한다. 확실한 지식이 없다면, 확실한 결정도 없다는 것을 이것이 뒷받침한다.

신고전경제학은 완벽한 이성이 조직의 일부라고 추측했다. 모든 대안과 그들의 미래 영향을 고려한 완벽하고 이성적인 것을 추구한 이래, 이것은 완벽한 지식에 기초함이 틀림없다는 것이다. 이런 생각은 조직은 항상 절대적인 최고의 판단을 내릴 수 있을 것이라는 생각을 끌어냈다. 그러나 이것은 배움의 개념, 특히 이미 일어난 것들, 우리가 알고 있는 사실과 모순된다. 그렇기 때문에 완벽한 이성에 도달하기 위해서 조직은 미래의 지식을 소유해야만 한다.

2) 균형의 개념

생산수단의 다른 잠재적 고용가치를 표현하는 가격은 사회적 균형에 의존하면서 구성된다. 이것은 가격 현상의 가장 중요한 관점이다. 이처럼 기회비용은 어떤 상품을 다른 상품들과 비교한 가치로 정의된다. 이로부터 경제적 균형을 정의내릴 수 있다. 균형 개념에 따르면 한계 생산일 때 수량은 일정하다. 왜냐하면 비용은 생산물의 한계효용이 가장 높게 나타날 때까지 증가하기 때문이다. 따라서 생산수단의 조화에 참가한다. 이 시점에서 상대적으로 가장 좋은 상태의 지점을 일반적으로 경제적 균형이라 부르고, 이것은 전 기간에 걸쳐 반복되는 경향이 있다. 즉, 균형은 사람들이 기회비용을 합리적으로 선택할 때 도달할 수 있다. 이러한 진술들은 본질적으로 경제적 균형이라는 개념으로 요약할 수 있다.

이것은 기회비용을 전제로 한 최선의 선택이 이루어졌을 때 경제는 최대의 만족을 이루는 지점에 도달할 수 있다는 사실을 담고 있다. 여기서 어느 정도의 제한 아래 각 회사의 이윤은 최대로 가능한 수준에 도달하고, 각 개인의 만족도 역시 가장 높은 수준에 도달한다고 가정한다. 포스터(Foster)는 이런 생각들을 강제적인 최적화라고 기술했다. 수학적으로 추론한 균형은 오직 이런 가변성을 고려한 모델을 균형으로 정의한다.

경제적 분석에서 극대화와 균형의 역할에는 차이가 존재한다. 극대화하려는 행동은 균형을 초래하기 때문이다. 모든 균형 조건의 역할과 결과는 경제적 행동에 대한 모델 결정 논리에 의해 이루어진다. 극대화는 행동 역할을 정하고, 균형 분석은 경제적 행위에 대한 결정을 나타낸다. 균형의 배경에 존재하는 중요한 가정은 효용체감의 법칙이다. 이는 어떤 상품의 생산이 늘어날수록 이 상품의 이익은 줄어든다는 것이다. 이 논리는 현상을 설명하는 두 가지에서 나온다. 먼저, 더 많은 상품이 생산될수록 생산비용은 높아지고 어려움에 직면하게 된다. 자료에 따르면, 최적생산점보다 낮은 지점에서의 생산은 가격 상승을 초래한다. 두 번째로, 소비자는 상품의 시장가격이 상승함을 확신할수록 지불하고자 하는 비용은 줄어든다. 즉, 최적의 가격을 청구하기 위해서는 상품은 드물게 입수 가능해야 한다.

아더(Arthur, 1994b, p. 1)는 이런 현상을 다음과 같이 설명하였다 : 전통적인 경제학 이론은 효용체감 법칙의 가정에 기초하였다. 경제 행위는 가격과 시장분배에 있어서의 균형을 예측할 수 있게 하는 부정적인 결과를 발생시킨다. 이런 결과는 경제를 안정시킨다. 어떤 주요한 변화는 그들이 발생시키는 반응으로 차감 계산되기 때문이다. 즉, 부정적인 결과는 경제를 예측할 수 있게 하고 균형을 이루게 한다. 그러나 그는 효용체감의 법칙은 최적의 상태에 있는 하나의 균형만을 의미하며, 반면에 수확체증의 법칙은 긍정적인 반응을 이끌어내며 다른 균형들을 형성시킨다는 주장을 펼치며 비판한다. 특별한 균형이 선택되었을 때, 그것이 여러 대안들 중 가장 최적임을 보증하지는 않는다는 것이다.

슘페터(Shumpeter) 같은 학자는 균형을 조직이 나아가고자 하나 절대로 도달할 수 없는 상태로 파악하였다(유동준, 2000, p. 532). 이런 생각은 균형이 현재의 정보에 의해 결정되어지며, 정보가 바뀌면 균형 또한 바뀐다는 아이디어로부터 나왔다. 그에 따르면 경제 시스템은 균형을 향한 추세로 파악될 수 있는 경제적 정보에 적합한 모습이 된다. 경제적 정보가 바뀌면 균형 또한 바뀐다. 균형의 이상은 지속적으로 그것을 얻기 위해 노력해도 결코 얻을 수 없다. 즉, 최적의 위치에 도달하는 것을 가능하게 하는 데이터의 변화에 지속적으로 적응하여야 한다. 이와 같은 주장과 관련하여 경제학자들은 두 부류로 나누어진다. 한 부류는 분석의 중심에 균형을 놓는다. 그들은 개인들이 최적으로 행동하기 위해 비교적 신속하게 배우고, 경제 환경은 천천히 변화한다는 것을 발견하였다. 이는 개개인들을 지속적으로 배우지 않게 하고 과거의 환경에 적합하게 만들어놓는다. 반면, 다른 부류는 복잡성의 원칙을 경제조직에 접목시킨다. 그들은 경제가 복합적이고 다이내믹한 현상들의 결과물로 배울 수 있고 적용할 수 있는 복합적인 환경임을 발견하였다. 이는 균형 분석 기준에 일치하는 모델을 찾기란 불가능함을 의미하는 것이다.

포스터와 메트컬프(Foster and Metcalfe, 2001, p. 4) 같은 학자는 경제조직의 기본적인 성질은 조직을 어떤 균형에 도달하는 것을 불가능하게 만든다고 주장하였다. 왜냐하면 어떤 경제조직에서든 조직을 순환시키는 일정한 정보량이 있는데, 이는 결정에 영향을 미치고, 방대하여 조직을 안정된 상태로 만들 수 없다는 이유 때문이다. 경제와 사회조직의 독특함, 복잡함, 발전은 지식에 기초하면서 상호작용은 정보 변화의 범위 내에서 이루어진다는 주장을 펼친다. 정보 흐름은 역동적이고 창조적이며, 이는 조직을 어디로 튈지 모르게 하는데, 적어도 이런 경제적 삶은 경제 균형의 생각과는 일치하지 않는다.

이러한 연장선에서 조직 최적화와 이익을 추구하며, 이를 통해 경제조직이 가장 적합한 지점으로 규정될 수 있는 균형 상태가 된다고 가정하는 신고전경제학은 정밀하고 정직하나 조직의 행동에 많은 통찰력을 제공하지는 못한다. 이는 배우고 적응하는 조직의 가능성을 무시하기 때문이다. 이는 경제조직이 도달할 수 없는 가상적인 목표를 추구한다는 비판을 받게 한다.

3) 신고전주의 경제학에 대한 비판

신고전주의 경제학 비판가 중 가장 잘 알려진 아더(Arthur, 1994b)는 생물학에서 경제학적인 사상의 토대를 끌어낸다. 구경제학은 균형, 안정, 19

[표 1-1] 아더의 신경제학 vs 구경제학

구경제학	신경제학
작용은 효용체감을 가지고 온다.	수입의 증가로 인정된다.
19세기 물리학(균형, 안정, 결정 역학)에 기반을 둔다.	생물학(구조, 양식, 자가 조직, 라이프사이클)에 기반을 둔다.
사람들을 동일하다고 가정한다.	개인적 삶에 초점을 둔다. 사람들을 분리시키고 다르게 본다.
외부적 성질 없이 동일한 능력뿐이라면 우리는 열반에 도달할 것이다.	외부적 성질과 다름은 추진력이 된다. 열반은 없다. 체계는 끊임없이 전개한다.
구성요소는 양과 가격이다.	구성요소는 양식과 가능성이다.
모든 것은 균형에 있다는 의미에서 실제 역학은 없다.	경제는 끊임없이 시간의 가장자리에 있다. 앞으로 돌진하며 구조는 끊임없이 연합, 부패, 변화한다.
주체를 구조적으로 간단한 것으로 본다.	주체를 본래부터 복잡한 것으로 본다.
경제학은 순수한 물리학으로 이해한다.	경제학은 고도의 복잡한 과학으로 이해한다.

세기 물리학의 결정론적 역학에 기반하는 데 반해 신경제학은 생물학, 구조적인 것, 양식, 자기조직 그리고 생활사의 개념으로부터 컨셉을 찾는다. 구경제학에서 사람들은 동일한 상황에서 모든 사람들이 같은 방식으로 행동하면 동일화된다고 추정한다. 그러나 신경제학에서 사람들은 개인화되어 있다고 본다. 구경제학에서 모든 것은 임시로 된 물건이며, 조직적으로 간단하게 만드는 것을 균형으로 생각하기 때문에 실제 역학이 없다. 반면에 신경제학에서는 체계의 행동을 본래 복합적으로 만드는 계속적인 변화로 보고 있다.

그러나 지난 20세기 동안에 전통적 경제학에 대한 비판은 수없이 이루어졌다. 베블렌(Veblen)은 전통적 경제학은 문화의 결과에서 경제적

이익을 누적하는 것으로 바뀌지도 않고 경제적 삶의 공동체 규모나 과정을 고려하지 않았기 때문에 진화하는 과학이 아니라고 주장했다(유동준, 2000, pp. 120). 신고전주의 경제학은 종종 실제 경제적 행동의 과학적 표현이 아니고 실용적인 사상의 방식을 제시한다고 서술한다.

조직개체군 모델이 신고전주의 경제학을 기반으로 만들어진 것이라면, 이 모델은 기본적으로 합리적 견해, 완벽한 지식, 극대화, 수확체감 그리고 균형 행위를 추구하는 것이다. 조직 안의 각 개체들은 합리성을 나타낸다. 따라서 각 조직은 모든 상황에서 합리적으로 기능한다. 신고전주의적 경제학에서 이러한 합리성은 모든 개체에 대한 완벽한 지식이 있다는 것을 전제로 이루어진다. 이미 지적하였듯이, 합리성과 완벽한 지식은 극대화의 선결조건이 된다. 즉, 각 조직의 환경과 기능에 대한 완벽한 지식은 조직의 행동을 극대화시킬 수 있도록 한다. 이는 각 조직이 제한된 환경에서 행동을 최대한 극대화함을 의미한다. 이에 대한 설명은 아래 [그림 1-3]에 나타난다.

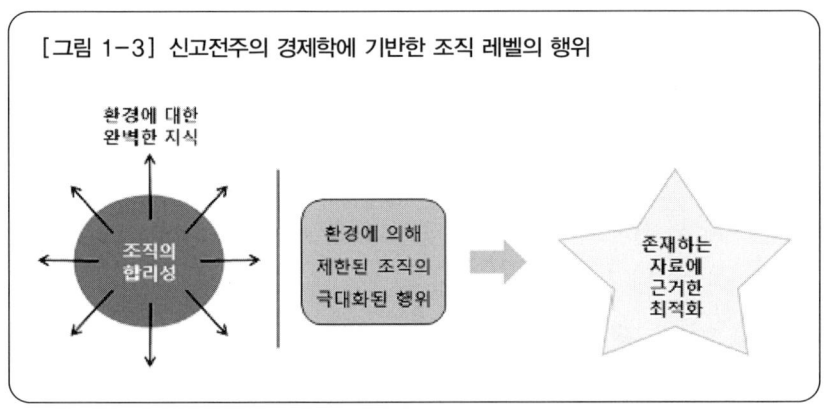

[그림 1-3] 신고전주의 경제학에 기반한 조직 레벨의 행위

환경에 대한 완벽한 지식

조직의 합리성

환경에 의해 제한된 조직의 극대화된 행위

존재하는 자료에 근거한 최적화

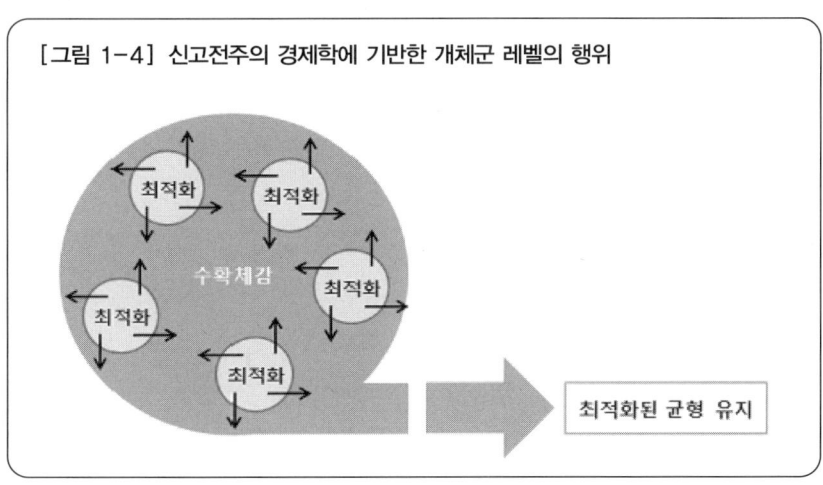

[그림 1-4] 신고전주의 경제학에 기반한 개체군 레벨의 행위

최적화

최적화

수확체감

최적화

최적화

최적화

최적화된 균형 유지

조직개체의 수준에서 각 조직의 극대화된 행동은 수확체감과 직접적 연관이 있다. 따라서 단위당 생산이 많을수록 손실이 늘어나게 된다. 이것이 최적화된 특별한 균형의 상태를 이끌게 된다. 그것은 각 소재들이 이룰 수 있는 최고 수준의 균형 상태를 의미한다. [그림 1-4]는 이를 설명한다.

이러한 종류의 모델은 완벽한 지식, 합리성, 극대화 등의 개념들을 현실의 생활에서 실현될 수 없는 것으로 본다. 지식은 배울 것이 존재하는 한 절대 완전할 수 없다. 다른 한편으로는 결정 이전에 선택에 대한 모든 결과를 알 수 없기 때문에 행위자가 항상 완벽히 합리적일 수는 없다. 이것으로부터 말 그대로 조직이 극대화할 수 없음을 알 수 있다. 각 기업은 이익과, 지향하는 목표를 위해 애쓴다. 그러나 기업은 환경에 대한 예측을 하는 것과 최대한으로 적합한 결정을 내리는 데 한계를 갖는다. 따라서 개별 조직은 극대화될 수 없다. 하지만 상황 속에서 다른 조직과 비교해 나은 기능을 할 수는 있다.

이 모델에 따라 조직적 수준에서 극대화된 각각의 기업들은 최적의 균형 상태를 유지하는 수확체감에 직면할 것이다. 이런 조직적 수준의 행동은 수확체감의 가정이 특히 경제와 지식집약 서비스에서는 유효하지 않기 때문에 현실적이지 못하다. 농업이나 채굴 등과 같이 물리적 자원에 의존하는 산업에서는 수확체감이라는 가정이 적용될 수 있다. 하지만 지식을 기반으로 하는 산업에 있어서는 이런 가정이 적용되지 않는다. 지식과 개혁은 존재하는 지식과 사람의 상호작용으로 이루어지기 때문이다. 즉, 지식이 많을수록 더 많은 지식을 쌓을 수 있게 되는 것과 같은 이치이다. 이와 같은 이치는 수확체감의 가정에 벗어나게 하고 더 적합한 이론을 구축하게 한다. 따라서 최대한의 균형을 이루는 상태는 없다. 그런데 그것은 확실치 않은 균형에 대한 이익을 만들어낸다.

수확체감의 가정이 지식의 창조나 개혁의 과정에 부합하지 않음은 이미 알고 있다. 다시 말해 신고전주의 경제학은 지식을 생산의 요소로서 중요하게 여기지 않음을 의미한다. 만약 완전한 지식이 가정된다면 지식은 중요한 자산이 되겠지만 완전한 지식은 비현실적이다. 그러므로 신고전주의 경제학 모델은 지식이 기업의 성공에 필수적인 지식집약적 서비스 산업을 분석하는 모델로서는 한계가 있다는 것이다. 조직 수준 그리고 조직체 수준에서 그 가정들은 비현실적이고, 특히 지식집약적 서비스 산업에서 지식이 하는 역할이 주어지지 않기 때문이다. 바로 이 점이 디지털 미디어의 생태계 개념과 충돌하는 부분이다. 지식집약 서비스 산업을 지향하는 새로운 디지털 미디어의 세계는 창조와 지식을 자원으로 작동한다.

3

복잡성과 경제적 행동의 관계

복잡계를 구축하는 핵심 개념은 사회 경제적 시스템 연구에서 신고전주의 경제학에 반대하는 경향을 띠고 있다. 복잡계 이론은 완벽한 지식, 완벽한 이성, 최적화 그리고 평형을 추구하는 행동에 많은 가치를 부여하는 신고전주의 경제학에 태클을 걸면서 새로운 상이한 종류의 개념과 과정을 이용하여 접근하는 모습을 취한다. 예를 들면, 복잡계 이론의 기본적 정의는 적응, 공진화, 자기조직화 그리고 돌연변이와 같은 복잡한 개념들을 이용한다. 이 이론은 사회의 다원화와 다양성 보장이라는 사회구조의 변화 속에서 생명력을 얻고 있다.

1) 복잡계의 특성과 구성요인에 대한 분석

복잡계를 논하는 대부분의 학자들 역시 복잡계 그 자체의 개념을 명확히 정의하지는 않으면서, 복잡계 시스템의 특성들, 복잡계 시스템의 행태나 복잡계론이라는 다소 모호한 용어를 사용하고 이에 대해서 글을 쓴다. 복잡성(complexity), 복잡성 과학(complexity science), 복잡성 이론(complexity theory), 복잡성 행동(complex behaviour), 복잡성 적응 체계(complex adaptive), 복잡성 진화 체계(complex evolving system), 복잡성 공진화 체계(complex co-evolving system)와 같은 용어들은 때에 따라 혼용되고, 상호교환적으로 사용된다(삼성경제연구소편, 1997). 이것은 일관성이 결여된 것으로 볼 수 있으나, 반면에 각 분야에서 학자들이 스스로 강조하는 것을 드러내면서 이와 같은 용어를 선택했다고 볼 수 있다. 즉 학자들의 자유로운 용어 선택에 의미를 부여할 수 있다. 이러한 면들은 어떤 본질의 행동을 관찰하면서 시스템의 관점, 적응이나 공진화의 중요성, 복합성을 강조하는 것이다. 메리(Merry, 1995 p. 59)와 같은 학자는 복잡계의 특징을 '비환원성', '새롭게 나타나는 행동(emergent behaviour)', '비예측성과 불변성'으로 유목화하고 있다.[1]

시스템은 전체를 연구하기 위해 더 작은 부분을 나눌 수 없을 때 비환원적인 모습을 한다. 이와 같은 몇 가지 관점을 홀랜드(Holland, 1995, p. 5)의 연구에서 찾아볼 수 있다. 그는 "복잡적응 체계(CAS)에 대한 이론을

---

1) Merry, U., *Coping with Uncertainty : Insights from tne New Sciences of Chaos, Selforganization, and Complexity.* Praeger, Westport, 1995. p. 59 이하 참조.

공식화하는 작업은 일반적인 상상을 넘는 어려운 것이다. 왜냐하면 전체 CAS의 행동은 부분적인 행동들의 단순한 합 그 이상이기 때문이다."고 주장한다.[2] 그러므로 복잡적응 체계의 행동을 이해하기 위해서는, 이것은 하위 그룹의 하나가 아니라 전체라는 관점에서 연구되어야 한다는 것이다.

새롭게 나타나는 행동은 거시단계의 행동이 미시단계의 행동에 기초하여 탐구할 때 쉽게 예측할 수 없는 상황으로 발생한다. 이 비예측성은 또한 복잡계의 비선형적 행동으로 인해 유발될 수 있다. 그러나 복잡성 체계에 나타나는 패턴의 유형 속에 불변성이 존재한다는 관점을 견지해야 한다는 것이 바로 여기서 강조된다. 이 패턴들은 시스템에 대한 충분한 이해가 전제되었을 때, 시간의 과정 속에서 반복되는 체계의 행동 속에서 감지될 수 있다.

학자들의 연구에 따르면, 복잡계의 연구 목적은 체계요소들 간의 연결적 특성을 찾는 것이다. 그 목적은 예를 들어, 작동요인 간의 힘을 분석하는 모의실험이나 네트워크 분석, 그래프 이론과 같은 분석적인 탐구에서 설명 가능한 질서의 형식을 발견하는 것이다. 그러므로 이러한 연구는 체계의 부분을 강조하는 것보다, 대신에 그 연결 방식들의 관계를 강조하는 것에 있다. 이 질서는 뉴턴 물리학의 정적인 평형의 형태가 아니라, 분석의 대상이 되는 체계에 대한 충분한 이해가 전제되었을 때 발견할 수 있는 패턴들을 의미한다. 포스터는 복잡성 적응 체계를 '자신

2) Holland, J.H., Hidden Order : *How Adaption builds Complexity*. Cambridge, Perseus Books, 1995, p. 5.

을 유지시킬 수 있는 능력'이라고 설명하고 있다.[3] 이것은 자기유지 체계가 생존과 관련해서 외부의 간섭을 필요로 하지 않는다는 것을 의미한다.

최근에 복잡성 체계에 대하여 수많은 논쟁이 이루어지고 있다.[4] 레윈(Lewin)과 같은 학자는 생태계, 경제체계, 배아배양, 그리고 뇌 연구를 지칭하면서 이 문제를 언급하고 있다.[5] 카우프만(Kauffman)은 유기체들, 커뮤니티들과 공진화 생태계와 같은 모든 살아 있는 체계들을 복잡성 체계[6]라고 설명하였고, 홀랜드(Holland, 1997)는 경제체계, 정치체계, 생태계, 면역체계, 배아배양과 뇌를 예로 들면서 논쟁에 참여하고 있다. 그런데 왜 이러한 복잡성 체계들이 최근에 연구 대상이 되었는가? 이 복잡성 과학의 목적이 "이러한 복잡성 체계를 이해하는 것을 넘어서, 행동을 지배하는 규칙들 그리고 그것을 이용하여 자신의 행동을 효율적으로 변화시키고, 최적화하기 위해 적응하는 방법"(Keskinen et al. 2003, p. 7)에 있다고 할 때, 이 연구의 의미는 분명하다. 복잡성을 설명하는 원리와 배경정보에는 다음과 같은 개념과 용어들이 동원되면서 많은 논쟁을 일으키고 있다. 자기조직화, 돌연변이, 접속가능성/연결성, 상호의존성/상

---

3) Foster, J., The analytical foundations of evolutionary economices : from biological analogy to economic self-organization. *Structural Change and Economics Dynamics*, 1997, Vol.8(4).

4) 최근에 악명 높은 비예측성으로 인해 날씨예보는 복잡계를 잘 지칭하는 대명사가 되었다.

5) Lewin,R., Complexity : *Life at the Edge of Chaos*. The University of Chicago Press. 2002. 참조.

6) Kaufman, S. The Origin of Order : Self-Organization and Selection in Evoltution. New York, Oxford University Press, 1993 참조.

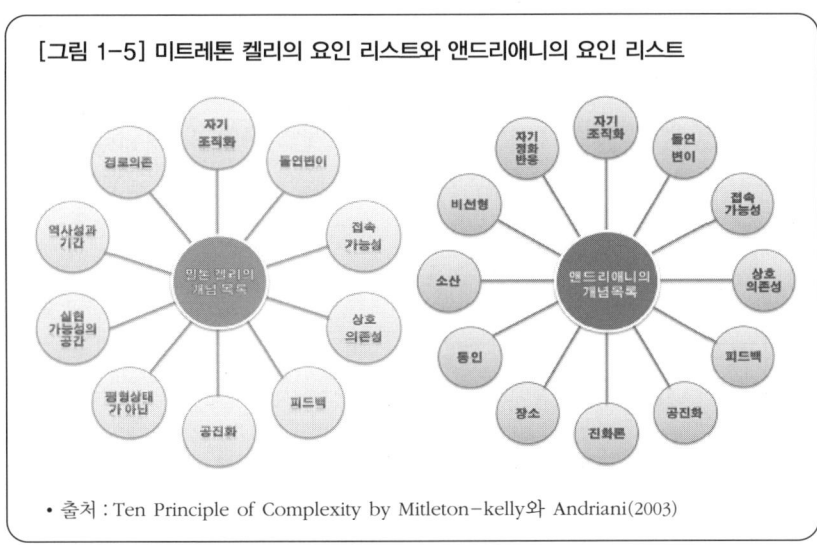

[그림 1-5] 미트레톤 켈리의 요인 리스트와 앤드리애니의 요인 리스트

• 출처 : Ten Principle of Complexity by Mitleton-kelly와 Andriani(2003)

호연결성, 피드백/피드백 루프(되먹임 궤도)와 공진화 같은 용어를 들 수 있다. 미트레톤 켈리(Mitleton-Kelly, 2003)는 복잡계 기능은 경로의존 과정처럼 역사에 기초한다고 주장하며, 앤드리애니(Andriani, 2003)는 비선형적이고 진화론적인 방식으로 부분적인 지식에 기초하여 구성되는 자기정화 반응에 참여한다는 논지를 펼치고 있다.

돌연변이, 접속가능성, 상호의존성, 피드백 같은 용어와 개념은 시스템 이론과 유사하다. 시스템 이론과 복잡계 간의 관계는 다소 모호한 부분이 매우 많다. 미트레톤 켈리는 "복잡성을 만들고, 복잡성은 복잡계의 부가적인 특성들을 유기적으로 연관시키면서 상호관계와 상호의존을 강조함으로써 시스템 이론을 강화한다"고 말한다(Mitleton-Kelly, E., 2003). 시스템 이론을 설명하는 일부 기초 원리를 원용하지 않고서는 복잡계를 연구할 수 없다는 것은 설득력을 갖는다.

복잡계 연구는 형식화된 주류 과학에 대항하는 형태로 발전을 해오고 있기 때문에 어느 정도 전통적인 과학의 연구 형태를 거부하고 있다. 이것은 복잡계가 특정한 원칙을 구축하려고 애쓰지 않고 있다는 것을 의미한다. 한편 복잡계 연구자는 복잡계의 모든 종류에 적합한 이론을 형성하는 것이 아마도 불가능할 것이라고 미리 마음을 먹고 있을지도 모른다. 복잡계 연구는 시스템 이론에 기초하지만 새로운 개념들을 활용하여 분석을 풍부하게 한다. 왜냐하면 연구의 핵심요소를 행위자와 그들 간의 상호작용에서 발생하는 현상인 상호연결성에 두고 있기 때문이다. 복잡계는 서로 다른 여러 종류의 시스템들을 이해하는 데 목적을 두고 있다. 이에 대한 의문점은 여전히 남아 있지만 말이다.

2) 복잡성은 왜 나타나고 있는가?

복잡성 학문과 복잡적응 시스템(CAS)은 지난 십여 년간 엄청난 주목을 받아왔다. 이러한 새로운 개념은 생물학, 화학, 물리학 분야의 연구에서 상당한 파급력을 가져왔다. 최근에 복잡성 학문은 새롭게 사회경제 시스템을 연구하는 데도 매우 유용한 방법론으로 각광받고 있다. 융합학문의 시대가 도래하고 있음을 감지할 수 있게 한다. 이와 관련하여 다음과 같은 매우 단순한 질문이 제기된다. 왜 복잡성이 우리의 관심을 받을 만한 가치가 있는가? 왜 가까운 장래에 예상되는 다양한 시스템 간의 문제와 그 관계를 연구해야 하는가? 디지털 미디어를 이해하기 위해서는 전통적인 방법에 무슨 문제가 있는가? 기초적으로 복잡성은 어떤 행동을 수용하고 이에 적응하기 위해 억측 없이 합리적으로 시스템을 이해하는 것을 목표로 한다. 뉴턴 물리학과 신고전주의 경제학과 같은 전통적인 학설은 대상을 예측 가능하며 선형적이고 결정론적인 관점에서 설명 가능하다고 본다. 동시에 대상을 이해하기 위해 전체를 요약해 확대시키고, 부분의 이해를 높이기 위해 실제보다 더 작게 줄여서 연구한다. 이것은 이제 받아들이기 힘든 접근 방법이 되고 있다.

생명현상을 물리학적, 화학적으로 모두 설명할 수 있다는 환원주의는 전통적인 용어로 시스템을 이해하기 위해 사람들은 이것을 더 작은 부분들로 나누고 그리고 그 부분들을 연구토록 한다. 이러한 종류의 환원주의자의 접근법은 최근에 그 문제점이 들어나면서 비판을 받는다 (Waldrop, M.M., 1992).[7] 이런 유형의 비판이 이루어지는 이면에는 단지 부분이 아니라 전체 시스템에 통용되는 질서와 규칙성을 발견하려는 새로운 인식이 있다. 집단의 특성을 모델링할 때 시스템에 속한 집단 외에도 시스템을 둘러싼 행위자 사이의 연관성은 상당한 의미를 갖는다. 이러한 집단은 상호연결되기 때문에 그 행태는 서로 분리될 수 없으며, 여타 시스템과 분리되어 논할 수 없는 것이다. 환원주의와 같은 단순성과 결정론적인 관계만을 추구했던 방법론은 이제 보편성을 잃어가고 있다. 예를 들어보자. 뉴턴의 고전물리학과 신고전주의적 경제학 같은 전통적인 학설은 몇몇의 기본적인 가정이 있는데, 바로 과학은 사물을 터득케 할 수 있는데, 그들을 부분으로 나눔으로써 이해할 수 있도록 한다는 것

---

7) Waldrop, M.M., Complexity : *The emerging science at the edge of order and chaos.* Touchstone, New York, 1992, p. 329 이하 참조.

이다.

이 주장은 환원주의자들을 묘사하는데 이것은 주류과학에 대한 비판의 핵심이 되고 있다. 시스템을 부분으로 나눴을 때 생기는 문제점은 연결들이 끊어지면 시스템의 가장 주요한 부분의 행동양식을 알 수 없게 된다는 것이다. '시스템은 부분의 합보다 더 크다'는 시스템 이론의 모토는 당신은 실체(본질entity)로부터 떨어진 부분들을 연구함으로써 한 시스템의 기능을 이해할 수 없다는 것이다.

- 과학은 물체를 정확하게 측정할 수 있고 또한 기본은 미래의 그들의 행동에 관한 예측을 끌어낼 수 있다.
- 이것과 연관된 일반적 법칙으로부터 한 개의 사실과 관련된 예측을 만드는 것은 항상 가능하다.

누군가가 정확한 과학이 존재하는가에 대해 질문할 수 있다. 물론 누군가는 물체에 대해 측정할 수 있다. 그러나 측정 피사물이 적절한 방식의 연구 통제 아래 있는 시스템을 묘사할 수 있는지에 관한 것은 또 다른 문제이다. 예측성은 여전히 다른 문제이다. 우리는 세계가 과거와 같이 미래에도 같은 방식으로 작동할 것이라고 예측할 수 있는가? 불행하게도 우리는 오직 과거와 현재에 관한 현상만을 가지고 있다. 그리고 이 지식이 완벽하지 않다는 것이다. 측정 과정 스스로 시스템의 행동양식에 영향을 끼칠 수 있다.

세계는 인과관계라는 명백한 선형관계가 있다고 보는 것이 일반적인 차원이다. 인과관계 즉, 원인과 영향 간의 명확성은 근대과학의 한 축을 이루어왔다. 그래서 보편적으로 과학적 모델은 대부분 일차원적이었다. 그 이유는 세계를 일차원적으로 일어나는 현상들의 공간으로 보아왔기 때문이다. 그러나 세계는 정말로 일차원적이고 균형 잡힌 방식으로 작동하는가? 이 일차원적인 생각은 세계를 설명하는 강요된 틀이었다. 이 생각은 설득력이 있어 왔지만, 이제 세계를 더 이상 조직하지 못한다. 세계를 다차원적이고 비균형적인 형태로 바라보는 모델은 고통스럽고, 복잡하지만, 혁신을 요구하는 시대를 뒷받침한다. 이제 과학은 경계가 불분명하고 분리된 물체를 연구하는 방법을 넘어서고 있다. 당신은 환경을 시스템과 분리해 연구할 수 있는가? 당신은 시스템의 끝과 환경의 시작점 그리고 위치를 정의할 수 있는가? 이 질문들은 간단하지 않다. 자연과학에서 시스템은 진공상태에 있거나, 닫혀 있다는 것은 보편적인 가정이다. 이것은 정확한 결과들을 끌어내는 데 필요한 실제 세계의 매우 많은 속성들을 폐기하고 있다. 최근에 이런 형태의 접근은 한계를 가지고 있다고 많은 사람들이 실감할 것이다. 마치 글로벌 금융위기에서 체험한 것처럼 말이다.

복잡성은 환원주의의의 반대로 정의내려질 수 있지만, 매우 보완적이다. 예측 불가능한 것 그리고 결정되지 않은 행동들에 대해서, 복잡성은 시스템의 부분들 간의 상호교환성과 상호교환성이 제시하는 역학관계를 강조한다. 어떤 것을 이해한다는 것의 목적에 대하여 이것이 행동과 관계 그리고 양식들을 이해하는 것으로서 정의해야 하는 시기가 빠르게 다가오고 있다.

3) 조직에서 개체와 복합성 개념의 중심

복잡성 개념은 적응과 공진화와 자기조직화와 돌연변이라는 용어로 그 의미가 설명된다. 이 가운데 적응과 공진화는 디지털 미디어 생태계에서 나타나는 중요한 현상을 드러낸다. 반응과 현장과 상호작용성과 같은 복잡성 개념들은 네 가지 선택된 개념과 관계해서 논의된다. 이것을 설명하면 다음과 같다.

① 적응

적응은 다윈(Darwin)의 『종의기원』을 통해 익숙한 개념이다. 적응은 더 높은 적응의 단계로 올라가는 것을 말한다. 이것은 적응이 새로운 최근의 환경에서 기능하는 조직의 능력을 향상시켜주는 것을 의미한다. 조직은 생물학적 개체에서 경제적 사실까지 모든 것을 지칭한다. 여기서 유전은 새로운 해석적인 의미를 갖는다. 적응은 유전, 선택 그리고 변이의 합으로 설명된다. 유전은 반드시 생물학적 재생만을 의미하는 것이 아니라 이것은 시대적인 지속성의 한 형태로 해석되고 있다(김준호 외, 1993). 반면 변이는 적응이 한 개의 개체로 실행되는 것이 아니라, 오히려 조직의 관점에서 다양한 특징들과 더불어 많은 개체들의 모임이라는 사실을 강조한다. 선택은 오직 재생을 가능하게 하는 몇 가지 제한된 자원에 의해 이루어진다. 이것은 재생자의 생존이라는 의미를 갖는다. 이와 같은 의미는 때로는 작은 기업체의 측면에서 교육을 의미하기도 한다. '행동은 배움이다, 때때로 시도와 실수를 통해서, 그리고 적절한 시간에 다양한 형태로 통과된다'는 접근 방법에서 바라보면, 유전과 시간적 지속성은 문화, 법칙, 사회적 과정과 지식을 의미한다.

그러나 생물학적 진화에서 드러나는 것처럼, 사회경제 시스템에서도 드러나는 의도적 선택이 존재한다. 바로 '적응은 환경과 기억에 대한 매우 의도적이고 의식적인 반응을 의미한다'는 말은 사람들의 행동은 미리 정해져 있지 않고, 결정을 내리고 이를 통해 더 좋은 성과물을 취하려 노력한다는 것을 의미한다. 많은 사람들이 적응을 묘사하기 위해 수학적인 방정식과 시뮬레이션을 사용한다. 여기서 환경, 적응계획 그리고 행동의 측정이라는 적응과 관련된 3가지 요소들이 제안되곤 한다. 적응계획은 행동의 측정을 정의하는 도구이며 테스트하는 시범계획의 의미를 가진다. 반면 행동의 측정은 주로 적응도라고 불린다. 항상 상이한 여러 환경과 연관하여 상이한 측정방식이 존재한다. 여기서 확고함이라는 개념이 등장한다. 확고함은 급격한 환경 변화에서 살아남는 시스템 능력과 관련된 개념이다. 확고함은 그래서 전체로서의 유연함과 함께 시스템 안에서의 변화도 요구한다. 시장은 혁신적인 기업과 진보한 기술과 같은 적합한 구조로 발전할 수 있는 능력을 가지고 있어야 한다. 시장은 여러 능력을 요구하고, 이로 인해 제한을 받지만 말이다. 디지털 미디어 생태계에서 '적응'과 '공진화'는 환경과 상호연결된 시스템 간의 조직의 힘을 강조하고 있다. 바로 새로운 가치사슬에 변화와 분석의 초점을 맞춘다. 왜냐하면 디지털 기술과 미디어 시장은 외부 간섭 없이 자기조직화를 하는 시스템의 하나로 공진화에 직면하고 있으며, 시스템이 새로운 성질을 만들어내기 때문이다.

② 공진화

무어(Moore, 1996)는 'A라는 종류를 B라는 종류로 자연스럽게 변화시키는 끝없는 상호호혜적인 순환 속에서 상호의존적인 종이 진화하는 과정, 그리고 그 반대의 과정'으로 공진화를 정의한다.[8] 공진화가 하나 또는 둘 이상의 개체를 발생시킬 수 있다는 주장은 이제 보편적으로 수용되고 있다. 첫 번째 공진화는 개체 숫자를 안정적인 상태로 만들어낸다. 두 번째 개체의 안정 상태는 두 번째 개체의 맥락 안에서 그들이 취하는 행동에 의해 만들어진다. 두 번째 개체는 '주인-기생' 또는 '육식동물-먹이'의 공진화 형태로 묘사될 수 있을 것이다.

머리(Merry, 1999 p.272)와 같은 학자는 공진화에 대한 정의가 생물학에만 제한되지 않는다는 주장을 이렇게 피력한다. "한 시스템의 안정 상태가 다른 시스템의 안정 상태로 변화할 때 그 반대의 경우도 마찬가지로 상호의존은 공진화라고 부를 수 있다. 공진화는 각각 상호작용하는 종(또는 조직)의 진화에서 나타나는 상호 변화이다."[9] 또한 공진화는 부정적이고 긍정적인 상호작용을 나타내는데, 예를 들어 부정적인 상호작용이란 약탈이고, 긍정적인 상호작용은 경쟁이다. 페이지(Pagie, 2004)는 생물학의 관점에 주안점을 두고 공진화를 논의한다. 그는 '공진화'라는 용어가 적은 수의 종이 각자 서로 직접적인 선택을 강요하는 압력 상황에

....

8) Moore, J.F., *The Death of Competition : Leadership&Strategy in the Age of Business Ecosystems*, New York, 1996, p. 75.

9) Merry, U., Organizational strategy on different landscapes : A new science approach, *Systematic Practice and Action Research*, Vol. 12(3), 1999, p. 272.

서 주로 사용된다고 주장한다. 개체의 맥락에서 공진화는 상호연결된 조직 사이에서 일어나며 따라서 각자 서로 영향력을 갖는다. 한 기업이 내린 결정은 다른 조직이 몇몇 다른 결정을 하도록 강요하거나 가능하게 할 수 있다. 기업이 개발한 새로운 기술의 발전은 다른 기업과 경쟁적인 또는 보완하는 많은 종류의 기술을 발전시키는 프로젝트를 수립토록 할 수 있다. 그래서 경쟁적, 상호관계적, 착취적이라는 세 가지 타입의 공진화가 논의된다. 경쟁적 공진화는 몇몇 제한된 자원에 기대는 종 사이에서 일어난다. 식물 매개자 시스템은 상호관계적 공진화의 한 예이다. 착취적 공진화는 육식동물의 먹이 시스템, 기생 시스템, 그리고 식물과 초식동물 시스템을 주로 지칭한다. 같은 종류의 상품으로 같은 시장에서 경쟁하는 기업은 경쟁적 공진화를 명백하게 드러낸다. 상호관계적 공진화는 기업과 그들의 제품이 각각 서로 보완할 때 일어난다. 착취적 공진화는 한 기업이 강력한 위치를 가지고 하청업자에게 복종을 강요할 때 발견된다.

예를 들어 미디어 개체는 시스템과 시스템의 발전에 필수적인 영향을 미칠 수 있는 법적인, 사회적인, 정책적인, 환경적인 제 상황과 점점 밀접한 관계를 형성한다. "당신은 종 또는 조직 그리고 그것들의 환경을 분리해낼 수 없다. 그것들은 서로 격리되어 있지 않다. 그것들은 연결되어 있으며 함께 변화한다. 그것들은 공진화 속에서 함께 살아간다"[10]는 말은 시스템에 영향을 미치는 환경을 논쟁케 한다. 미디어 경제적인 공

---

10) Merry, U., *Coping with Uncertainty : Insights from the New Science of Chaos, Self-Organization, and Complexity*. Praeger, Westport, 1995. p. 173.

진화를 주제로 삼는 연구 영역은 이제 시작되고 있다. 비록 경제학에서 공진화 과정들에 대한 몇 가지 연구가 성과를 내고 있지만, 이 논제는 디지털 미디어와 시장이라는 연구 영역에서 널리 퍼지지 못하고 있다. 최근에 몇몇 신진학자들이 CAS의 가장 중요한 미래는 시스템과 환경의 맥락에서 이루어지는 공진화라고 주장하고 있다. 진화의 생물학, 직선적이지 않은 활발한 시스템, 그리고 인위적인 지능, 현대 이론들 그리고 CAS의 모델과 같은 많은 학술적인 원칙은 시스템과 그것의 환경 사이의 상호작용 그리고 시스템과 환경의 공진화에 초점을 맞추고 주장을 펴고 있다. 그래서 복합적이고 적응적인 시스템의 내부 메커니즘에 대한 연구가 활발해지고 있다. 복합적이고 적응적인 시스템과 그 환경 사이의 상호작용을 공진화라고 부른다. 그 과정을 다음과 같이 묘사할 수 있다.

조직 개체에서 일어나는 공진화는 이런 과정과 이 과정에 참여하는 조직들의 상호관계로부터 발생한다. 연결은 화폐와 상품의 흐름이 될

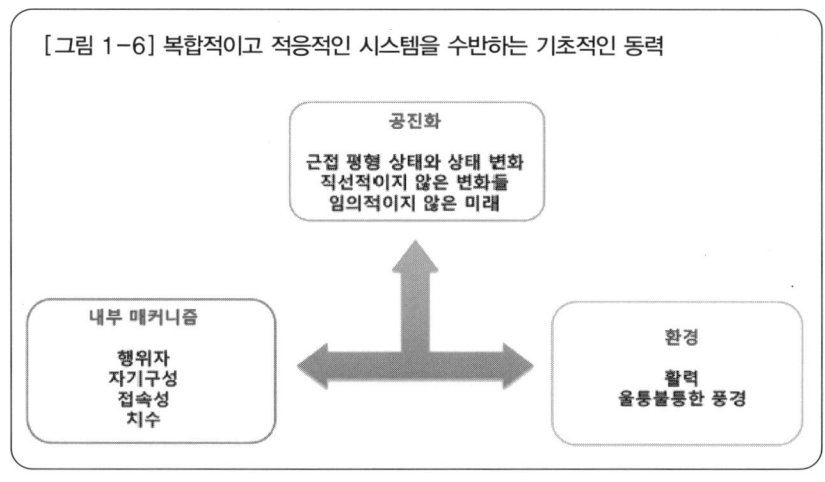

[그림 1-6] 복합적이고 적응적인 시스템을 수반하는 기초적인 동력

수 있지만 연결의 위치와 관련해서 지식의 역할은 더욱 중요하다. 조직 개체들의 상호관계는 각각 서로 영향력을 가지고 있기 때문이다. 공진화는 조직들이 가지고 있는 관계의 특성에 기초한 경쟁적, 상호관계적 또는 착취적 과정으로 해석될 수 있다. 그렇지만 항상 공진화의 방아쇠는 지식이며, 이에 기초한 가치사슬이다.

③ 자기조직화

자기조직화는 생물학적으로 명쾌히 설명되지만, 사회과학적으로 명료하게 정의되지 않고 있다. 그래서 자기구조화와 관련한 정의는 보고되는 특징을 토대로 하여 설명되어야 한다. 앤더슨(Anderson, 1999) 같은 학자는 "유형과 규칙이 중앙 통제자의 간섭 없이 발생한다"며 자기조직화를 하나의 과정이라고 주장한다.[11] 최근에 많은 학자들이 사회과학적으로 자기조직화를 과정이며, 이를 통해 나타나는 구조, 유형, 그리고 재산이 시스템에 의한 외부적 강요 없이 발생하는 것이라는 주장에 동의하고 있다.

카우프만(Kaufman, 1993)은 자기조직화를 끌어당기는 것으로 보았다. 시스템을 특정한 상태로 끌어가는 것으로 보고 있다. 매우 독특한 관점이다. 반면에 자기조직화를 복잡성과 예측 불가능성을 높이는 것으로 설명한다. 왜냐하면 자기조직화에서 시스템은 자연스럽게 더욱 정교한

---

11) Anderson, P., Complexity theory and organization science. *Organization Science*. Vol. 10(3), 1999, p. 221.

모습으로 변화하기 **때**문이다. 그들이 만든 새로운 모습은 더욱 복잡하며, 전체적인 일관성을 동반토록 하여 마지막 모습을 예측 불가능하게 한다. 그럼에도 불구하고, 사회과학적으로 외부 행위자나 내부 통제자의 간섭이 없이 시스템 안에서 새로운 구조나 모양이 발생하는 과정으로서 자기조직화가 정의된다. 자기조직화는 완성된 마지막 결과물을 보여주지 않는 계속되는 과정이다. 새로움은 자기조직화의 공로이고 이것은 다른 시스템에서 다양한 방법으로 특수화될 수 있다. 외부 간섭이나 내부 통제자를 없애는 것이 자기조직화의 열쇠라고 한다. 일반적으로 보기로 들 수 있는 자기조직화 시스템은 언어이다. 미디어 영역에서 자기조직화는 의제의 끊임없는 설정이며, 이것이 미디어 전체 시스템에 미치는 새로운 의미의 연속성을 지칭할 수 있다.

자기조직화의 또 다른 일반적 보기는 조직 안의 비공식적 연결망이다. 사람은 자연스럽게 스스로 여타 사람들과 관계를 형성한다. 이 시스템을 통해 얻어내는 결과는 통제 또는 영향을 받아도 붕괴되지 않는 다는 것에 있다. 이 시스템은 또한 정보 공유 또는 정보 생산을 위한 방법으로서 중요한 연결과 상호작용을 제공한다. 비공식 연결망은 종종 조직의 성공에 있어서 가장 중요한 것으로 인정된다. 복잡한 웹은 계속적으로 발생하는 변화들에 대응하기 위한 순응적인 능력을 가지고 있다. 각각의 행위자는 제한된 지식만 가져왔지만, 공급 네트워크를 통해 완벽한 지식으로 재생산하여 분산시킨다. 네트워크는 자기조직화 과정을 만들어내는 새로운 구조이다. 공개자원운동, 인터넷, 옥션시장은 가장 적절한 보기이다. 공개자원운동은 생산적인 방식으로 자기조직화를 가진다. 예를 들어 세계의 수천만 자원자들이 리눅스의 개발에 공헌하였다. 인터넷 또한 엄격한 중앙 통제 없이 발달해왔다. 새로운 통신망은 결합을 하지만 검열받지 않는다. 비록 시스템의 충돌이 수차례 있었지만 말이다. 옥션 거래시장은 자원을 효율적으로 생산하고 분배하는 힘을 증명하였다. 게다가 이것은 분산화된 결정 구성, 제한된 지식, 그리고 입법체제에서의 선택의 자유를 보장하는 시스템이다.

자기조직화는 다양한 기술적 발전들에 적용되어 왔다. 진화적인 로봇공학은 스스로 평가하고 최적의 방향으로 가는 발달을 목표로 하고 있다. 분산되고 자기조직화적인 자동기계들의 시스템은 상업적으로 관심을 끈다. 적응, 회복, 그리고 자기조직화는 이 같은 시스템 적용개발에 대한 새로운 패러다임을 건축하는 벽돌로 보인다. 자기조직화의 원칙들을 정의하기에는 여전히 많은 어려움이 가로막고 있다. 자기조직화가 자유를 보장하는 이치이며, 자연적으로 발생한다고 하지만 말이다.

진화론적인 경제학의 분야에서 자기조직화는 진화론적 행동의 유형으로 간주된다(유동준 2002). 여기에는 경로종속과 무질서한 행동이 함께한다. 경로종속 시스템들은 특정한 동적인 경로에 조합된다. 경로종속 시스템들의 미래 경로들은 점점 더 늘어나는 과거 결정들의 영향으로부터 세세하게 영향을 받기 때문에 그것은 일찍 내부과정에서 선택이 된다. 시장의 자기조직화는 행위자 기반의 경제학 영역에서 상당히 광범위하게 연구되어 왔다. 이러한 연구의 선상에서 중요한 영역은 신뢰뿐만 아니라, 학습, 적응, 혁신이 동반하는 원동력이 연구되었다. 그러나 자기조직화는 과학자들과 경제학자들이 지난 수십 년간 제안해온 복잡한 그것은 아닌 것 같다. 본질적으로, 자기조직화적인 연구에서 언론학이 얻어낼 수 있는 것은 분산된 의사결정과의 관계라 할 수 있다. 이것은 시장경제 시스템을 통해 가능한 것으로 주장되지만, 어떤 실제 생활이 이루어지는 미디어 분야와 공공 분야에는 여러 형태의 간섭들이 존재한다. 그러나 우리는 자기조직화를 어떠한 것을 억제하는 것, 또는 어떠한 것을 활성화시키는 것으로 이해할 필요가 있다. 디지털 미디어에서 이 두 가지 차원은 자기조직화에 필수적인 것이다.

④ 돌연변이

돌연변이는 개인적인 매개자의 활동과 조직의 장기적인 결과물들을 예측할 수 없다는 것을 의미한다. 그래서 돌연변이를 그 조직의 부분의 속성에는 포함되지 않는 복잡한 적응 체계의 또 다른 속성으로 간주한다. 돌연변이가 많은 관심을 받아왔음에도 이것에 대한 진지한 연구를 찾아보기는 매우 힘들다. 그래서 돌연변이의 편재성과 중요성에도 불구하고, 돌연변이는 풀기 어렵고, 난해한 주제이며, 분석되기보다는 이상하게 간주되고 있다. 돌연변이에 대한 일반적인 정의는 다음과 같다.

새로운 속성들과 진기한 특성들은 나타낸다. 그것은 이전 체계의 유형에서는 존재하지 않았던 것들이다. 이것은 조직의 각각 다른 범위와 단계에서 행위의 새로운 유형들이 발달한다는 것을 의미한다. 이것들은 낮은 단계의 구성요소들의 분석에서도 절대 예측될 수 없다(Merry, 1995, p. 173).

이것은 환원론에 반대 입장을 나타낸다. 많은 학자들은 자기조직화와 돌연변이가 밀접하게 연관되어 있으며, 전체와 부분의 상호작용에 의한 것이라고 주장한다. 그래서 돌연변이의 해답은 미시행동과 거시행동 사이를 연결하는 고리에 있다고 볼 수 있다. 왜냐하면 거시단계에서 관찰되는 행동방식이 미시단계에서의 행동양식을 연구하는 것에 반해 명확하지 않기 때문이다. 돌연변이는 개인적 행위자적 행동과 장기적인 시스템 간에 나타나는 산물 간의 연결점을 예측하는 것이 매우 힘들다는 것을 의미한다. 이것은 미시와 거시 단계 사이에 어떤 희미한 관계가 있는지를 강조하기도 한다.

돌연변이에 대한 연구는 몇 가지 함의를 가진다. 비록 여전히 명확한 의미를 끌어내지 못하고 있지만 말이다. 돌연변이는 과학적 연구에서 아주 인기 있는 분야는 아니었지만, 이질적 분야에서 다양한 연구가 이뤄졌다. 셸링(Schelling, 1978) 같은 학자는 비록 미세한 단계에서 사람들의 행위는 전적으로 이해될 수 있음에도 불구하고, 이런 유형의 상호관련성은 놀라움을 유발시키고 심지어 뜻밖의 결과들을 유발하는 긍정적 피드백을 가져온다고 주장하며, 돌연변이에 의미심장한 의미를 부여한다.[12] 그는 사람들의 행동과 선택이 간단히 결과를 낼 수 없고 집합적인 행동을 추정할 수 없는 다른 사람들의 행동과 선택에 의존되는 상황이라고 서술한다. 거시적인 단계 행동의 큰 그림을 얻기 위해서는 개인과 그들의 환경 사이에 존재하는 상호작용을 반드시 연구해야 한다는 것을 강조한다. 이것은 놀라운 결과를 이끌 수 있다. 그들의 행동과 결정을 의미하는 조직 간의 상호연결성과 공진화는 번갈아 다른 조직들의 행동과 결정

---

12) Schelling, T.C., *Micromotives and Macrobehaviour*, Norton Company, 1978, p. 14, 이하 참조.

에 의존한다. 결과적으로, 개체의 행동은 피드백 고리로 인한 복잡한 동력의 생산물이라는 주장이다.

사람들의 놀이방법은 다른 종류의 전략과 적들의 전략 그리고 정신 모델에 따라 변화되는 모델을 따르고 있다. 상호적이고 게임을 불확실하고 흥미 있게 만드는 피드백 고리와 함께하는 체스 게임은 매우 재미있다. 이 재미는 한 조직이 계속적으로 다른 조직의 전략에 따라 반응하는 변화에 따라 나타나는 돌연변이의 모습을 한다. 조직 단계의 동기에서부터 일련의 추정할 수 없는 놀라운 개체 레벨의 행동에서 돌연변이를 관찰할 수 있다. 개체의 상호연결에서는 양쪽의 연속적이고 상호의례적인 동력들을 번갈아 야기시키는 공진화를 가능케 한다. 피드백 고리들과 같은 이러한 기능은 개별적인 조직들의 행동에 영향을 준다. 이제 미디어 생태학에서도 이 문제는 수면 위로 떠오르고 있다(송해룡, 2009).

한 조직이나 시스템의 복잡성을 논할 때 관련 있는 개념은 적응, 공진화, 자기조직화 그리고 돌연변이다. 조직에 예상할 수 없는 결과를 미치는 다양한 외적 변화는 무질서하지도 않고, 결정적으로 예상할 수 있는 행동 또한 나타내 보이지 않는다.[13] 복잡계 논의에서 가장 중요한 원칙은 다른 조직들과 폭넓은 맥락을 구성하는 조직과 그것을 둘러싼 환경 간에 일어나는 공진화이다. 개별적인 조직들은 변화를 촉진하기 위해

---

13) 1997년의 IMF나 이번 미국발 금융위기 역시 우리에게 어떠한 명확한 징후를 보여주지 않고 다가왔다.

두 가지 원천을 가지고 있다. 변화는 내적인 논리에 기초한 조직으로부터 촉진될 수 있다. 그러나 역동적인 변화는 종종 환경으로부터 촉진된다. 어느 조직은 또한 몇몇의 다른 조직의 환경적인 부분이 되어 있기 때문이다. 이것이 공진화를 이끌어낸다. 공진화의 중요한 전제조건은 조직의 상호연결성이다. 연결은 재화의 이동과 상품의 흐름으로 형성될 수 있다. 그러나 이러한 연결의 형성에서 지식의 역할은 필수적이다. 회사의 발전 분야와 연구에서의 변화는 경쟁자의 상품에서 유발되지만 실제적으로 지식에서 시작된다. 다른 회사가 개발한 새로운 기술 발전의 지식은 위험요인이 되면서, 다른 경쟁적인 발전과 보완적인 기술을 유발시킨다. 그래서 공진화의 한 면은 종종 긍정적이고 재생산적인 피드백 형식을 가지고 있는 피드백이다. 그러므로 조직의 변화는 다른 조직들에 변화를 증가시키고, 이것을 유발시킨 본래의 조직으로 다시 돌아와서 변화의 종소리를 울려 퍼지게 한다. 다른 회사의 낮은 가격으로 인해서 가격전쟁이 시작되듯이 말이다.

앞에서 언급했듯이, 공진화는 경쟁적이고, 상호관계적이고, 착취적으로 될 수 있다. 경쟁적인 공진화는 경쟁적인 이점을 얻기 위해 움직이는 경쟁자들로 구성되어 있다. 가격전쟁은 경쟁적인 기술 발전만큼이나 경쟁적 공진화의 보기가 된다. 상호관계적인 공진화는 기업이 협력과 보완을 위한 능력을 발전시킬 때 관찰될 수 있다. 예를 들어, 하드웨어와 소프트웨어는 서로 보완적으로 발전하고 회사는 상호관계적인 공진화 속에서 그러한 기술 발전을 수용한다. 착취적인 공진화는 몇몇의 조직이 다른 조직보다 중요하게 점점 더 강력해지는 상황에서 발견된다. 이것은 큰 회사와 그들의 공급자들의 맥락에서 일어날 수 있다. 그 공급자들은 큰 회사에 덜 의존하게 만드는 능력을 만드는 데 목표를 두고 있다. 그러나 큰 회사의 목표는 낮은 가격과 시기적절한 판매를 확정시키기 위한 판매 능력을 유지하는 것이다.

자기조직화는 필수적으로 분산시키는 결정을 끌어내는 동력을 갖는다. 기업들은 불확실하고 아마도 지역적으로 그들이 갖고 있는 제한된 지식에 기초해 자신의 운명을 결정한다. 거기에는 중심적이지 못하고 각각의 조직의 행동을 모방하는 외부 통제자가 있다. 환경 시스템적인 시장에서 시장은 자기조직화의 중심적인 가능자 역할을 한다. 그것은 의견을 결정하는 과정에서 각 조직들의 능력을 확실하게 구현시키도록 한다. 그러나 자기조직화는 어느 환경적 시장에서든지 수많은 공공 분야의 간섭, 비즈니스의 보조금, 수입관세와 공적인 기금으로 추동되는 발전적 프로젝트 등으로 인해 불완전하다. 이러한 것은 자기조직화를 금지하거나 자기조직화를 가능케 하는 구조를 어떻게 변화시킬 것인지를 고민토록 한다.

반면, 돌연변이는 각각의 조직의 환경, 선택권, 선택에 의한 결과의 제한된 지식으로 인해 야기된다. 선택권의 취사 선택은 다른 조직이 몇몇의 다른 선택에 반응하여 야기시키는 불확실한 결과를 이끈다. 그러므로 불확실한 상황에서 돌연변이는 확대될지도 모른다. 공급 네트워크는 돌연변이 구조의 예이다. 각각의 구성원들은 그들의 정교한 네트워크가 형성될 수 있는 고객과 공급자들을 소유하고 있다. 이러한 종류의 구조들은 각각의 조직의 동기와 활동에 의해 야기된다.

공진화의 결과에 따라 자기조직화와 조직 인구의 돌연변이는 적응을 가능케 한다. 여기서 적응은 전체적으로 조직단계 현상으로 해석되곤

한다. 지식은 생산의 가치 요소를 만들어내는 데 필수적이다. 복잡성에 기초한 모델에서 지식은 완벽하지도 전체적이지도 않다. 대조적으로, 그것은 제한돼 있고 아마 심지어 지역적인 지식으로까지 제한돼 있다. 그러므로 지식은 모든 사람에 의해 이미 소유돼 있지 않다는 점과 그것이 팔리고 살 수 있다는 점에서 가치를 가지고 있다. 지식은 공진화 속에서 우위를 점하거나 단순히 살아남기 위해서 또한 필수적이다.

종합하면, 개념적인 단계에서 복잡성은 신고전주의적 경제에 기초해 실행 가능한 선택을 제공해주는 듯하다. 그러나 복잡성에 기초한 복잡계 이론은 여전히 검증되지 않는 이론이라는 점에서 한계점을 갖고 있다. 개념적인 모델과 복잡성에 기초해 수행된 대부분의 연구는 사회경제적인 맥락을 매우 제한하고 있다. 이것은 복잡성의 해석과 적용개념을 심하게 연구자 자신의 해석에 기초해 자기의 분야에 접목시키기 때문에 매우 도전적인 평가를 받는다. 그러나 복잡계 이론은 우리가 분석하지 못한 부분을 실험적으로 설명하는 새로운 모델을 끌어내는 유일한 방법으로 평가받고 있다. 디지털 미디어 생태계는 미증유의 여러 요인이 함께하면서 복잡계 이론과의 접목을 요구하고 있다.

4

진화경제학과 복잡계 시스템

> 경제는 복잡적응 체계이다. 마셜(Alfred Marshall),
> 케인즈(John Maynard Keynes), 슘페터(Joseph Schumpeter) 같은 학자는
> 이것을 직관적으로 파악했다(Foster, 2004, p. 24).

지난 20세기에 진화경제학은 큰 동력을 받으면서 발전해왔다. 이 진화경제학은 경제발전을 이해하기 위해서 진화생태학으로부터 다양한 자극과 유추를 이끌어냈다. 진화경제학에서 발전한 사상들은 근본적으로 경제 시스템을 복잡적응 체계로 보는 연구에서 끌어낸 사상에 기초하고 있다(이요섭, 2007). 이 두 분야는 점점 더 가까워지고 있으며, 같은 학문의 형태로서뿐만 아니라 기초적인 가정과 명제의 일부를 이미 공유하고 있다.

　진화경제학의 뿌리는 경제학에서 어떠한 맥락으로 이루어졌는지를 살펴보는 것이 매우 중요하다. 여기서는 바로 이 배경을 살펴본다. 디지털 미디어 생태계는 단순한 미디어 조직과 시장의 문제가 아니라, 경제

학의 연구대상이 되었고, 미디어 연구가 더 이상 고전적인 몇 가지 효과나 제도적인 차원에 대한 선형적인 형태로 머물러 있어서는 안 되기 때문이다. 진화경제학에서 축적한 이론은 디지털 미디어를 분석하고 그 미래적인 의미를 분석하는 데 필요한 몇 가지 핵심적인 모델을 제시할 수 있을 것이다.

1) 다윈과 진화경제학

1859년 찰스 다윈은 『종의기원』이라는 책을 통해 '변이와 선택'을 진화의 핵심으로 삼으면서 진화론의 단서를 제시했다.[14] 다윈은 특정 지역의 동물 번식에서 나타나는 변이와 선택을 검증하면서 이 논쟁을 끌어냈다. 이 논쟁을 기점으로 하여 다윈은 '자연 속에서의 변이'와 자연 선택의 역할에 관심을 두었다. 다윈의 이 같은 많은 관찰은 1831~1836년 사이에 남아메리카를 항해하면서 이루어졌다. 우리 모두가 알듯이 다윈의 진화론이 처음으로 진화를 언급한 것은 아니었다. 다윈 전에 이미 라마르크(Lamarck)가 이 진화를 언급했다. 그러나 그의 학설은 당시 세상을 지배하는 종교적인 믿음 때문에 폭넓게 받아들여지지 않았다. 모든 종은 천지창조의 산물로만 알고 있었다. 라마르크는 시간이 흐르면서 종은 변화한다는 혁명적인 주장을 했다. 이 변화는 생물의 기능을 개선시키기 위해 신체의 작은 변화를 꾀하는 각각의 생물의 창조적인 노력

---

14) 이 부분은 『종의기원(박만규 역, 삼성출판사)』을 주로 참조했다.

에 의해서 이루어진다는 것이다. 그 이후에 이들이 얻은 특성은 후손들에게 전해진다는 것이다. 라마르크의 주된 사상은 '후천적 특성'의 이론과 '변형의 유전' 이론으로 요약될 수 있다.[15] 이러한 진화 형태를 설명하는 가장 유명한 예는 기린의 긴 목과 긴 다리이다. 라마르크는 무성한 나뭇잎에 입을 대기 위해서 계속해서 위쪽으로 뻗는 방식으로 기린의 몸을 만들었다고 주장했다. 다윈의 『종의 기원』은 1859년에 출판되면서 종교계와 과학계 모두에 뜨거운 논쟁을 불러일으켰으나, 1882년 다윈 사후에 이 진화이론은 광범위하게 인정을 받았다.

이 진화론의 기본 가정 중의 하나는 부족한 자원으로 인해 경쟁해야만 한다는 것이며, 생존하기 위한 경쟁이라는 점에서 개체들은 다른 개체들을 뛰어넘어 '우위'를 필요로 한다. 다윈은 다른 개체들과 경쟁하는 기린 가운데 약간 긴 다리와 목을 가진 기린은 더 생존하고 증식할 수 있는 기회를 더 많이 가졌고, 부모의 이 같은 특성을 이어받은 자손들은 긴 다리와 목을 하면서 현재의 기린과 같은 긴 목과 긴 다리를 가질 수 있게 되었다고 주장했다. 부모가 가진 특성 중의 일부를 갖지 않으며, 어떤 '후천적인 특성'만을 유전으로 이어받는 유기체는 없다는 것이다.

그래서 '가장 적합한 것의 생존' 사상은 '사회 다윈주의(사회적 진화론)'라는 이름으로 사회과학에 적용되었다. 19세기에 나타난 산업혁명은 극도의 가난 속에서 대부분의 인구가 거주하는 도시에서 여러 가지 심각한 사회문제를 일으켰다. 게토는 대표적인 것이라 할 수 있다. 일부 사람들은 이와 같은 문제를 유전적 하등 때문이라고 주장했다. 몇몇은 일반

---

15) 이 부분은 생물학전문연구정보센터(http://bric.postech.ac.kr/webzine)를 참조했다.

적으로 인류의 유전적 상태를 개선시키기 위해 이런 가난하고 열등한 사람들을 굶어죽여야 한다는 것을 믿었다. 이러한 사상은 사회적 진화론의 가장 악용인 나치 인종 대학살을 이끌었다. 이와 같은 사회적 진화론의 좋지 않은 선례는 아직까지 경제학자들이 경제의 복잡성을 설명하기 위해 현대 생물학의 이론을 적용하는 것을 외면토록 했다.

그렇지만 진화생물학에서 영감을 찾고 있는 진화경제학이라는 분야는 많은 관심을 불러일으키고 있다.[16] 슘페터 같은 학자는 경제현상을 설명하기 위해 생물학적 은유를 일반적으로 사용하지 않았지만, 신진화자들은 경제진화론을 이해시키기 위해 생물학적 유추를 많이 사용한다. 슘페터는 『경제 발전의 이론』이라는 자신의 책에서 '진화론적인 사상을 믿지 않는다'고 주장하며, '진화사상의 특별한 과학적 신비주의는 어설픈 지식'이라고 주장했다(박영호 역, 2005). 이처럼 슘페터는 생물학적 은유를 떨쳐버려야만 한다고 생각했음에도 불구하고, 많은 후기 슘페터주의자들은 다윈이나 라마르크가 주장한 형태의 자연 선택(도태)이라는 생물학적 유추를 사용해왔다. 예를 들어, 넬슨과 윈터(Nelson and Winter, 1982)는 1982년 『경제 변화 진화론』에서 진화경제를 발전적으로 도입했다.[17] 이들은 자신의 저서를 '뻔뻔스러운 라마르크주의자'의 글이라고 명명했다. 여기서 이들은 후천적으로 습득된 특성을 '다양성을 자극하는 환경에서 시기적절한 변이의 출현'이라고 하면서 이 이론을 지지했다.

---

16) 진화론의 선행학설 연구는 이요섭 편저(연암사 2007), p. 60 참조.

17) Nelson, R.R. & Winter, S.G., *An Evolutionary Theory of Economics Change.* The Belkap Press of the Harvard Univetsity Press, 1982 참조.

그러나 여전히 경제진화론을 설명하기 위한 다윈주의자와 포스트 다윈주의자의 주장을 원용하는 것은 문제로 남아 있다. 만약에 경제발전이 유전적 복제, 무작위적인 변화나 변이로 (기능이)유사한 어떤 것과 함께 자연 선택이라는 일부 과정에 의해 결정된다면, 수많은 경제학자들이 매우 소중하게 생각하는 의도적이고, 목적지향적인 그리고 선택적이라는 사상의 역할은 어디에 남아 있을 수 있는가? 다윈의 진화론과 비교해서 라마르크의 진화사상은 경제학 분야에서 분명한 강점을 갖는다. 그것은 의식적인 선택과 계승되는 또는 이어받는 성능을 개선하기 위한 사람들의 능력을 고려할 수 있고, 새로운 특성을 얻을 수 있다는 것에 확신을 주기 때문이다. 그러나 이 같은 주장은 진화론자, 라마르크주의자, 생물학자와 경제학자 사이에서 논쟁적인 모습을 하지는 않는다. 이들 각자는 자기 분야에서 생물학의 단순한 은유나 유추가 아닌 사회경제적인 시스템 속에서 진화론을 연구할 수 있기 때문이다. 아더(Arthur, 1994a)와 같은 경제학자는 진화론을 연구해보면, 복잡성과 진화의 관계는 경제학 분야에서 점점 많은 것을 찾을 수 있다고 주장한다. 그래서 생물학은 진화론의 구조를 이해하기 위한 자원일 뿐만 아니라, 경제학에서도 도움이 될 수 있다는 관점이다.[18]

그러나 경제진화론은 생물진화론에서 간단하게 추론될 수 없다. 자연에서 종(種)은 생존 이외의 어떠한 다른 목표를 갖지 않는다. 유기체를

---

18) Arthur, W.B., On the evolution of complexity, in Cowan, G.A., Pines, D. & Meltzer, D.(eds.) *Complexity : Metaphors, Model, and Reality.* Westview, 1994, pp. 65-81 참조.

유전으로 이어받는 유전자는 몇몇의 변칙적인 변형과 유기체를 번식시키는 능력에 따라 그들의 자손들에게 전해진다. 경제적인 상황에서, 의식적인 선택은 진화의 추이를 다르게 만들고 있다. 경제적인 전체의 상황을 만드는 사람들은 목표에 이를 수 있도록 노력할 수 있고, 그들은 선택(도태)에서 살아남기 위해 새로운 능력을 개발할 수 있다. 그래서 경제진화(발전)는 사람들의 노력과 선택의 산물이지, 가장 적합한 생존을 미리 예정해 만들어내는 과정은 아니라는 것이다.

2) 변이와 선택

변이와 선택이 다윈주의자와 후기 다윈주의자들의 생물학적 진화론에서 중심이론이 되면서, 이것은 자연스럽게 진화경제학에서 쟁점이 되었다. '선택 메커니즘과 변이 메커니즘은 진화론의 핵심이고, 변이는 가능한 세계를 결정하고 있고, 전자는 그것들 사이에서 선택을 한다'는 의미는 진화경제학에서 더 정확하게 정의되어야 한다. 변이, 전달, 선택을 구성하기 위한 진화를 정의하는 데 대개 다음과 같은 3가지 조건이 언급된다.

1. 개체들 사이에 변이가 있지만, 그것들은 닮을 수는 있어도 동일하지는 않다.
2. 개체들은 영원히 존재할 수는 없지만, 선조들과 부분적으로 동일한 특징을 가지고 있는 성공적인 후세들을 형성하기 위해 그들 자신을 복제할 능력을 가진다.

3. 빈번한 복제는 변이를 만들고, 이것은 개체들의 어떤 특성과 개체들이 존재하는 환경 사이의 상호작용에 달려 있다. 즉 다시 말하면, 개체들은 '차별적인 적응력'을 가지고 있다.

이 과정은 후기 다윈주의자들의 '적응의 동일화'와 명백히 같다. 그러나 이것은 변이가 생산되는 과정을 주목하지는 않았다. 여기서 변이는 단지 당연한 것일 뿐이다. 이 문제는 포스터와 메트컬프의 진화의 3단계 모델에서 설명된다.[19]

[그림 1-8]은 가장 기본적인 2단계인 변이와 선택의 진화 모델이다. 먼저, 의미 있는 선택을 취하기 위해서 선택된 개체의 특징에는 변이가 틀림없이 있다. 선택의 과정은 각각의 개체에 적응력 지수를 부여하기 위해 특징을 평가하고, 개체군을 증가시키기 위해서 평균보다 더 적합한 개체수를 발생시킨다. 비록 그들의 상대적인 중요성이 다른 개체들

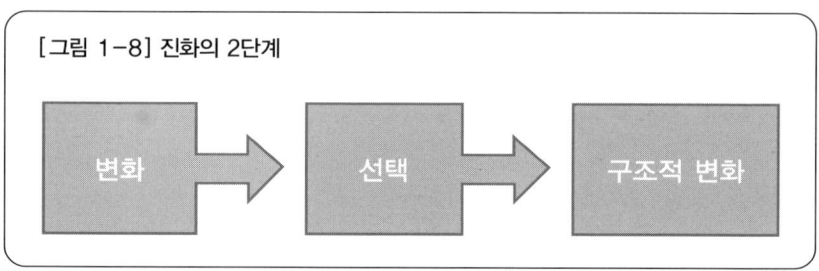

[그림 1-8] 진화의 2단계

변화 → 선택 → 구조적 변화

19) Foster, J. & Metcalfe, J.S., Modern evolutionary economic perspectives : an overview, in Foster J. & Metcalfe, J.S.(eds.) *Frontiers of Evolutionary Economics : Competition, Selforganization and Innovation Policy*. Edvard Elgar, 2001. pp. 10.

과 환경의 상호작용에 의해 형성된다고 해도, 이 모델에서 선택된 개체들의 특성은 외생적으로 주어진다.

경제적인 맥락에서 변이는 생산물들의 혁신과 그 조직과 방식을 통해 나타난다. 여기서 변이는 회사에 차별적인 이익을 발생시키는 시장 상황에 의해 평가된다. 이것은 현대 자본주의에서 긴급하고 치명적인 부분인 구조적 변화의 패턴들을 이끈다. 그러나 이 모델은 외생적인 요소들 사이만을 강조하고 의식적인 선택을 강조하지는 못한다. 변이의 기원에 관한 명확한 설명이 없었기 때문에 진화의 2단계 모델에서 이 변이는 무작위적인 방법을 통해 발생되었다. 이런 이유로 포스터와 메트컬프는 3단계(변이, 선택, 발전)로 구성하는 다른 모델을 제시했는데, 이것은 특별히 혁신의 맥락 속에서 제시되었다.

두 학자는 혁신 과정이 경제 시스템에서 내생적이었기 때문에 발전과 선택은 서로의 상호작용 대상이라고 설명한다. 경제 시스템에서의 변이는 무작위로 발생되지는 않는다. 왜냐하면 그 진행이 너무 느리면 관찰된 경제적이고, 사회적인 변이의 속도를 설명할 수가 없기 때문이다. 과

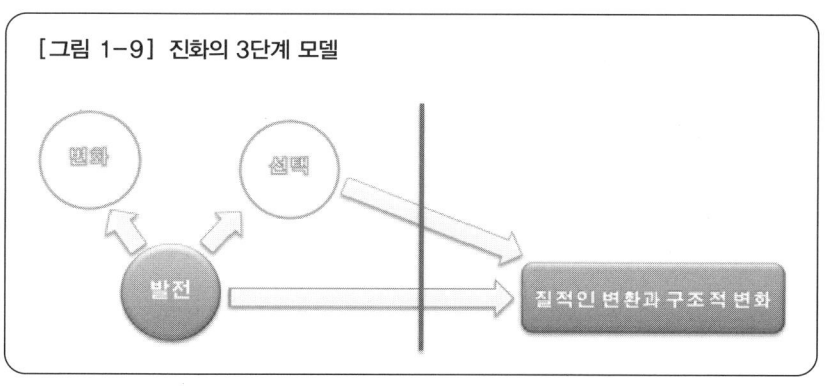

[그림 1-9] 진화의 3단계 모델

변화   선택

발전   질적인 변환과 구조적 변화

거와 현재의 이익의 분배는 산업 안에서 미래의 연구와 개발을 분배하는 데 영향을 미친다. 또한 다른 규모의 회사들은 혁신에 의한 보수를 다르게 받는다. 가장 근본적인 부분은 생산과 시장 활동에서 얻어진 경험은 차별적인 혁신 성과의 중요한 결정 요소가 된다는 것이다. 변이의 발전과 변이의 선택이 분리될 수 없는 것과 같이 진화적인 혁신 과정의 내생성을 위해서 이 같은 관점이 보여주듯이 강제적인 경우를 만들어낼 수 있다. 그러므로 변이 세대는 무작위 과정은 아니지만, 변이는 선택이 항상 발전의 방향을 조종하는 것과 같은 방식으로 발전된다. 우리가 발전을 진화 모델로 통합한다면, 이것이 단순히 무작위식의 과정 또는 손실을 결정하는 어떤 과정이 아니라는 것을 볼 수 있다. 이러한 주장을 발전과 변이의 모델로 소개하면 다음과 같다.

이 모델에서 경제적 다양성과 시장 동일화는 회사에서 차별적인 성장을 유발한다. 차별적인 성장은 구조적 변화와 차별적인 지식의 축적을 이끈다. 이런 회사들 사이에서 축적된 지식의 차이는 갱신되는 경제적 다양성을 발생시킨다. 이것은 변이가 나중의 발전과 선택 과정에 어떻게 제시되는지를 보여준다. 여기서 강조되는 것은 지식에 있고, 그리고 변이, 선택, 발전에서의 지식의 역할에 있다. 그러나 일부 학자는 진화

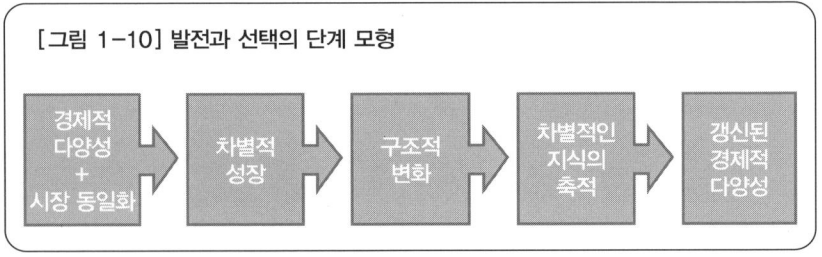

[그림 1-10] 발전과 선택의 단계 모형

경제적 다양성 + 시장 동일화 → 차별적 성장 → 구조적 변화 → 차별적인 지식의 축적 → 갱신된 경제적 다양성

경제학 작업 속에서 지식의 역할보다는 관례적인 일상성(routines)의 역할을 강조한다(이요섭, 2007, p. 115).

진화 이론에서 일상성은 생물학적 진화 이론에서 유전자들이 수행하는 역할을 수행하는 것으로 간주된다. 일상성은 유기적인 조직의 지속적인 형태이고, 환경이 유기체의 실제적인 행동에 영향을 끼치는 동안 일상성은 그것의 가능한 행동을 결정한다는 것이다. 새로운 식물 역시 오늘날의 식물과 같은 많은 동일한 특성들을 가진다. 확실한 일상성을 가진 식물들이 다른 것들보다 더 잘 자라고 만약에 개체(산업)에서의 상대적 중요성이 시간을 넘어서서 논의된다면 선택은 이루어진다. 기업의 일상성은 생물학적 유기체의 유전자들과 동일한 것이다. 그러므로 일상성과 기업들 모두한테는 선택이 주어진다.

진화경제학 뒤에는 두 가지 명제가 있다. 바로 연속성과 차별성(독특함)이다. 연속성은 회사들이 변하지 않는 것들을 만들어내는 노하우(방법)들을 가지고 있음을 의미한다. 차별성은 한편, 회사에서 일을 하는 방식들이 기능적으로 유사한 업무에서조차도 다르다는 것을 의미한다. 이러한 명제들은 변화, 선택, 보유가 시장의 제 과정에 접목될 수 있는 것이다. 그러나 경제발전에 대한 진화론적인 접근은 보다 더 많은 설명이 필요한 고유한 문제들을 가지고 있다.

예를 들어, 선택 환경과 관련된 문제는 기존의 회사들 그리고 그들의 업무들에 따라 정의된다. 즉, 회사와 회사의 업무는 강력한 경쟁기업에 대해 경쟁하는 것이 아니고, 현재의 경쟁자들 그리고 그들의 일상적인 사무에 관해서 경쟁하는 것이다. 이것은 그 선택 과정이 산업의 발전에 이롭지 않은 업무에 집중하게 유도할 수도 있다. 변화된 선택환경에 살아남기 위해, 한 회사는 그 행위(정책)를 장기적으로 바람직하지 않은 한 방향으로 변화하도록 강요받을 수 있다는 것이다.

이제까지 선택 환경은 경쟁하는 회사들로 구성되는 것으로 정의되어 왔다. 하지만 그 환경에서는 다른 요인들 또한 존재하는 것을 볼 수 있다. 넬슨과 윈터(Nelson&Winter, 1982) 같은 학자는 개별적인 것들의 환경, 회사의 개체수를 들었다. 적합성, 수익성은 발전을 만드는 요인이 아니라는 것이다.[20] 전체 진화 시스템과 환경을 둘러싼 진짜 외부적인 요인의 특징들 간의 상호작용은 중요한 역할을 한다. 이 시스템을 구성하는 것과 그 환경을 구성하는 것은 무엇일까? 여기서 외부적인 요소는 점점 더 중요해지고 있다. 최근에 외부적 그리고 내부적인 것에서 기인하는 것 사이에서 나타나는 상호작용은 공진화와 밀접한 관련을 갖는 것으로 주장된다.

진화 과정 속에서 협력과 경쟁은 서로를 보완해야 한다는 주장은 이 공진화를 지원한다. 즉, 선택 과정에서 살아남고, 적합성을 개선하기 위해서 기업들은 자원과 리스크를 공유하기 위해 동맹을 체결할 수 있다. 경제적인 상황에서 진화적인 과정들은 연속적으로 기능하진 않지만 상호관계에 있다는 것을 지원한다. 변이는 몇몇의 무작위적인 과정에 의해 발생하는 것이 아니라 발전의 형성 과정 속에서 의식적인 선택에 의해 발생한다는 주장은 이로 인해 힘을 얻는다. 바람직한 방향으로 조종된 변이와 같은 방식 속에서 하나의 조직은 미래 선택 환경에 존재하기

---

20) Nelson, R.R.&Winter, S.G., *An Evolutionary Theory of Economics Change*, The Belkap Press of the Harvard Univetsity Press, 1982, pp. 161 참조.

위해서 현재 선택 환경에서 반드시 살아남아야 한다. 그러나 선택에서 살아남는 것은 경쟁하는 것뿐만 아니라 협력이 중심적인 역할을 한다는 걸 의미한다. 왜냐하면 이 조직들은 다른 현존하는 조직들에 비교해 그들의 적합성을 향상시킬 수 있기 때문이다.

3) 복잡한 경제 시스템과 진화

경제학자들은 일반적으로 진화경제학을 4가지 학파로 나누고 있다. 슘페터주의자, 제도 경제, 마르크시즘 정치경제 그리고 오스트리아 학파다. 이외에도 진화론적인 사상에 따라 8개의 학파로 나누기도 한다(홍민기, 2001). 이것들은 제도적인 경제학, 후기 케인즈 학파, 생태경제학, 에이전트 기반의 수치경제학, 행위경제학, 오스트리아 경제학, 급진 정치경제학, 그리고 진화경제학이다. 이러한 분류는 진화경제학을 일관된 모습으로 나타내는 것이 쉽지 않음을 의미한다. 그러나 진화학파들 가운데 누구의 이론이 어디에 더 근접한지를 분석하며 정의하는 것은 중요하지 않다. 진화론적인 학파들의 경계가 명백하지 않고 그 학파들은 또한 내적으로 연계되어 있기 때문이다. 오히려 여기서는 진화경제학과 복잡성의 과학 사이의 관계를 알아보는 것이 더 의미를 갖는다. 진화경제학은 다음과 같은 가정과 특징에 기초하고 있다. 첫째로 개인과 단체들은 결코 완벽하게 정보화될 수 없다. 그들은 글로벌보다는 지역적으로 증진을 도모해야 한다. 두 번째로 개인들과 단체의 의사결정은 일반적으로 규칙이나, 규범 그리고 제도에 묶여 있다. 세 번째로 개인들과 단체들은 스스로 배우고, 창조를 위해 어느 정도 여타 개인들이나 단체의 규칙을 모방할 수 있다. 넷째, 모방과 혁신의 과정들은 축적성과 익숙한 매일의 일상 방식을 특징으로 한다. 다섯 번째, 개인들과 단체들 사이에 상호작용은 전형적으로 불균형적인 상황 속에서 이루어진다.

이러한 모든 것들은 복잡적응 시스템의 연구에서 나타나는데, 지역성은 복잡계 그리고 진화경제학 모두에서 나타난다. 바로 행위자들과 에이전시들은 항상 불완전한 지역 지식에 기초한다. 그리고 주어진 상황에서 모든 것들이 가능하지 않기 때문에, 개인이나 단체들은 환경이 자신에게 부과하는 제한이나 규제에 적응해야만 한다. 그래서 무엇보다도 배움과 새로움은 진화에 필수적인 것이다. 지식이 불완전하기 때문에 배움이 발생할 수 있고 개인이나 단체들이 그들의 환경에 적응해야 하기 때문에, 그들은 배워야만 한다. 새로움은 자기 조직의 결과물이다. 불균형은 종종 복잡성 이론에서 균형 상태와 멀어진(far-from-equilibrium) 것으로 해석된다. 이와 같은 진화론적인 미시경제학에 기초해 두 가지 명제가 회자된다(Potts, 2000, p. 161.)[21]

1. 경제적인 시스템은 복잡적응 시스템이다.
2. 이 시스템의 필수적인 행위는 내적인 변화와 역사 속에서 자기 변형을 가져온다.

---

21) Potts는 이와 같은 자신의 접근 방법을 'The New Evolutionary Microeconomics'라고 불렀다.

많은 경제학자들은 현대의 생태학과 진화를 동일선상에서 보고 있다. 선택 메커니즘들은 기술들, 조직적인 반복, 그리고 각각의 환경의 사정에 가장 잘 적응한 산물을 만들어낸다는 것이다. 환경은 어떠한 기술, 조직적인 반복들 그리고 현재의 종이 가장 잘 적응토록 영향을 미치는 중요한 결정자의 모습을 한다. 그러나 경제학에서 선택된 최선은 최적 조건과는 다를 수 있고 시간이 지날수록 더 달라질 수 있다.

왜냐하면 현대 이론에 따른, 진화의 과정들은 최선의 결과를 필연적으로 이끌지는 않기 때문이다. 경제학에서 자연스러운 선택은 최상의 적합함이 아닌 단지 꽤 좋게 적용될 뿐이라는 것이다. 만약 진화가 최선의 상황을 만들어낸다면, 모든 유기체들은 같은 최적의 특질을 가질 것이다. 이것은 미래에 어떠한 진화도 불가능하게 만들고, 따라서 경제학에서 요구하는 필수적인 다양성을 현재의 시스템에 존재할 수 없게 한다.

그래서 더욱더 진화 경제학자들은 자기 조직의 역할에 대해 강조한다. 통합과 융통성 있는 분석적인 구조가 이루어지려면 진화경제학 원리들은 반드시 자기 조직의 경제와 경쟁에 의한 선택 경제 둘 다를 인정해야 한다는 것이다. 진화경제학과 복잡적응 시스템과 같은 경제 체제에 대한 연구는 자기 조직, 미래에 대한 결정론적이지 않은 관점, 역행할 수 없는 과정으로서 시간을 인정하는 것 같은 기본적인 주장들을 공유해야 한다. 진화경제학에서 진화의 과정은 최적화된 것으로 보아서는 안 된다.

진화경제학은 경제적 발전은 진화적인 특징을 가지고 있다는 가정에 기초한다. 이는 기본적으로 변화와 선택이 경제적 미래의 창조에 중요한 요소라는 것을 의미한다. 그러나 진화경제학에서 다양성과 효과 선택을 생산하는 메커니즘은 생물학적 진화와 연계되는 메커니즘과는 다르다. 가장 큰 차이점은 사람들과 조직의 의식적 선택이다. 그들은 새로운 특징을 얻을 수 있고, 그들의 능력을 증가시키며 목표를 달성하는 데 노력한다. 생물학적 유기체는 그들의 유전자를 그들을 변화시킬 능력이 없는 상태로 다음 세대에게 물려준다. 따라서 경제적 진화는 생물학적 진화를 통한 유추가 아니라 새로운 이론과 모델을 만들기 위해 연구되어야 한다. 진화경제학에 기초한 조직 레벨 모델은 아래 [그림 1-11]에 나타나 있다.

조직은 역동적인 역할을 하며 의식적 선택을 가능하게 한다. 조직은 그것의 환경에 대한 한정되고 지역적인 지식을 가지고 있다. 환경은 선택환경으로서 기능을 한다. 조직은 그들의 환경에서 다른 조직과 경쟁적 상호작용뿐만 아니라 협동적인 상호작용도 할 수 있을 것이다. 이러한 종류의 행동은 신고전주의 경제학에 기초한 모델로서의 최적화 대신에 노력을 자극시키는 이익을 이끌어낸다.

다양성, 선택 그리고 발전은 조직 개체에 있으며 상호작용하기 쉽다.

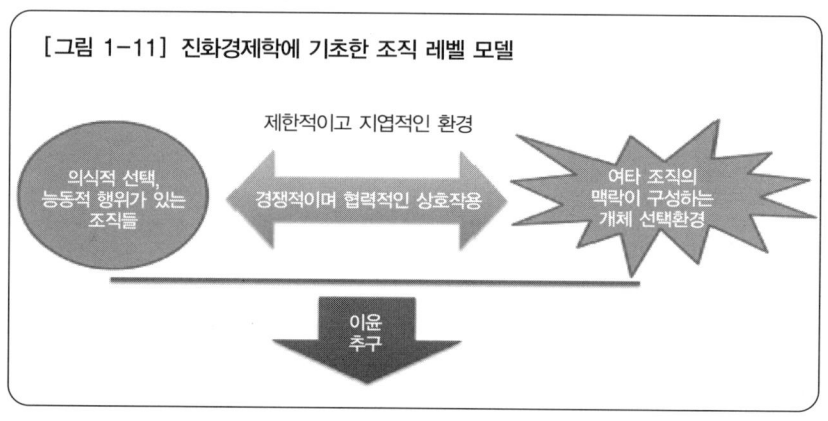

[그림 1-11] 진화경제학에 기초한 조직 레벨 모델

제한적이고 지엽적인 환경

의식적 선택, 능동적 행위가 있는 조직들

경쟁적이며 협력적인 상호작용

여타 조직의 맥락이 구성하는 개체 선택환경

이윤 추구

새로운 조직의 형태에서 다양성, 새로운 지식과 혁신은 무작위 과정의 산물이 아니라 계속적인 발전의 노력을 통한 결과이다. 선택은 다양성과 선택의 상황에서 추정되는 연달아 일어나는 순서가 아닌, 서로 상호작용하는 방법으로 이 모든 세 가지가 동시에 기능함으로써 다양성의 시대와 발전과정을 이끈다. 진화경제학에 기초한 개체 레벨 모델은 [그림 1-12]에 제시되어 있다.

이러한 모델에서 조직 개체는 한정되고 지역적인 지식에 기초한 노력을 자극하는 이익을 통해 그들의 미래를 건설할 수 있다. 다양성, 선택 그리고 발전 과정은 경제적 진화를 이끄는 것과 상호작용한다. 증가하는 순환은 놀라운 개체 레벨 행동의 결과를 낳으며 긍정적인 피드백으로 작용한다. 결과적으로 미래는 비결정적이며 예측할 수 없으며 비선형적이다.

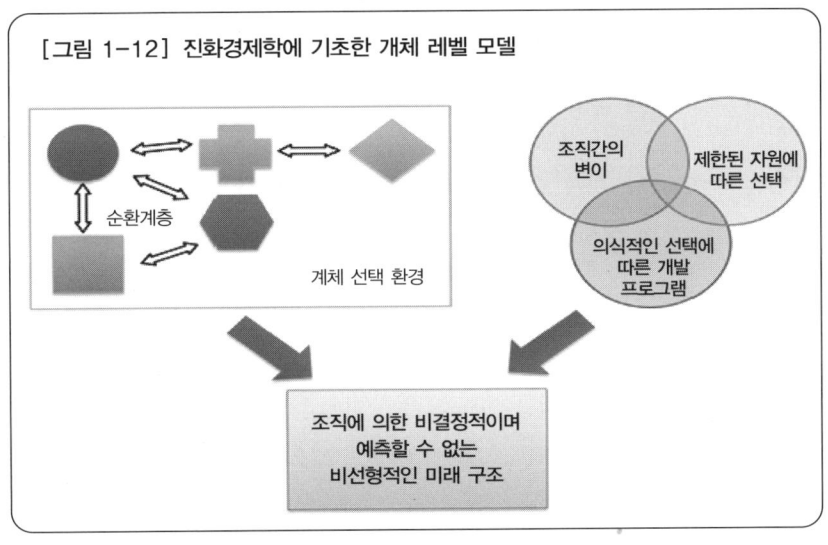

[그림 1-12] 진화경제학에 기초한 개체 레벨 모델

이 모델에서 조직 레벨의 가정은 의식적인 선택, 한정되고 지역적인 지식, 경쟁적이고 협동적인 상호작용 그리고 노력을 자극하는 이익을 중심에 둔다. 조직은 의식적인 선택을 지니고 있으며 그것은 결정을 만들어내기 때문에 행동의 변화와 새로운 능력을 발전시키는 데 영향을 미친다. 조직은 단순히 선택 과정을 만들어내는 것이 아니라 자신의 어떠한 동기에 기초한 기능을 수행한다. 모든 지식이 어떠한 조직에 의해 절대 소유될 수 없기 때문에 한정되고 지역적인 지식만을 차지할 수 있다. 모든 조직은 경쟁자뿐만 아니라 협력자들을 가지고 있다. 결과적으로 조직은 환경에 관한 한정된 지식에 기초한 이익을 만들기 위해 역동적인 행위자가 되려고 노력한다. 조직 개체의 행동은 다양성, 선택, 발전 그리고 증가하는 순환들로 구성된다. 다양성은 완벽하게 똑같은 두 그룹을 있을 수 없게 한다. 이는 조직들은 서로 다른 개개인들로 이루어져 있다는 사실과 관계가 있다. 선택은 시장 상호작용을 통해 조직이 직면하는 자원의 부족으로부터 오는 결과이기 때문이다. 발전은 조직이 내재하는 의식적 선택의 징후이다. 의식적 선택의 과정으로 증가하는 순환은 물리적 자원이 아닌 지식과 하이테크놀로지에 기초한 산업들에서 가정할 수 있다.

증가하는 순환은 새로운 지식경제에서 지식이 지니고 있는 역할 그리고 가치와 관련이 있다. 증가하는 순환이 나타날 때 성장은 물리적 자원의 한계가 아니라 지식의 유용성으로부터 오는 장애물들에 의해 제한되는 것을 볼 수 있다. 지식은 지식들과 사람들의 상호작용을 통해 생성된다. 따라서 더 많은 지식이 존재할수록 더 많은 지식이 생성될 수 있다. 장애물은 지식을 통해 이익을 얻는 사람들에게 이러한 새로운 지식을 전달할 때에 존재한다. 이는 또한 지식은 사고팔 수 있다는 것을 의미한다. 따라서 이러한 증가를 순환시키는 모델은 지식을 생산의 중요한 요소로 인식하며 지식집약적인 서비스 조직의 상황에 적합토록 한다.

4) 디지털 생태계 시스템과 새로운 방향

1980년대 중반의 다른 설명은 경제사회학의 새로운 분야와 결합해 구체화되는 모습을 보였다. 그러나 여전히 생물학적인 은유들은 다른 동력들과 관련해 비즈니스 생태학에 꼭 적용되는 것은 아니라는 것을 명백히 드러내고 있다. 디지털 생태계 집단에 대한 연구는 이러한 견해를 강화하고 있다. 여기서 오픈 소스(open-source) 서비스 개념[22]은 매우 중요한 의미를 갖는다.

정보 인프라에 대한 경제학적 분석은 커다란 설치비용, 교육효과, 조정효과, 경론의존 그리고 일어날 수 있는 차선의 최종결과를 순차적으로 야기하는 자기 강화적인(self-reinforcing) 과정에 이르는 적응 과정을 설명한다. 이것은 기술·경영상의 관점으로 비즈니스는 인프라를 설계하고, 세우고, 정렬하고, 조정하는 반면에, 인프라의 동력이 생활에서 유기체처럼 행동한다는 것을 제시한다. 인프라의 휴먼 차원에 대한 고려

---

22) Open Source : 오픈 소스 소프트웨어, OSS라고도 한다. 소프트웨어의 설계도에 해당하는 소스 코드를 인터넷 등을 통해 무상으로 공개해 누구나 그 소프트웨어를 개량하고, 이것을 재배포할 수 있도록 하는 것 또는 그런 소프트웨어를 말한다.

는, 인프라를 '경영'하는 것보다는 설치된 기반을 '경작'하는 것이 현명한 전략이라는 결론을 내리게 한다(Hannon, 1997, p. 472). 인프라는 보편적인 기준들을 정의하고 나중에 그것들을 수행하는 것보다는, 나중에는 서로 연결되는 지역적인 업무들을 지원하는, 경영상의 지역적인 해결책들을 수립하는 데 의미를 두어야 한다. 이러한 입장은 기술적이고, 제공된 언어와 오픈 시스템 인프라를 통해 지역의 행위자들에게 스스로 자신의 비즈니스 생태계를 규명하도록 권한을 주는 디지털 생태학적 시각과 일치한다.

생물학적으로 영감을 주는 효율성 있는 주장들을 넘어서 사회적인 네트워크들을 강조하며, 과학기술적인 관점보다는 인프라의 '유기적인' 관점을 더욱 효과적이라고 주장하는 것은 사회과학적이고 기술적이면서 생태학적인 은유와 적합성 사이에서 보편성을 끌어내는 것이 얼마나 어려운지를 보여준다.

지난 15년 동안 우리가 오픈 소스 경험을 통해 몇 가지 교훈을 얻었다는 것은 매우 고무적인 일이다. 오픈 소스 패러다임은 사회는 상호 호혜 관계의 가치를 통해 초기에 주로 동기부여가 되고, 조직적이고 네트워크화된 노동력에 의존하는 혁신적인 수익 모델을 다양화시킬 수 있다는 것이다. 이런 조직 중 기업들과 관계를 만들면서 몇몇은 새로운 종류의 상업적인 행위자가 되고, 그러므로 교환경제를 설명하는 더욱 강력한 부분이 되었다. 동시에 크고 작은 기업들은 이런 조직들의 연구를 통해 이익을 얻고 있으며, 오픈 소스 모델에 맞춰 비즈니스 모델을 발전시키고 있다.

이를 통해 우리는 '조직들'이 약속의 네트워크로서도 이해될 수 있다는 것을 깨달았다. 이것은 정보통신기술(ICT)[23]이 사회구조를 어떻게 형성하는지를 보다 쉽게 이해하게 해준다. 디지털 생태계 연구는 또한 이 구조적인 힘을 사용자들이 연결해 그 커뮤니티를 재구성하는 것이다. 오픈 소스의 한 부분인 지식의 공유와 공개는 표현도구, 지식의 형식화 그리고 약속의 커뮤니케이션을 강조한다. 정보통신기술과 사회 간의 상호작용은 순환적이고 쌍방향적임을 우리가 받아들이는 한, 우리는 열린 마음으로 무언가를 세우기 시작할 수 있다.

따라서 우리는 SME[24]들에게 그들 자신만의 지식경제를 구성하는 능력을 부여해야 한다. SME의 모형들의 경계적 통합은 디지털 생태계적 접근의 성공을 위해 매우 중요하다. 기업적, 산업적, 혹은 글로벌적 수준에서 SME 모형들의 경계적 통합을 효과적으로 하기 위해 강건한 기본 모형의 존재는 필수적인 것이다. 점점 더 디지털 생태계는 'SME 네트워크에서 지식의 형식화, 소프트웨어 서비스의 창조, 그리고 SME들 간의 B2B[25] 상호작용'을 중재하기 위해 테크놀로지의 인프라에 의지한다.

디지털 비즈니스 생태계라는 연구방법과 개념은 이 인프라의 가장 기본적인 것을 정의하고 발전시키기 위해 시작되었다(Lewin, 1999). 점진적으로 더욱 지능적인 디지털 생태계를 전개시키기 위해서는 해결해야 할

---

23) 이것은 최근에 디지털 미디어의 응용을 더 중시하는 개념으로 바뀌고 있다. 단순한 정보통신기술이 아니라, 새로운 시스템 즉, 계(系)를 만든다.

24) SME : Social Market Economy/Small and medium enterprise(s), a synonym for Small and Medium-sized Business(es)의 의미를 갖는다.

25) B2B : Business to Business. 거래 주체인 기업과 기업이 전자상거래를 하는 것이다. 기업이 기업을 대상으로 각종 물품을 판매하는 방식이다.

많은 것이 남아 있다. 디지털 생태계를 이론적으로 이해하기 위한 자연과학적 스펙트럼의 끝에서 생태계를 이해해야 할 것이다. 예를 들어, 디지털 생태계 원리의 시작점은, SME들이 자신의 생태계를 만들고, 작동하고, 최적화할 도구를 갖도록 하는 것이다. 50~100년 전의 산업은 동질적이며 보완적인 산업을 추구하면서 지역경제 성장의 원동력이 되었다. 암묵적이며 명확한 지식은 회사, 기업을 강화시키는 사회 체계에 의해 유지되어왔다. 디지털 미디어는 경제발전과 사회발전을 지지할 수 있는 유사한 지식 저장고를 제공한다. 열린 자원의 디지털 환경은 사용자들에 의해 정형화된 지식을 재분배, 유지하는 적응된 사회의 형태와 디지털 환경에 간직된 인류 자본의 사회적 축적 형태로 공익을 제공한다.

정형화 작업 과정은 암묵적인 지식을 포착하는 것이 어렵기 때문에 결코 쉬운 작업이 아니다. 디지털 생태계는 이러한 도전적 문제점을 기술과 인간의 수준에 초점을 맞춘다. 그러나 디지털 생태계 논의에서의 생물학적 은유는 불투명한 의미를 지속적으로 양산한다. 이것은 생물학적 은유를 통해 소프트웨어의 행위를 상상하는 것, 그리고 그들을 '비즈니스 생태계'의 범위에 적용하는 것을 명백하게 드러내지 않는다. 이는 추가적으로 연구되어야 할 영역이 많다는 것이다. 예를 들어, 이미 기술된 사회경제적 체계와 정보통신기술 간의 공통 영역, 컴퓨터 과학과 생물학 간의 공통 영역을 분명히 하는 것이다. 디지털 생태계 사회에서 다학문적인 대화가 매우 필요하다는 주장은 생태계가 모든 요소를 그릴 수 없다는 점을 받아들이게 한다. 따라서 다양한 관점을 조망하는 생태환경을 운용하는 디지털 생태계 이론을 정형화하는 기회를 가져야 한다. 이제 디지털 비즈니스 생태계의 핵심 특징을 설명하고 표현하는 연구를 해야 한다는 것이다. 이것을 수용한다면, 디지털 생태계의 이론을 정형화하기 위해 디지털 비즈니스 생태계의 주된 특성들을 명확히 드러내어 주요 생태계 특징들을 분석하는 학제 간 연구는 큰 의미를 갖는다 (Moore, 1996). 디지털 생태계의 환경은 역동적이며 적응적이다.

제2장

미디어 시장의 변동과 패러다임의 전환

1

+ +

복잡계 이론과 시스템 사고

우리 사회의 변화는 다양한 형태로 불리고 있다. 왜냐하면 사회를 구성하는 각 분야에서 다양성이 증가하고 있기 때문이다. 이 다양성의 증가는 사회 구조의 역동성을 크게 확대시키고 있다. 이러한 사회적 다양성과 역동성의 증가는 변화에 대한 적응이며, 구성원의 자발적인 욕구 증가의 결과라고 할 수 있다. 하지만 최근에 이루어지는 사회적 변화는 각 부분에서 경쟁을 기반으로 하면서 한정된 자원의 분배를 둘러싼 갈등 형태로 표출되는 모습을 볼 수 있다.[1] 이에 따라 사회, 정치, 경제, 문화 각 부분에서 요구되는 다원적인 이해관계의 상호 조율과 시스템 간의

---

1) 최근 글로벌화는 바로 자원을 중심으로 거대한 갈등이 잉태되고 있다.

융합은 우리 사회가 해결해야 할 가장 시급한 문제가 되고 있다. 앞으로 우리 사회는 복잡한 사회구조 체계를 시스템적으로 유지하기 위해서는 상호협력, 경쟁과 협동 등을 통해서 혁신적이며, 융합적인 변화를 추구해야 할 것이다.

이러한 변화의 역동성과 융합성에 주목해 그 흐름의 근본 원인을 이해하고 이를 토대로 변화의 방향과 폭을 체계적으로 설명하려는 이론적 시도가 탄력을 받고 있다. 이와 같은 이론적 시도 가운데 대표적인 것이 바로 복잡계 이론이다. 한양대 김용운 명예교수는 "현미경으로 관찰한 단백질, 핵산 등의 수많은 고분자 구조물로 이루어진 복잡한 세포의 조직이라든지, 140억 개의 신경세포의 네트워크 망인 인간의 두뇌, 복잡한 먹이사슬에 따라 먹고 먹히는 생태계, 다양한 투자자가 참여하는 증권시장, 여러 나라의 이익이 엇갈리는 국제정세, 변덕스런 기후, 흔들리는 갈대와 같다는 인간의 마음······ 등등, 모두가 공통적으로 복잡함을 지니고 있으며 따라서 복잡계(Complex system)다"라고 설명한다. 또한 2005년 국내 연구자들에 의해 결성된 복잡계 연구단체인 〈복잡계 네트워크(COREN)〉는 복잡계를 "수많은 구성요소들의 상호작용을 통해 구성요소 하나하나의 특성과는 사뭇 다른 새로운 현상과 질서가 나타나는 시스템"이라고 설명하고 있다.

또한 이들 연구자들은 현실세계가 복잡계와 매우 유사한 특징을 가지고 있으며, 현실세계는 시간의 흐름에 따라 빠르게 변화한다는 헤라클레이토스식 은유를 지지하며 모든 물체가 정적인 상태에 있다는 뉴턴식 은유에 회의적이다. 개별 주체의 각각의 행동이 단순히 합쳐진 것이 아니라 그 주체들의 관계와 소통이 어우러진 세상이기 때문에 이러한 현

[표 2-1] 뉴턴식 은유와 헤라클레이토스식 은유의 구분

뉴턴식 은유	헤라클레이토스식 은유
분석적	통합적
꼭짜인 정확성	정해지지 얺은 전개가능성
닫힌 시스템	열린 시스템
평형	탈평형
개인적	집합적
선형	비선형
해답	과정과 적응
안정적 시스템	혼돈의 가장자리에 놓인 시스템
하향식 접근	하향식이면서 상향식 접근

• 출처 : www.complexity.or.kr/doc/01/CPCo...u%3D0101.

실세계를 보다 폭넓게 이해하기 위해서는 미시적인 분석에 치중하는 전통적인 이론들만으로는 한계가 있다고 설명하면서 복잡계 이론의 유용성을 주장하고 있다.

1980년대 중반 이후 등장한 복잡계 이론은 현재 전세계적으로 사회, 경제, 경영, 정치, 행정, 물리 등 다양한 분야의 연구에 적용되고 있으며, 그 응용의 폭이 점점 확대되고 있다. 국내의 복잡성 연구와 복잡계에 대한 이해 역시 폭넓어지면서 글로벌해지는 시스템을 따라 그 적용의 범위가 확대되고 있다.

복잡계는 그 요소들이 서로에게 영향을 주다 보면 어떤 일정한 패턴이 형성되거나 전혀 예상하지 못했던 일정한 구조를 형성하게 되어, 이렇게 형성된 패턴과 성질은 원래의 각 요소에 피드백되면서 또다시 새로운 변화에 영향을 미치게 되는 시스템이라 할 수 있다. 복잡계 이론은 세상이 돌아가는 원리나 법칙을 단순하게 해석하려는 기존의 분석적이고 분해적인 과학에 도전하고 있다. 복잡계 이론은 또한 과거 분석적 환원주의형 사고방식과 구분되는, 구성요소들의 끊임없는 상호작용과 되먹임에 의해 구현되는 전체를 주목하는 사고방식이다(한규현, 2007).

복잡계는 무수한 요소가 상호 간섭하면서 어떤 패턴을 형성하거나 또는 예상 외의 성질을 나타내어 각 패턴에 각 요소 자체가 피드백되며, 시간의 흐름에 따라 끊임없이 진화하고 상호 영향을 주고받는 과정을 설명하는 시스템론적인 사고를 핵심으로 삼고 있다(윤영수, 채승병, 2006). 시스템과 네트워크 내에서 다양한 유형의 연결을 이루어내는 상호작용과 정형화된 방정식으로 설명이 불가능한 현상을 복잡계 현상이라고 명명할 수 있다. 이러한 주장과 논거에 기대어볼 때, 복잡계 이론은 사회, 문화, 정치, 경제 등 다방면에서 새롭게 발생하는 역동적 변화 현상을 설명

[표 2-2] 복잡계를 활용한 인간에 대한 설명

복잡계(complex systems)	복잡적응계(complex adaptive systems)
상호작용하는 많은 개별요소들로 구성 창발성의 구현	개별요소의 반응성 – 외부 환경에 대한 변화 가능
– 축적이 증가하면서 의미 있는 수준의 복잡도 감소 → 새로운 거시적 질서 출현	개별요소의 목표 지향성 – 변화를 추구하는 지향점 존재(생존, 이윤추구 등)
	개별요소의 계획성 – 지향하는 바를 위해 주변 환경을 제한적으로 통제

하려는 방법론의 하나이며, 이것은 구성요소들이 자기 조직화를 통해 새로운 집단적 특성을 창발성 있게 만들어낸다는 것을 기본조건으로 한다(복잡계 네트워크, 2006).

그래서 복잡계는 다음과 같은 특징을 가지는 것으로 이해되고 있다. 첫째, 복잡계는 상호작용하는 다수의 구성요소로 이루어져 있다. 복잡계 자체가 상대적이고 탄력적인 속성을 지니고 있기 때문에 사회, 정치, 문화, 경제, 과학 등 다양한 분야에서 새롭게 발생하는 거시적 현상을 추구하며, 이 현상을 담아내는 미시적 수준의 시스템을 설명한다. 따라서 어떤 특정 현상 또는 특정 체계를 정의하든 간에 복잡계는 다수의 역동

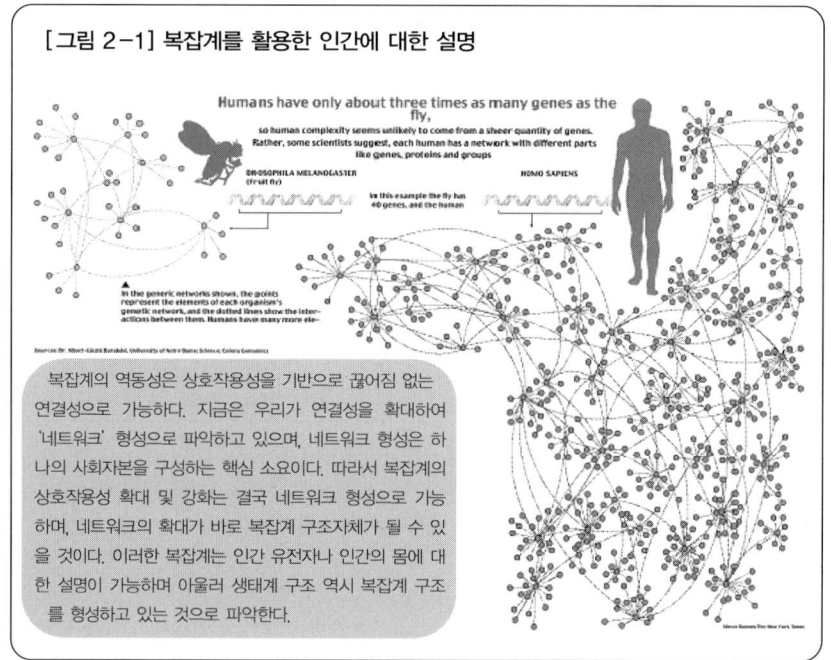

[그림 2-1] 복잡계를 활용한 인간에 대한 설명

복잡계의 역동성은 상호작용성을 기반으로 끊어짐 없는 연결성으로 가능하다. 지금은 우리가 연결성을 확대하여 '네트워크' 형성으로 파악하고 있으며, 네트워크 형성은 하나의 사회자본을 구성하는 핵심 소요이다. 따라서 복잡계의 상호작용성 확대 및 강화는 결국 네트워크 형성으로 가능하며, 네트워크의 확대가 바로 복잡계 구조자체가 될 수 있을 것이다. 이러한 복잡계는 인간 유전자나 인간의 몸에 대한 설명이 가능하며 아울러 생태계 구조 역시 복잡계 구조를 형성하고 있는 것으로 파악한다.

적인 관계를 토대로 상호작용하는 요소들로 구성되어 있으며, 해당 구성요소들의 관계는 끊임없이 변화하고 진화한다는 특성을 보여준다. 그러므로 복잡계는 동적인 시스템이며 진화하는 시스템이라고 할 수 있다.

둘째, 복잡계의 구성요소 간의 상호작용은 비선형적인 모습을 한다. 여기서 비선형적이라 함은 구성요소 간의 상호작용이 생태적인 차원에서 부여된 지위에 좌우되지 않는다는 것을 의미한다. 예컨대, 복잡계 네트워크에서는 시스템의 특성상 모든 노드가 허브 노드처럼 변화의 시발점이 될 수 있다. 바로 이것이 비선형적인 것이다. 따라서 복잡계의 변화 방향에 대한 예측과 통제는 다양한 변인을 고려할 수밖에 없다. 이렇게 복잡계 시스템을 구성하는 요소들 간의 상호작용에 나타나는 변화의 패턴을 '창발 현상'이라 명명한다.

셋째, 복잡계 시스템은 끊임없이 변화하는 역동성을 갖는다. 시스템이 역동성을 갖는다는 것은 구성요소 간의 상호 및 영향 관계가 지속적으로 변화한다는 것을 뜻한다. 구성요소들 간의 비선형적인 상호작용을 토대로 한다는 점과 시스템을 둘러싼 내외 요인들이 섭동(외부 요인의 영향)과 요동(내부 요인의 영향)을 하기 때문에 시스템 내 위상이 상황에 따라 바뀔 수 있다. 따라서 복잡계에서 생태학적 지위는 고정되어 있지 않은 반면에, 이러한 역동적 상호작용에 크게 좌우되는 것으로 설명한다. 바로 복잡계 시스템은 변화를 전제로 하여 역동적 속성을 갖는 것으로 정의 된다.

넷째, 복잡계에서 구성요소 간의 비선형적 상호작용은 피드백 고리(feedback loop)를 형성한다. 구성요소들 간의 상호작용은 한쪽 방향으로만 이루어지지 않고 다양한 경로를 거쳐 자기 자신에게 돌아오는 되먹임 현상을 만들어낸다. 이러한 되먹임 현상은 구성요소들 간에 발생하는 다양한 변화의 폭을 줄이거나 또는 확대시키는 역할을 한다. 변화 방향에 역으로 작용하는 피드백을 음의 피드백(negative feedback loop), 변화의 순방향으로 작용하는 피드백을 양의 피드백(positive feedback loop)이라 부른다.

다섯째, 복잡계는 열린 시스템을 탄력적으로 지향한다. 구성요소들 간의 상호작용을 창발하는 자원의 공급을 시스템 외부에서 가능토록 하며, 새로운 구성요소들의 시스템 진입을 매우 자유롭게 한다. 이 같은 개방성은 복잡계의 역동성을 보다 증가시킨다. 마지막으로 여섯째, 복잡계는 자생적 발전 혹은 공진화를 통해서 해당 분야의 확산을 가져온다는 것이다. 이것을 복잡계로 설명하는 것은 여전히 매우 어려운 문제지만, 분명한 것은 자발적 혹은 자생적 발전이 지속적으로 이루어지고 있다는 것이다.

복잡계는 특정 시스템의 속성을 갖고 있지 않기 때문에 상대적이고 탄력적인 접근을 가능토록 한다는 것에 큰 특성이 있다. 그래서 복잡계를 이론적으로 설명하는 개념과 분석 틀은 다양한 속성을 복합적으로 연동시키고 있다. 시스템 다이내믹스를 중심에 두는 은유적 분석은 시스템의 변화를 설명하는 속성들 가운데 복합적이고 역동적인 변화를 서술적으로 설명하는 분석틀이다. 은유적 분석은 복잡한 사회 현상을 계량적으로만 분석해 놓치기 쉬운 실질적 함의와 사회적인 의미를 파악하는 데 유용하게 활용한다(채승병 외, 2006). 시스템 다이내믹스는 지속적으로 상호작용하는 구성요소, 비선형적 상호작용, 상호작용하는 요소들 간의 피드백 고리, 개방적 구조의 속성 등을 설명하는 이론적 기반을 제공하면서 복합계 이론을 뒷받침한다.

복잡계 이론의 관점에 따라 시스템의 변화를 설명하는 시스템 다이내믹스 접근 방법은 변화를 야기하는 요인들 간의 상호관계를 현실적으로 묘사해, 성장이나 변화 패턴을 추정하는 방법으로 순환적인 인과관계와 동태적 분석을 가능하게 해준다(김범준 2009). 시스템 다이내믹스는 시스템의 동태적 변화 즉, 시간의 흐름에 따른 시스템의 행태 변화에 관심을 갖는다. 동태적인 변화와 그 근본적인 원인을 피드백 구조에서 찾는 것이다. 시스템 다이내믹스는 단선적인 인과관계가 아닌 순환적 인과관계에 기초하고 있으며, 정태적인 분석이 아닌 동태적인 분석을 수행할 수 있다는 점에서 아날로그적인 사회에 기초해 사회를 설명하는 기존의 단선적이고 정태적인 연구방법론들에 비해 설득력이 있다.[2] 또한 피드백 사고를 중시한다.

시스템 다이내믹스 연구방법의 응용 범위나 추구하는 강조점은 시대에 따라 변화되어 왔지만, 시스템 다이내믹스의 고유 방법론적 특성은 지난 40여 년간 여러 영역에서 채택되고 유지되어 왔다.

시스템 다이내믹스는 시스템의 동태적 변화, 즉, 시간의 흐름에 따른 시스템의 행태 변화에 분석의 초점을 둔다. 시스템의 동태성을 강조한다는 것은 시스템의 변화, 진화, 발전, 쇠퇴라는 실천적인 측면을 중시해

---

2) 시스템 다이내믹스를 활용한 접근 방법의 특징은 크게 세 가지로 요약된다. 첫째, 연구하고자 하는 특정 변수가 시간의 변화에 따라 어떻게 동태적으로 변화하는지에 초점을 둔다. 둘째, 모든 현상을 시스템 변수의 원형의 되먹임 관점에서 이해한다. 즉 어떤 변수의 동태적인 변화를 시스템에 존재하는 다른 변수들과의 동적인 상호작용에 의해 일어나는 것으로 파악한다. 셋째, 시스템 다이내믹스는 사실적 사고에 초점을 맞춘다. 사실적 사고란 변화가 실제로 어떻게 일어나는지 변화의 과정에 연구의 초점을 맞추는 것이다.

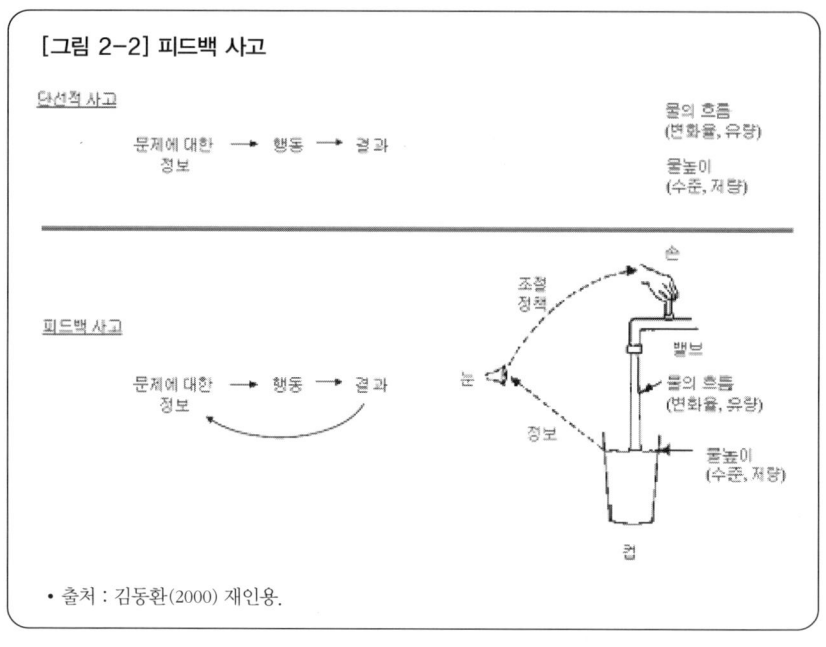

[그림 2-2] 피드백 사고

단선적 사고

문제에 대한 → 행동 → 결과
정보

물의 흐름
(변화율, 유량)

물높이
(수준, 저량)

피드백 사고

문제에 대한 → 행동 → 결과
정보

조절
정책

손

밸브

눈

물의 흐름
(변화율, 유량)

정보

물높이
(수준, 저량)

컵

• 출처 : 김동환(2000) 재인용.

분석하는 것을 의미한다. 시스템 다이내믹스 연구는 현실의 정책 문제
와 기업 문제를 해결하는 응용학문으로서 많은 기여를 해왔다. 시스템
다이내믹스의 연구방법론이 학문세계에서 동의를 얻는 것 이상의 빠른
속도로 유수의 기업 자문회사가 능동적으로 채택한 것도 이러한 속성을
증명하는 것이다. 시스템 다이내믹스 연구방법론은 문제가 무엇인지에
서부터 출발해 관련 변수들의 동태적인 시스템 구조를 이해한 후, 이를
기반으로 하여 대응정책을 제시하는 데 유용하다. 시스템 다이내믹스
연구방법을 활용할 경우, 문제의 개념 정의에서 시작해 해당 문제가 다
른 요인들에 어떠한 영향을 미치는지를 정교하게 설명할 수 있다. 바로
정보의 흐름과 인식, 그리고 인식이 시스템에 야기하는 압력 등을 분석

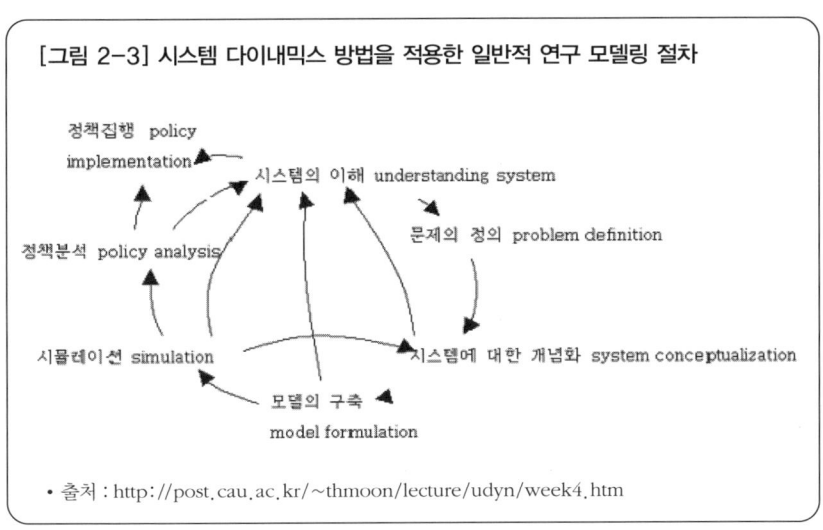

[그림 2-3] 시스템 다이내믹스 방법을 적용한 일반적 연구 모델링 절차

• 출처 : http://post.cau.ac.kr/~thmoon/lecture/udyn/week4.htm

해 피드백 구조 형태의 인과지도를 만들어서 설명할 수 있다.

시스템 다이내믹스는 동태적인 변화와 근본적인 원인을 피드백 구조에서 찾는다. 피드백 구조란 변수들 간의 인과관계가 상호 연결되어 하나의 폐쇄회로를 형성하는 것을 의미한다. 시스템 다이내믹스에서 피드백 구조 또는 피드백 고리라는 개념은 순환적인 인과관계를 총칭하는 의미로 사용되고 있으며, 피드백 구조에 대한 강조는 여러 가지 방법론적인 시사점을 함축한다. 여기에서 피드백 구조를 강조한다는 것은 바로 시스템의 변화를 외부적인 변수보다는 내부적인 변수에서 찾는 것을 의미한다. 외부적인 변수에 의해 시스템의 변화를 설명할 경우, 시스템의 행태를 정책적으로 변화시키기 어렵다는 한계점을 지닌다. 그러나 내부적인 변수에서 시스템의 변수를 설명할 수 있을 때, 시스템의 행태를 정책적으로 그리고 모델 내에서 변화시킬 수 있게 된다. 또한 피드백

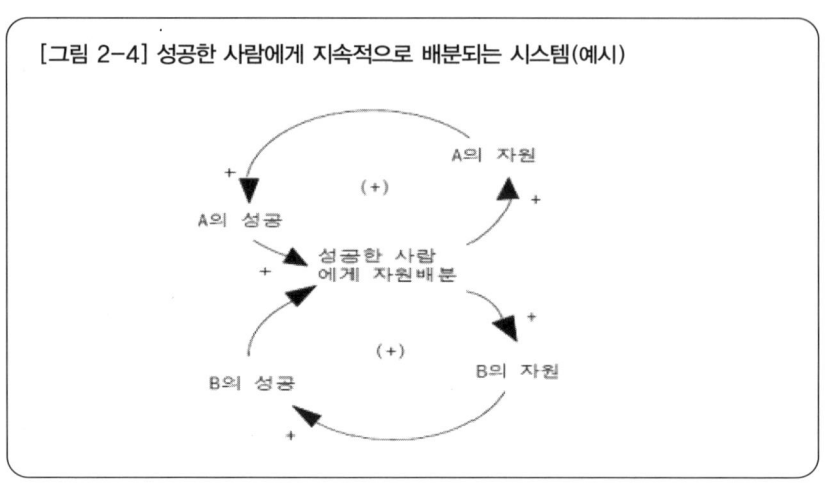

[그림 2-4] 성공한 사람에게 지속적으로 배분되는 시스템(예시)

구조에 대한 강조는 시스템의 변화를 시스템의 전반적인 구조에서 찾는다는 점을 의미한다. 이는 대부분의 정책 성공이나 실패가 특정 변수에 관련된 파라미터에서 기인되었다는 식의 설명을 거부한다. 그보다는 정책의 성공 조건이나 실패 조건(장애요인)과 관련된 각종 변수들 간에 존재하는 피드백 구조를 발견함으로써, 정책 성공이나 정책 실패의 원인을 구조적인 측면에서 이해하고 정책 처방을 내리는 것이다.

이와 같은 맥락에서 시스템 다이내믹스의 방법론적인 위상은 다음 [그림 2-5]와 같이 나타날 수 있다.

시스템 다이내믹스는 무엇보다도 동태적으로 변화하는 시스템의 행태를 시스템의 구조로 설명해야 한다는 관점을 중시한다. 시스템의 행태란 시스템을 구성하는 변수의 값이 시간이 지남에 따라서 혹은 다른 변수의 변화에 따라서 어떻게 변화하는가를 의미하며, 궁극적으로 시스템의 구조는 시스템 다이내믹스에서 피드백 구조로 표현된다. 더불어

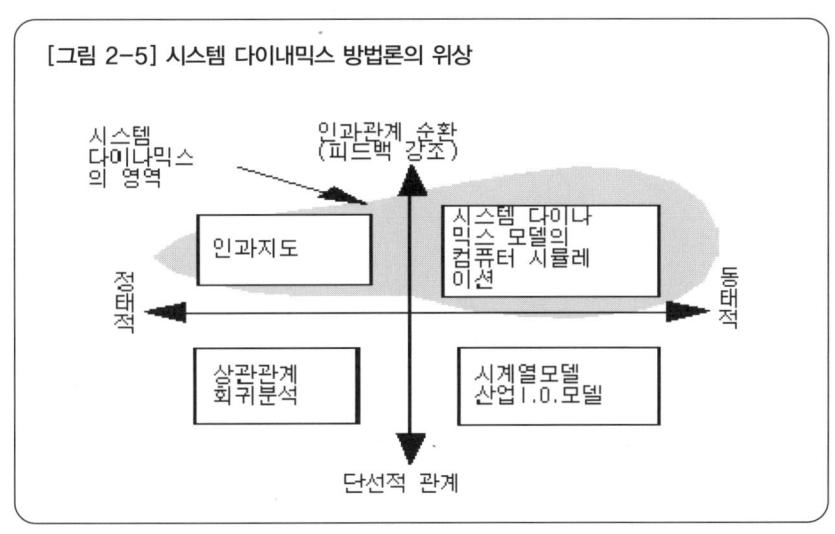

[그림 2-5] 시스템 다이내믹스 방법론의 위상

시스템 다이나믹스의 영역

인과관계 순환 (피드백 강조)

인과지도

시스템 다이나믹스 모델의 컴퓨터 시뮬레이션

정태적 ←→ 동태적

상관관계 회귀분석

시계열 모델 산업 I.O.모델

단선적 관계

시뮬레이션이 진행됨에 따라 모델을 구성하는 변수들이 지니는 값의 변화로 표현된다. 여기서 시스템 사고가 무엇보다 필요하다. 시스템 사고는 '인과지도(casual map)'를 끌어낸다. 시스템 다이내믹스 연구에서 시스템의 구조적인 특성을 체계적으로 분석하는 방법론의 하나로 인과지도가 사용되어 왔는데, 일반적으로 다음의 세 가지 요소로 구분된다.

첫째, 화살표를 사용해 변수와 변수 간의 인과관계를 방향으로 표시한다. 화살표의 시작 부분이 원인이 되는 변수이며, 화살표가 가리키는 곳이 영향을 받는 변수이다. 여기에서 인과관계는 통계학에서 말하는 인과관계와는 전혀 다른 개념인 상호간의 직접적인 인과관계를 의미한다.

둘째, 화살표와 함께 '+'나 '−'의 부호를 사용해서 인과관계의 방향을 표시한다. 화살표 방향 표시 부분의 '+' 부호는 두 요인이 같은 방향으로 변화하는 것을 의미하며, '−'의 부호는 두 요인의 변화 방향이 다

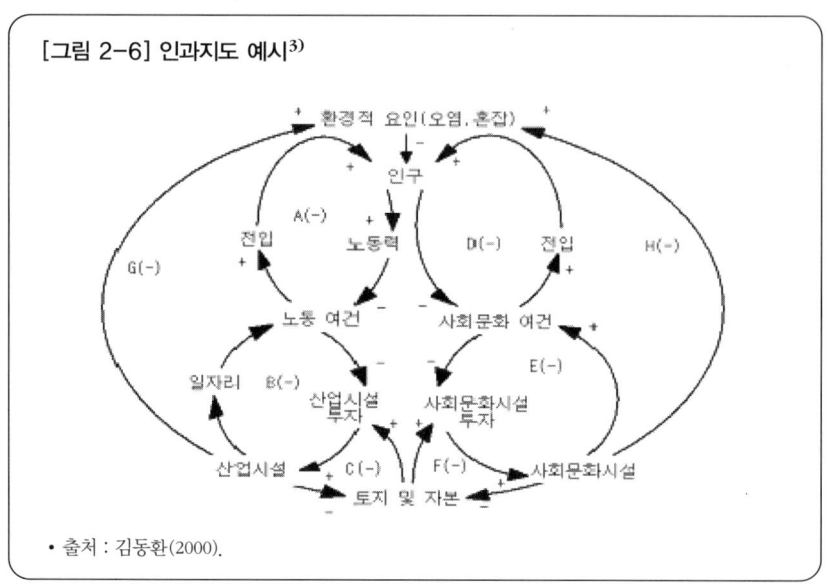

[그림 2-6] 인과지도 예시[3]

• 출처 : 김동환(2000).

르다는 것을 의미한다.

셋째, 여러 개의 인과관계들이 하나의 폐쇄된 원을 형성할 때, 이를 피드백 고리라 칭한다. 이러한 피드백 고리가 존재할 때, 비로소 시스템은 역동적인 변화를 시작한다. 사실상 인과지도를 구축하는 근본적인 목적은 피드백 고리의 존재를 확인하는 데 있는데, 피드백 고리가 존재하면 시스템은 비로소 역동적인 변화를 보이기 시작한다. 시스템에 내

---

3) 이 인과지도는 도시인구, 경제적 요인, 사회문화적 요인, 환경적 요인 간의 순환적 인과관계의 피드백 구조를 요약하고 있다. 피드백 고리 A, B, C는 경제적 요인에 의한 도시 성장의 피드백 구조이고 피드백 고리 D, E, F는 사회문화적 요인에 의한 도시 성장의 피드백 구조이다. 이 두 구조는 인구와 토지에 의해서 서로 연결되어 상호작용을 하게 된다. 피드백 고리 G, H는 환경적 요인에 의한 도시 성장의 피드백 구조이다.

재된 추진력이 끌어내는 자발적인 변화이다.

무엇보다도 지난 몇 년 동안에 한국 사회에서 발생한 거대한 사회적 소용돌이를 일으킨 UCC 열풍, 붉은 악마, 광우병 파동 같은 현상은 다른 부분의 변화를 파생시키는 복합계적인 특징을 가지고 있다. 기존의 사회이론으로는 설명을 할 수 없는 것이다. 이와 같은 복잡계적인 형태를 띠는 단절적인 변화는 크게 안정기, 혼돈기, 급변기, 새로운 질서기 등의 네 과정을 일반적으로 거친다(윤영수·채승병, 2006).

첫째, 안정기는 변화가 일어나기 전의 평형상태를 의미한다. 시장의 경우 새로운 시장 창출을 위한 전 단계로 차별화 경쟁이 심화되는 단계라고 할 수 있다. 둘째, 혼돈기에는 시스템 외부에서 변화의 동력이 유입되면서 서서히 변동이 발생한다. 시스템 외부 요인이 내부 요인보다 더

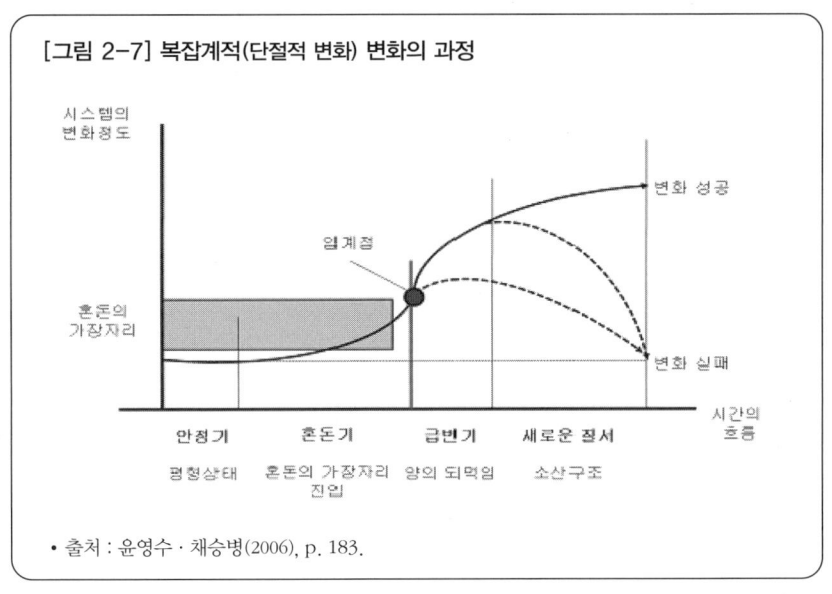

[그림 2-7] 복잡계적(단절적 변화) 변화의 과정

• 출처 : 윤영수·채승병(2006), p. 183.

큰 힘을 발휘한다. 셋째, 급변기에는 임계점을 통과하면서 급격한 변화가 일어난다. 급변기에 들어간 시스템은 활발한 자기조직화 과정을 거쳐서 적절한 균형을 이루어낸다. 시스템은 양의 피드백과 음의 피드백이 충돌하면서 갈등에 빠지기도 하지만, 새로운 질서를 태동시킨다. 여기서 시스템은 공진화를 겪는다. 공진화는 시스템을 구성하는 수평적, 수직적 관계의 제 요소들이 상호작용을 통해 함께 변화를 수용하고 이에 적응하는 과정을 말한다. DMB와 스마트폰의 진화는 미디어 생태학적인 진화를 잘 보여준다. 넷째, 임계점을 통과한 시스템은 수용과 적응을 통해 새로운 질서를 창출하며 안정기에 이른다. 이때 시스템은 두 가지 기본 속성인 변화 지향성과 안정 지향성 가운데 안정 지향성 속성을 강하게 보이면서 변화의 동력을 최소화시킨다. 사회조직, 시장, 기업 등은 내외부의 변화의 충격을 최소화해 자체를 보호하는 성향을 높인다.

지금까지 고찰한 복잡계 관점과 시스템 사고는 급변하는 미디어 환경의 이해와 이에 대한 대응 방안을 모색하는 데 유용하다. 현재의 미디어 환경은 미디어 2.0을 심화시키면서 3.0의 개념까지 들먹이고 있다. 미디어 2.0은 다수의 사람들을 양방향으로 소통시키면서 정보 생산에 자발적으로 참여하고 생산된 정보를 공유하며 이 과정에서 집단지성을 구축하게 하는 개방된 미디어 환경을 확대한다.

복잡계 관점에서 미디어 2.0 생태계의 지향점은 다음과 같다. 첫째, 미디어 2.0 생태계의 발전적 변화를 위해서는 지속적인 혁신을 추구하면서 열린 구조를 요구한다. 그래서 시스템 요소 간에 비선형적인 상호작용이 활발하도록 새로운 서비스를 끊임없이 개발하는 시스템 강제가 이루어질 것이다. 이러한 열린 구조는 생태학적으로 양의 피드백 구조가 활성화될 수 있는 형태를 지향한다. 둘째, 사회적 다원성과 문화적 다양성을 창의적으로 촉발하는 생태학적 가능성을 보장토록 해야 한다. 즉 미디어 서비스가 상업적, 사회문화적 동력을 조화롭게 결합시키도록 해야 한다는 것이다. 미디어 2.0 생태계는 사회, 문화, 정치 등 다방면에 걸쳐 중층적인 활용 가능성을 보장해야 하기 때문이다. 미디어 2.0 생태계가 기업의 비즈니스 모델에 눌려서 사회문화적 가능성을 위축시켜서는 안 된다는 것이다. 셋째, 미디어 2.0 생태계는 미디어 시장 자체가 열린 네트워크 속성을 갖도록 해야 한다. 인터넷과 아이폰에서 우리는 이같은 속성을 끌어낼 수 있다.

미디어 2.0 생태계는 새로운 비즈니스 모델을 갖춘 커뮤니케이션 서비스를 만들어내고 도입하면서, 이 변화에 구조적으로 적응하고 있다. 이 점에서 복잡적응계의 특성을 뚜렷이 나타내고 있다. 역으로 오프라인 공간에 비해 새로운 커뮤니케이션 서비스가 개발되어 시장에 진입하는데 필요한 사회, 문화, 경제, 기술 차원의 진입장벽이 낮다는 점에서 항상 변화의 가능성을 동반하는 혼돈 시스템이라고 할 수 있다. 미디어 2.0 생태계는 비즈니스 모델과 기술 등의 내적 요인에 의해 영향을 받기도 하지만, 사회, 문화, 정치 등 외부의 제도적 규제 요인에 의해 변화를 겪는다. 이 지점에서 섭동과 요동이 동시에 존재하는 복합계적인 모습을 한다. 그래서 최근에 미디어 생태계는 혼돈적인 시스템의 모습을 하면서 동시에 변화에 적응하는 자기 조직화를 통해 새로운 질서를 구축하려는 방향으로 가고 있다. 이러한 과정들은 미디어 2.0을 생태계의 관점에서 분석해야 한다는 주장을 설득력 있게 보이도록 한다. 중요한 점은 미디어 2.0 생태계가 다른 산업 분야보다 빠르게 발전할 수 있었던 것은 혁신성, 복합성 등 새로운 요인들의 유입을 통해 자기 조직화를 만들고 있다는 점이다. 미디어 2.0 생태계는 새로운 커뮤니케이션 서비스가 진입할 수 있는 장벽을 낮추기 때문에 새로운 서비스들을 끊임없이 개발시켰다. 특히 개방적 플랫폼 환경은 미디어 비즈니스 구조 자체를 변화시킴으로써 예전에 없는 혁신적인 커뮤니케이션 환경을 구축했다. 복잡계로서 미디어 2.0 생태계가 구성요소 간의 비선형적 상호작용을 통해 끊임없이 역동적인 진화를 거듭할 수 있었던 것은 혁신성에 기인한다. 미디어 2.0 생태계는 사회, 문화, 경제, 정치 등 다양한 차원들이 다차원의 형태로 얽혀 있는 그물망의 모습을 하면서 지대한 영향력을 발휘한다. 최근 포털이나 블로그, 트위터 같은 서비스들의 정치적 영향력을 둘러싼 논란은 미디어 2.0 생태계의 복합적인 속성을 명확히 보여주고 있다. 사실 미디어 2.0 생태계에 들어 있는 혁신성과 복합성은 서로 연계되어 나타나는 속성이다. 이 두 가지 속성은 미디어 2.0 생태계를 복잡계의 이론적인 관점에서 분석토록 하는 발상의 전환을 요구하고 있다. 이 발상의 전환은 새로운 세계를 여는 동력이 되고 있다.

2

미디어 생태계의 변화된 관점

생태학의 어원은 그리스어 oikos(家事의)와 logos(학문)에서 나왔으며 '생명체가 살고 있는 곳, 거주하는 집, 자연에 대해 연구하는 학문'이라 할 수 있다. 생태학은 학문적으로 '생물학의 한 분야로 생명이 있는 유기체 상호 간의 상관관계, 혹은 유기체와 무생물 환경 간의 상호작용을 연구하는 학문'으로 정의된다. 이 개념은 1869년 독일의 생물학자인 에른스트 헥켈(Ernst Heckel)이 처음으로 사용했지만, 1900년대 클레멘트(Clements F.E.)와 셸포드(Shelford. V.E)가 '생물의 공동사회(biotic community)'라는 개념을 도입하면서 일반화되기 시작했다. 1972년 로마 클럽의 『성장의 한계(limit to growth)』라는 보고서가 나오고, 환경오염에 대한 논의가 심화되면서 이 개념은 여러 학문 분야에 접목되기 시작했다.

여러 학문과 정치권이 생태계에 관심을 두기 시작한 것은 인간과 생태계의 관계에 눈을 떴기 때문이다. 지구가 유일한 우리의 삶의 공간이며, 가장 큰 생태계라는 것을 인식하면서 생태계에 대한 연구는 인류를 구하는 학문의 위상을 갖게 되었다.

생태계(ecosystem)란 용어는 특정 자연환경과 그 속에서 생존 번식 진화하는 유기체와의 관계를 말하는 개념으로 정착되고 있다. 일반적으로 생태계는 일정한 지역에 살고 있는 유기체와 이를 둘러싸고 있으면서 유기체와 상호작용을 하는 물리적 환경 전체를 의미한다. 여기서 중요한 것은 생태계는 생산자–소비자–분해자로 이어지는 먹이사슬로 균형을 유지한다는 것이다. 생태계가 외부의 환경 변화에 대응해 적절한 균형을 유지하기 위해서는 항상성(恒常性 : homoeostais)이 요구된다. 이 생태계의 균형유지 조절 기능을 우리는 생물학적으로 '되먹임(feedback)작용'이라 부른다. 이 되먹임에는 '양의 되먹임(positive feedback)'과 '음의 되먹임(negative feedback)'이 있는데, 양의 되먹임 작용은 외부의 환경 변화에 대응해 개체가 생산량을 증대하는 형태로 반응하는 것을 가리킨다. 음의 되먹임의 작용이란 반대로 생산량을 감소시키고, 성장을 멈추게 하고, 개체수를 감소시키는 등의 형태를 말한다. 그러나 이 반응은 적정 수준의 범위에서만 가능하며, 그 범위를 벗어났을 시 생태계의 파괴, 개체의 죽음으로 나타난다.

이 외에 생태계의 균형유지를 설명하는 '안전성' 개념이 있는데, 이것에는 저항 안전성(residence stability)과 탄력 안전성(resilience stability)이 있다. 저항 안전성이란 '외부의 변화요인에 저항해 본래 생태계의 모습을 지속하는 것'이며, 탄력 안전성이란 '생태계가 파괴되어도 곧 본래의 생태계 모습'을 그대로 회복하는 것을 가리킨다.

바로 이 점에서 우리가 생태계의 메커니즘 차원에서 눈여겨보아야 할 것은 바로 자기보존 메커니즘인데, 이것은 자기조직화, 적응과 진화로 규정된다(임채윤 외, 2006, 36-37쪽). 자기조직화는 구성요소들이 상호작용을 통해 체계를 유지하며 생존과 진화를 이끌어내는 방식을 의미한다. 개체가 기존 환경에서보다 더 나은 지속성을 획득하는 것을 '적응'이라 하며, 생태계에서는 생성–성장–소멸을 통해 스스로 자기증식을 하는 메커니즘을 '진화'라고 한다. 고로 생태계에서 보이는 각 구성요소들의 상호작용은 물리적 환경에 반응하는 생물학적 커뮤니티의 행위라 할 수 있다. 따라서 생태계를 유지·존속시키고 성장·발전시키는 원리와 법칙을 규명할 수 있다면, 생명의 창조·활용·소멸과 관련한 결정적인 단서를 끌어낼 수 있을 것이다.

이와 같은 생태계 메커니즘에서 기업 생태계가 끌어낼 수 있는 방향은 바로 '가치와 규모의 경제를 담보하고, 지속적인 혁신을 확보해야 하며, 동시에 점차 확산되는 제휴 세력들의 공동체에 투자해야 한다'는 것이다. 최근 미디어 영역에서 '기회환경'이 확장되고 있다. 이에 따라 새로운 미디어 생태계의 중심들이 미디어 영역에서 더 많이 생겨날 수 있다. 연예오락 산업과 미디어 분야에서 지배적인 회사들은 주로 '수직적 통합'을 지향해왔다. 원래 이 수직적인 통합은 배타적인 공급자의 지위를 추구해왔다. 그러나 디지털 미디어라는 새로운 환경은 수직적 통합을 새롭게 변형시켜서 한 회사가 유일한 공급자가 될 수 없는 콘텐츠 생태계를 만들어냈다. 머독의 뉴스콥과 독일의 파산한 키르히 미디어 그룹이 대표적이다. 이 과정에서 예전에는 미디어와 관계가 없던 기업들이 미디어에 투자하는 공진화는 미디어 생태계에서 제일 중요한 개념으로 부상했다. 이로 인해 전통적으로 철강, 석유, 자동차에 주로 대규모 자본을 투자한 기업들이 새로운 투자처로 디지털 미디어 생태계에 눈을 돌리고 있다. 이 눈은 모든 것을 멀리 보지만, 독수리 같은 공격력을 갖고 있다.

이 같은 공격적인 투자의 관점에서 세계적인 부호들이 이끄는 세계경제 포럼은 2006년 스위스 다보스에서 '네트워크화된 디지털 생태계(networked digital ecosystem)'라는 주제를 통해 '디지털 생태계'를 글로벌 화두로 끌어들였다. 여기서 디지털 생태계 개념은 가치창출 개념의 변화된 가치사슬을 반영하며, 상호 네트워크화된 기관들 간에 요구되는 상호협력, 지식 공유, 개방된 적용기술 개발, 진화된 사업 모델 등을 지원하는 디지털 환경과 자기조직적 디지털 인프라를 의미한다(박찬익, 장천래, 2005). 바로 디지털 생태계란 디지털 환경을 구성하는 각 연계요소인 이용자, 산업, 기술 등이 상호작용하는 과정에서 동반 성장을 유도해 결과적으로는 생태계 전체의 발전을 가져온다는 시스템적인 차원을 강조한다. 이와 비슷한 맥락에서 언론학회와 방송학회 역시 2010년 봄철 학회에서 방통융합정책의 수립에 미디어 생태계 개념을 접목시켜야 할 필요성과 당위성을 강조했다.

세계경제 포럼의 디지털 생태계 시나리오에 따르면, 미래의 커뮤니티는 네트워크 환경의 개방, 공유 그리고 인터넷의 주도권을 누가 확보하는가에 따라 크게 달라질 것이 분명하다.

디지털 생태계의 4가지 모델 중 가장 진보적인 'Youniverse' 모델은 개방된 네트워크 환경에서 가치창출의 주도권이 커뮤니티에 있다는 점

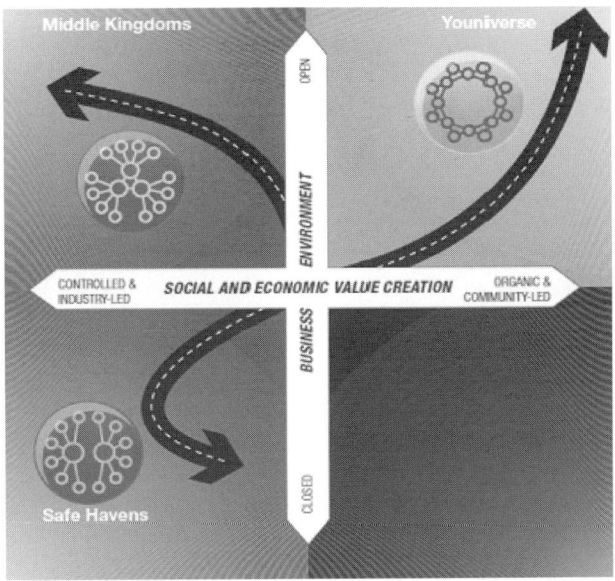

[그림 2-8] 디지털 생태계 진화 방향

• 출처 : http://www.weforum.org/pdf/scenarios/Full_Report_Digital_Ecosystem.pdf

을 강조한다. 당신이 세상을 지배한다는 Youniverse는 '디지털 무정부
주의'를 뜻하기도 한다. Youniverse의 핵심은 정치, 사회, 경제적 주도
권이 기업이나 정부보다는, 디지털 커뮤니티에 있다는 것을 강조한다.
따라서 계획생산, 주문생산, 물물교환, 직접민주주의·대의민주주의의
선택 같은 일상의 행위가 커뮤니티의 특성에 좌우된다는 것이다. 그래
서 새로운 형태의 디지털 생태계에서 나타나는 거래는 물물교환, 비영
리재단 운영, 사회적 기부, 영리적 상업 행위 등 다양한 형태로 이루어진
다. 디지털 생태계와 관련한 이론적 논의의 시초는 무어(J. F. Moore)가

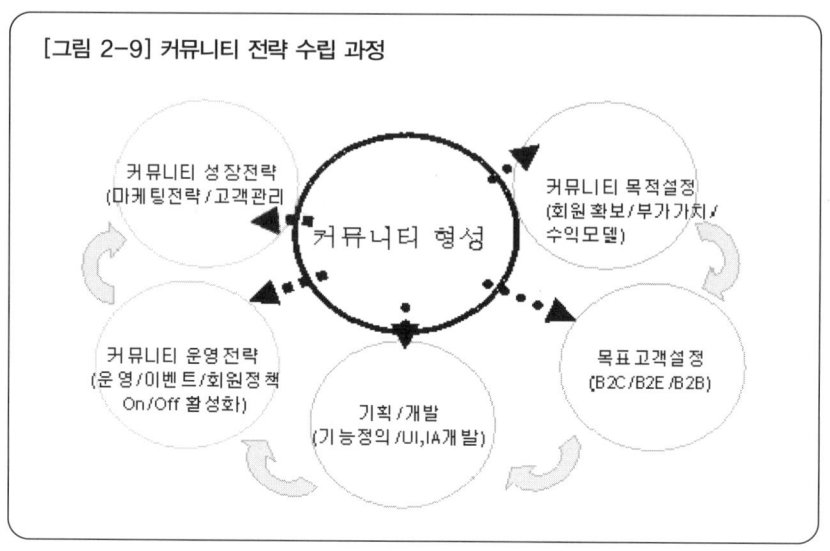

[그림 2-9] 커뮤니티 전략 수립 과정

커뮤니티 성장전략
(마케팅전략/고객관리)

커뮤니티 형성

커뮤니티 목적설정
(회원확보/부가가치/
수익모델)

커뮤니티 운영전략
(운영/이벤트/회원정책
On/Off 활성화)

기획/개발
(기능정의/UI,IA개발)

목표고객설정
(B2C/B2E/B2B)

1996년 『경쟁의 종말(The Death of Competition)』이라는 책을 통해 비즈니스 생태계의 개념을 정의한 것에서 비롯되었다는 것이 정설이다.[4] 디지털 생태계의 배경이론에는 다양한 이론이 존재하고 있다.

정보이론, 제어이론, 조직화 관련 이론 등이 디지털 생태계 이론의 태동과 형성에 큰 영향을 주었다. 디지털 생태계에서 정보는 강력한 자원이며, 정보의 가공과 처리에 따라 가치생산을 만들어내도록 시스템을 조직하고, 운용토록 하는 기능적 구성요소로 간주된다. 따라서 디지털 생태계의 구성요소들의 정보 생성 및 상호 역학관계를 분석하기 위해서는 정보이론, 네트워크 이론, 열역학이론 등을 활용해야 한다. 또한 구성

----

4) 이 책은 『경쟁의 종말 : 기업생태계 시대의 리더십과 전략(강병구, 1998, 자작나무)』이라는 이름으로 번역되었다.

[표 2-3] 디지털 생태계의 배경이론

이론	개요	디지털 생태계와의 관련성
정보이론 (Information Theory)	- 정보의 전달 및 처리에 관한 이론 - 데이터 압축, 암호화 기술 등에 관한 설명	- 디지털 생태계 구성요소인 소비자, 사업자, 산업, 정부, 기술, 상품 등 상호간 정보의 수집, 가공, 전달 등에 적용
네트워크 이론 (Network Theory)	- node와 arc를 통한 정보의 교환 - 상호의존성, 상호이익, 관계 등에 대한 설명	- 디지털 생태계 구성요소들을 node하고 성호관련성을 arc로 모델링하여 전체를 하나의 N/W차원에서 분석할 수 있게 함
열역학이론 (Thermo dynamics Theory)	- 열과 다른 형태의 에너지와의 관계를 다루는 물리학의 한 분야 - 에너지의 전달 및 파동 등을 설명	- 디지털 생태계 구성요소들이 상호간 교환하는 각종 정보, 물질 및 영향력 등을 상호 전환 가능한 하나의 에너지 차원으로 모델링하여 이들의 가치 및 전달과정을 표준화
인공두뇌학 (Cybernetics)	- 생체, 기계, 조직 등에서의 제어 및 통신 문제를 연구 - 인공지능, 제어공학, 통신공학 등에 활용	- 디지털 생태계 구성요소 상호간 정보 교환과 제어관계를 전체 디지털 생태계 시스템의 관점에서 모델링 및 분석하는 데 적용할 수 있음
제어이론 (Control Theory)	- 전자, 기계 시스템 등에서의 제어 문제를 연구 - 시스템의 안정성, 최적화, 비용 최소화 등에 활용	- 디지털 생태계 구성요소 간 상호관계를 통하여 유동적인 상황에 맞추어 전체 디지털 생태계 시스템을 목적으로 하는 방향으로 제어할 수 있음
조직화이론 (Self-Organization Theory)	- 외부의 영향력 없이 시스템의 내부 요소들 간의 조직 체계가 스스로 복잡화 및 성숙화를 이룬다는 이론 - 로봇공학, 도시 이미지, 웹 커뮤니티 형성 등을 설명	- 디지털 생태계 구성요소들이 외부 영향력 없이 자체적으로 조직의 복잡화 및 성숙화를 이루어간다고 설명
계층이론 (Hierarchy Theory)	- 모든 유동적인 시스템에는 계층구조가 성립된다는 이론 - 계층구조를 통해 조직이 진화하며 또한 이를 통해 계층구조가 다시 변화된다고 설명	- 디지털 생태계 구성요소 사이에 계층구조가 자연적으로 성립되며, 이를 바탕으로 생태계가 진화함과 동시에 다시 계층구조로 적응되어 가는 과정을 설명

• 출처 : 디지털융합연구원 · KT경영연구소(2007), 29-32쪽 정리.

요소들 간의 정보교환 메커니즘을 이해하기 이해서는 인공두뇌학과 제어이론 등을 융합적 차원에서 접목시켜야 한다. 그래서 디지털 생태계의 구조를 분석하고 형태를 만들어내는 데 자기 조직화이론, 계층이론 등을 응용해야 한다는 주장은 폭넓은 지지를 받는다(디지털융합연구원 · KT경영연구소, 2007, 29-32쪽). 최근에 디지털 생태계 논의에서 빼놓을 수 없는 핵심적인 개념은 공진화, 자기조직화, 복잡적응계이다. 이 개념을 설명하면 다음과 같다.

첫 번째 공진화란 두 개 이상의 개체들이 상호작용하면서 함께 진화하는 것을 의미한다. 예컨대, 디지털 기술이 발전하면서 산업구조가 함께 진화하는 것이다. 보기를 들면 인터넷 기술과 전체 경제 시스템이 함께 진화하는 것을 들 수 있다. 공진화는 크게 공생관계적인 진화(cooperative), 경쟁적인 진화(competitive), 착취적인 진화(exploitative) 등 3가지 형태를 보이고 있다. 두 번째, 자기 조직화는 시스템 구성요소들이 자발적 질서를 만들어내는 과정이다. 바로 열린 시스템 환경 하에서 시스템이 섭동 요동에 의해 평형상태를 이탈하게 되고, 구성요소들의 상호작용이 더욱 활발해지며, 이러한 상호작용이 개별 구성요소들의 무작위적 일탈을 억누르면서 거시적인 흐름을 모아주는 현상을 의미한다. 생태계가 혼돈과 격변을 거치지만 결과적으로 평온한 안정을 되찾아 선순환적 성장과 발전을 지속하게 하는 동인은 생태계에 내재된 이 자기조직화의 원리라는 것이다. 이러한 자기조직화는 자율적 메커니즘으로 개념화된다. 세 번째 복잡적응계란 사회 경제 시스템에서 흔히 관찰되는, 적응하는 요소들로 이루어진 시스템을 뜻한다. 여기서 '적응적'이라 함은 행위자들이 경험을 통해 학습하고 진화하며, 나아가 미래를 예측하고 전략적으로 행동하는 것을 의미한다. 복잡적응계의 기본 구성 개체는 행위자로서 소비자, 기업, 정부 등이며, 이들은 서로 다양한 영향을 주고받으면서 변화하는 환경에 적응해 나가고, 환경의 변화를 능동적으로 이끌어내기도 한다. 예컨대, 기업이 기업규제환경(산업규범)에 적응하기도 하지만, 개별 기업들이 선택한 행위들이 모여서 산업규범과 같은 관행을 만들어내기도 한다. 최근에 복잡적응계의 개념은 디지털 생태계를 규정하는 데 많이 활용되고 있다. 디지털 생태계를 복잡적응계의 개념을 이용해 재(再)개념화하면, 곧 디지털 환경을 구성하는 각 주체 즉 행위자가 상호작용하는 과정을 통해 동반 성장함으로써 결과적으로 전체 생태계의 번영을 가져올 수 있게 된다. 또한 디지털 생태계는 복잡성을 내포하고 있다. 최근 소비자 역할의 변화, 기업 간 관계의 변화, 기술 진화 및 혁신, 시장 여건 변화 등으로 인해 디지털 생태계 내·외부의 환경 변화가 심화되면서 이해관계자들의 전략적인 상호작용의 복잡성이 날로 증대되고 있다.

디지털 생태계의 또 다른 표현인 '네트워크화된 디지털 생태계'는 디지털 콘텐츠와 서비스를 생산하고 저장하며 전송하는 것을 핵심 과정으로 삼으며, 통신서비스 사업자, 컴퓨팅 기기 제조사, 네트워크 사업자, 소프트웨어 및 인터넷 애플리케이션 개발자, 콘텐츠 제작자와 분배자(aggregator)를 모두 포함한다. 이 외에 정부와 이용자, 그 외 기업들을 모두 아우르는 개념으로 확대되고 있다(Elron, Dan&Golob, James, 2006, p. 3). 디지털 생태계의 인프라는 우리 사회를 재구조화하는 '디지털 환경'을 의미하며, 디지털 구성요소는 소프트웨어, 애플리케이션, 서비스, 지식, 비즈니스 프로세스와 모델, 트레이닝 모듈, 그리고 규제 프레임워크 등을 뜻한다. 그래서 디지털 생태계 인프라는 지식의 구성, 진화, 통합, 공유, 분배 등과 같은 행위를 통해 가치창출을 뒷받침한다. 고로 다보스 포럼이나 OECD 회의에서 논의된 공통점은 '이용자의 편의성을 최대로 고려한 디지털 생태계 조성'이라는 것이다. '미국의 싸이월드'로 불리는 세계 최대 규모의 SNS 중 하나인 마이스페이스의 핵심적인 목표는 이용자의 사이트 이용에 대한 편의성을 강화시키는 것에 있다. 이 서비스는 편리성을 확보케 하는 데 주안점을 두고 있다.

회원정보를 공유하며 새로운 커뮤니케이션 형태를 전파하는 데 적극적인 미디어 업체로는 구글과 페이스북이 있다. 이들 업체들은 회원 개인의 친구 목록과 사진 및 글까지도 각 사이트 회원 간에 상호 공유할 수 있도록 한다. 이제 구글에서 페이스북 회원들은 자유롭게 커뮤니케이션할 수 있다. 이것은 장점이 있지만, 프라이버시 침해라는 심각한 문제점을 야기시키고 있다. 개인정보가 유출될 수 있으며, 통제되지 않은 개인정보의 유통으로 인해 회원 개인이 인터넷 범죄의 대상이 될 수 있는 것

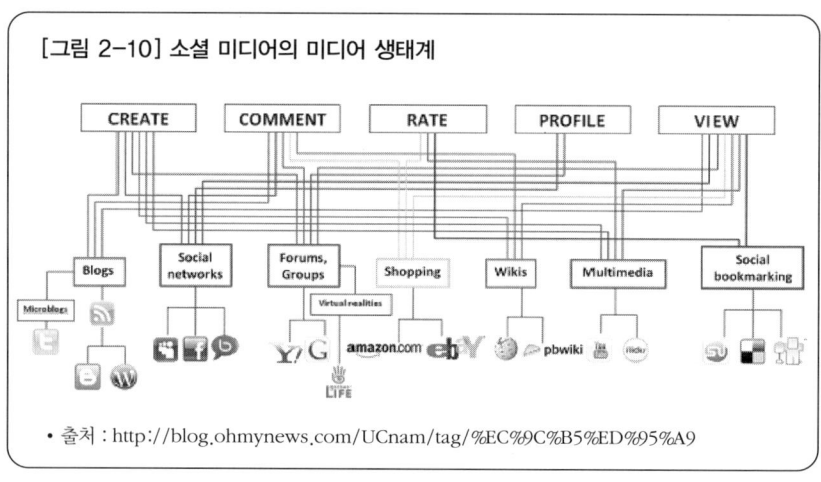

[그림 2-10] 소셜 미디어의 미디어 생태계

• 출처 : http://blog.ohmynews.com/UCnam/tag/%EC%9C%B5%ED%95%A9

이다.

　구글 헬스는 환자가 원할 경우 개인의 의료기록을 의사나 의료업체에 제공하고 공유할 수 있는 서비스를 제공하고 있다. 구글은 헬스케어 업체들과 개인의 의료 기록(PHR : personal health record)에 대한 제공 서비스 계약을 체결했다. 사용자의 편의성을 높여주기 위한 서비스의 제공에 앞서 사용자의 정보를 보호할 수 있는 대책이 마련되어야 위험을 줄일 수 있다. 여전히 공진화에 대한 통합적인 이해가 부족하다. 다보스포럼에서는 기술과 산업, 이용자 간의 동반 성장을 강조하는 반면에, OECD에서는 디지털 콘텐츠의 생산-유통-이용 간의 상호연계성을 강조하면서(OECD, 2006) 그 개념적인 차이를 보여준다.

　한편, 세계경제 포럼은 디지털 생태계와 관련해서 세 가지 위험 이슈를 제기했다(Elron, D. & Golob, J. 2006). 첫째는 사이버 범죄와 테러리즘 같은 네트워크와 관련한 위험 이슈를 들 수 있다. 실제로 공중 네트워크

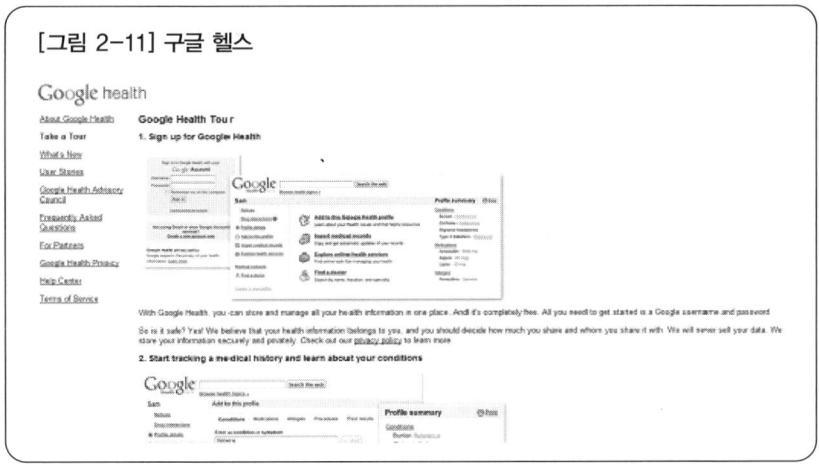

[그림 2-11] 구글 헬스

인프라에서 이 같은 위험이 증가하고 있다. 둘째는 콘텐츠 이슈다. 콘텐츠 제작자와 배급/유통자가 콘텐츠 구매, 저장, 이용과 관련해서 발생하는 충돌을 최소화시키는 해결방안들이 시급하다. 불법복제는 시급히 해결해야 할 뜨거운 이슈다. 셋째는 규제 관련 이슈다. 네트워크화된 디지털 생태계는 역동성이 매우 높은데, 기존 규제는 변화를 담아내지 못해 생태계를 마비시키는 위험성을 상시적으로 갖고 있다는 것이다. 이러한 위험 이슈들을 해결하기 위해서 정부는 균형자로서 그 역할을 다해야 한다는 것이다. 이러한 논의를 미디어 융합환경에 적용해 미디어 컨버전스의 추세를 뒷받침하도록 해야 하며, 이를 통해 미디어 이용자와 관련 산업, 그리고 신기술 간의 동반 성장을 견인하는 미디어 콘텐츠 생태계를 만들어내야 한다.

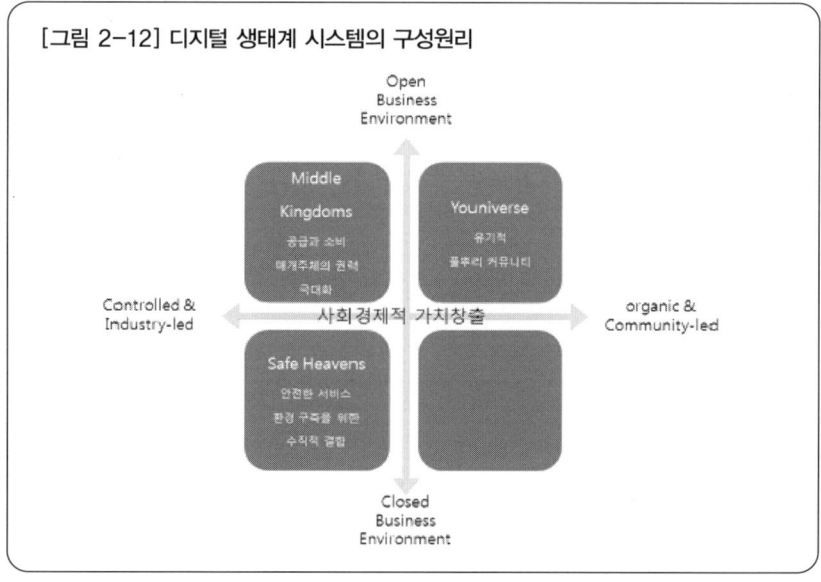

[그림 2-12] 디지털 생태계 시스템의 구성원리

3

미디어 2.0과 혁신 패러다임

1) 2.0의 개념 및 가치

이 시대 미디어와 콘텐츠를 관통하는 핵심 키워드는 2.0이다. 이제 기술 영역은 물론 경제와 사회 및 문화 영역에서도 2.0은 흔히 접할 수 있는 단어가 되었다. 2.0이 붙지 않은 제품과 서비스, 시스템 등은 시대에 뒤떨어진 낡은 것으로 인식될 정도이다. TV 2.0, 신문 2.0, 음악 2.0, 영화 2.0, 광고 2.0, 드라마 2.0, 미디어 2.0, 출판 2.0, 검색 2.0, 민주주의 2.0, 2.0세대 등 기존의 개념에 2.0을 더해 해당 영역에서의 새로운 변화를 의미하는 관용어들이 속속 등장하고 있다. 2000년대 중후반에 무엇인가 새로운 변화가 있었고, 2.0은 그 변화의 새로움을 상징하는 아이콘처럼 기능하고 있는 것이다. 그렇다면 도대체 2.0이란 무엇인가? 어떠한 특징을 지니고 있으며, 우리의 일상을 어떻게 변화시키고 있는 것일까?

이미 잘 알려진 사실이지만 2.0이라는 용어는 새로운 웹 환경을 지칭하는 개념인 웹 2.0에서 비롯되었다. 1993년 4월 웹이라는 새로운 길이 열리자 기술력과 패기로 뭉친 젊은 개척자들은 금광을 캐기 위해 모험에 나서기 시작했고 이들을 따라 세계를 떠돌던 유동자본들도 이 분야로 몰려들었다. 그리고 이러한 '골드러시(Gold Rush)' 덕분에 나스닥 지수는 한때 5,000선을 넘나들기도 했다. 하지만 IT산업으로 인해 계속적인 성장만을 거듭할 것 같았던 나스닥 지수는 2002년 10월에 이르러 1,114포인트까지 폭락했다. 80%의 자본이 흔적도 없이 증발, 이른바 '닷컴 버블'이 무너진 것이다. 그러나 이 같은 혹독한 지각 변동 속에서도 살아남은 기업들이 있었다. 우리가 익히 알고 있는 구글, 야후, 아마존 등이 그들이다.

2004년 미국의 IT 전문 출판 미디어 기업인 오라일리(O'Reilly)사는 "닷컴 붕괴에서 살아남은 인터넷 기업들의 성공 요인에는 어떤 공통점이 있다"며 컨퍼런스를 제안했는데 이 컨퍼런스의 이름이 바로 '웹 2.0 컨퍼런스'였다. 이에 웹 2.0은 닷컴 버블의 붕괴로부터 살아남은 기업들이 공통적으로 추구했던 가치, 즉 공유, 참여, 개방 등이 새로운 핵심 가치로 자리 잡게 된 시대적 흐름을 지칭하는 용어로 대두되었다.

웹 2.0 환경은 콘텐츠나 정보를 언제든지 누구나 쉽게 이용할 수 있도록 개방된 개발 도구를 제공한다. API(Application Programming Interface)라고 불리는 이 도구들은 공개된 표준 스펙을 기반으로 하고 있다. 다양한 웹 2.0 기술들에 기반한 매쉬업(mash-up) 서비스들도 인기를 끌었고, 또한 블로그(Blog)와 같이 개방된 환경에서 이용자의 자유로운 참여와 공유를 통해 집단지성을 만들어내는 개인 미디어들이 등장했다. 2.0 환경에서의 웹은 '플랫폼으로서의 웹(Web as platform)'으로 전환되었고, 사용자 스스로가 생산한 콘텐츠를 등록하고 만인과 생각을 공유하는 것을 가능하게 만들었다. 소수가 독점하던 콘텐츠의 생산권과 공유권이 불특정 다수한테로 확장된 것이다. 결국 웹 2.0의 등장은 웹 콘텐츠의 생산과 유통 분야에 대한 주도권이 소수의 기업과 전문가에게서 불특정 다수의 일반 사람한테로 이동토록 하였다. 기술과 자본이 주도해온 웹 세상을 평범한 다수가 주도하기 시작한 것이다. 이른바 '독과점의 해체'이다. "모든 시민은 기자다"라는 모토를 내걸고 지난 2000년 창간된 오마이뉴스는 자타가 공인하는 웹 2.0의 성공적 모델이다. 단숨에 주류 언론의 독점적 권위를 무너뜨렸다. 위키피디아(Wikipedia)는 230년 전통의 브리태니커 백과사전의 권위를 넘어섰다.

이제 웹 2.0은 단순한 몇몇 기술의 변화를 말하는 것이 아니라, 변화된 기술의 활용방식과 이를 이용한 소비경험, 그리고 이 과정에서 창출되는 생산과 소비양식의 충돌을 통해 사회 각 분야에 고착되었던 제도를 깨며, 새로운 패러다임으로 우리의 모든 양식을 이동시킨다는 것이다. 웹 2.0 환경은 상호호환성, 분산과 공유를 자유롭게 하는 가능성을 전면에 내세우고 있다. 따라서 과제는 어떻게 각 구조와 시장 상황에 적합하게 이것을 활용해야 하는가에 모아지고 있다.

웹 2.0은 벌써 기술과 경제의 변화를 넘어 새로운 문화의 변화를 추동하고 있다. 토론방 '아고라'에서는 하루 수천 건 이상의 토론이 벌어지

[표 2-4] 웹 1.0과 웹 2.0의 비교

구분	웹 1.0	웹 2.0
제공 서비스	포털 위주의 웹	플랫폼으로서의 웹
콘텐츠	폐쇄적	공유, 개방적
가치 제공 수단	기술 중심, 정보 전달의 효율성 추구	참여, 공유, 인간의 집단지성을 이용한 다양한 추구
브라우저	익스플러러	파이어폭스, RSS 리더기 등 웹 접속 가능한 모든 프로그램
정보 제작	전문가, 프로그래머, 관련업체	개인이 중심이 되는 모든 이용자

고 있으며, 다양한 이슈에 대한 정보가 공유되고 이에 대한 의견들이 다양하게 표출된다. 아고라의 글들은 생생하며, 여타 다른 커뮤니티보다 결속력을 높이는 특성을 지닌다. 일반 시민의 참여는 참여 채널을 확대시키고 네트워크에서 정보공유, 표현의 자유를 강화시킨다. 이는 전통적으로 소수에 집중됐던 언론 권력을 붕괴시켰다. 개방된 플랫폼을 통해 이용자 스스로 참여와 소통을 활성화하고 새로운 콘텐츠를 생산토록 하는 웹 2.0 지형은 참여, 공유, 개방이라는 새로운 디지털 생태계의 기본 정신을 강조하고 있다.

이제는 언제 어디서나 누구나 미디어를 이용할 수 있는 시대가 시작되었다. 스스로 깨닫지 못하면서 우리는 참여·공유·개방이라는 2.0 이념을 체험하고 있다. 참여·공유·개방을 기반으로 해서 매스미디어(Mass media) 시대는 메소미디어(Meso Media)[5]를 거쳐서 마이크로 미디어(Micro media)와 퍼스널 미디어(Personal media)의 시대로 전환하고 있다. 소수에 의한 콘텐츠 생산과 다수에 의한 소비라는 1.0 패러다임이 사라지고 참여적 생산과 참여적 소비를 지향하는 2.0 패러다임을 생성시키고 있는 것이다. 이러한 미디어 생태계의 지각변동은 미디어 조직이나 프로세스, 콘텐츠, 수용자에 이르기까지 광범위한 변화를 동반한다. 2.0 패러다임은 단순히 비즈니스 모델을 넘어 미디어 전체에 영향을 주는 '거버넌스 철학'을 구축하려 한다.

반면에 2.0 패러다임을 새로운 신기루라고 지적하는 비판도 만만치 않다. 왜냐하면 중소업체들이 2.0 패러다임으로 지금까지 성공했다는 이야기는 별로 들리지 않고 있기 때문이다.[6]

국내에서 웹 2.0은 블로그와 동영상, 이 두 가지가 전부라고 해도 지나친 말이 아니다. 이러한 현실의 배경에는 대형 포털이 지배하는 폐쇄형 독점구조가 자리를 잡고 있기 때문이다. 국내 인터넷 생태계는 소수 업체 위주로 독과점이 심해지면서 발전적인 인터넷 진화를 가로막고 있다는 주장이 설득력을 얻고 있다. 동시에 디지털 콘텐츠를 이용하는 네티즌 마인드도 성숙되지 않았다는 비판이 끊임없이 제기되는 상황이다. 선풀달기 운동은 바로 이와 같은 참여 문화의 문제점을 잘 드러내고 있다. 프로슈머의 대표적인 기호인 UCC는 웹 2.0 현상을 대변하는 현상이다. 그럼에도 불구하고 국내 UCC 저작물의 70% 정도가 순수 창작물

---

5) 이 개념은 디지털 미디어 시대가 시작되면서 등장한 타깃형 미디어를 지칭한다. DMB, 기업의 사내방송과 같이 특정한 수용자 층을 겨냥한 미디어를 매스미디어와 분리해 제시한 용어이며, 유럽연합에서 자주 활용한다.

6) 2007년 10월 영국의 시장조사기관 오범(Ovum)은 웹 2.0 붐을 웹 1.0 붐과 비교한 뒤, 웹 2.0을 '버블 2.0'이라고 정의하는 요지의 보고서를 발표했다. 이 보고서에 따르면, 웹 2.0에 투자하는 방식이 웹 1.0 때와 꼭 닮아 있다는 것이다. 또한 웹 2.0 기업에 대한 무리한 고평가는 웹 2.0 수익 모델인 광고에 대한 거품으로 이어지고 있다는 분석이다.

이기보다는 기존 동영상 파일을 편집하거나 수정해서 배포하는 복제물의 수준을 크게 넘지 못하고 있다.

새로운 생태계 패러다임의 표상인 웹 2.0은 또 다른 문제점들을 양산해 새로운 고민거리를 던져주고 있다. 우선, 미확인, 허위, 선정적, 상업적, 인권 침해적 정보 등으로 인해서 악화가 양화를 구축하는 현상이 가속화되고 있다. 집단구타 동영상, 성희롱 자작극 동영상, 성인용 동영상 등 자극적인 UCC 콘텐츠나 연예가 뉴스가 웹 2.0을 추동하고 있다. 그래서 집단지성의 오용과 위기의 문제를 심각하게 바라보도록 한다. 광우병 파동, 천안함 사고와 관련한 괴담은 이 연장선에 놓여 있다. 위험사회의 문제점을 모두 갖추고 있는 것이다(송해룡 외 2008). 익명성 뒤에 숨은 이용자의 아마추어리즘, 집단적 광기와 비도덕성은 인터넷 윤리 문제로까지 확산되고 있다(정보통신윤리위원회. 한국정보처리학회, 2006). 그래서 웹 2.0은 '오래된 미래'라는 모토 위에서 새로운 방향 정립을 해야 한다. 2.0을 단순한 숫자 놀음으로 이해해서는 절대로 안 된다. 웹 2.0 패러다임은 이제 개인, 사회, 국가 차원에서 유기적인 관계를 가지며 융합사회의 도래를 준비토록 한다. 이제 웹 2.0 패러다임에 유연하게 대처하지 못한다면 모든 사회 시스템은 퇴보할 수밖에 없다. 새로운 사회적 가치가 우리 사회를 예전과는 전혀 다르게 구조화시키고 있다.

2) 2.0 개념 기반 혁신

최근 기업들은 새로운 시장 환경에 적응하기 위해 신성장 동력의 발굴

[표 2-5] 개방적 혁신을 위한 상호작용의 방향

상호작용 방향	핵심 내용
테크놀로지 아웃소싱 (외부 내부)	기술혁신을 위해 기업의 외부 자원 활용
테크놀로지 스핀오프, 라이센싱 (내부 외부)	기업의 지적 자산을 외부에 보내 가치를 창출 1) 내부의 기술을 타 기업에 라이선스 해줌 2) 내부 프로젝트를 공개하는 오픈 소스화

• 출처 : Chesbrough, H.(2003)

에 많은 투자를 하고 있다. 기업들은 국내외를 막론하고 신성장 동력을 '기술'뿐만 아니라, '소비자'에서 다양한 형태로 찾고 있다. 기업은 이제 글로벌 디지털 생태계에 대응해 개방형 산업혁신 생태계 구축을 전략적으로 체계화해야만 하는 상황에 처해지고 있다. 디지털 생태계는 기존의 폐쇄적인 패러다임을 벗어나 개방적 네트워크 원리를 기초로 삼아야 한다. 개방적 네트워크는 내부와 외부의 구분을 없애며, 신기술, 지적재산을 활용해 가치를 극대화하면서 외부와의 유기적인 협력을 중심에 두어야 한다.

디지털 생태계는 글로벌화의 발전에 따라 시장 주도권을 획득하기 위한 기업들의 혁신 전략과 양태를 다양하게 변화시키고 있다. 바로, 보다 더 글로벌 네트워크화를 통해 전문역량을 높이는 데 초점을 맞춘다.

미국과 유럽에서 모든 정부는 새로운 환경에 적절하게 적응하기 위해 개방형 혁신을 정책 프레임으로 전면에 내세우고 있다. 미국은 글로벌화와 개방적 혁신에 대응하기 위해 민간 중심의 정책자문위원회에서 정책 방향을 설정해 권고하고, 이를 정책에 반영하는 시스템을 구현시켰

[표 2-6] 기업의 글로벌 전략의 변화

부분	이전	변화상
기업 형태	다국적 기업	글로벌 적응 조직
관리자 역할	기업정책 및 실행 강화	글로벌 창조성 이용
전략수립 과정	선형적 과정(deterministic, linear plan-and-execute)	진화적 학습 과정(evolutionary sense-respond-learn)
경쟁력의 원천	수직적 통합(global efficiencies vertical integration)	글로벌 파트너 네트워크 (global flexibility partner networks)
혁신 모델	폐쇄적, 비선형적 R&D(closed, discontinuous R&D driven)	협력적, 소비자 지향 (collaborative customer-focused)
리스크 관리	시장 중심 관리(ad-hoc, reactive market risks only)	내재적, 사회정치적 관리 (embedded, sociopolitical risks)

다(국가과학기술자문회의, 2007). 미국 경쟁력위원회는 개방화에 따른 글로벌 경쟁을 위해 '국가 혁신 이니셔티브(National Innovation Initiative)'라는 특별 프로그램을 발주했다. 이 프로그램은 혁신의 창출은 선형적인 모델이 아니라 주체 간의 상호작용 속에서 발생한다는 개방형 혁신 생태계(Open Innovation Ecosystem) 개념을 제시했다. 미국 경제개발위원회 (CED)[7]는 디지털 산업의 생태계와 관련해서 개방의 혁신성을 강조하면서 오픈 이노베이션(Open Innovation), 오픈 스탠다드(Open Standard), 오픈 소스(Open Source)를 정책 의제로 제시했다. OECD(2006) 역시 기능적인 협력을 통한 개방형 혁신과 혁신 자원의 배양을 강조하고 있다.

---

7) 미국 경제개발위원회(The Committee for Economic Development)는 200여 명의 CEO들과 교수 및 학자들이 고용과 생산성의 향상 등에 대해 정책적 권고를 하는 민간 독립기구이다.

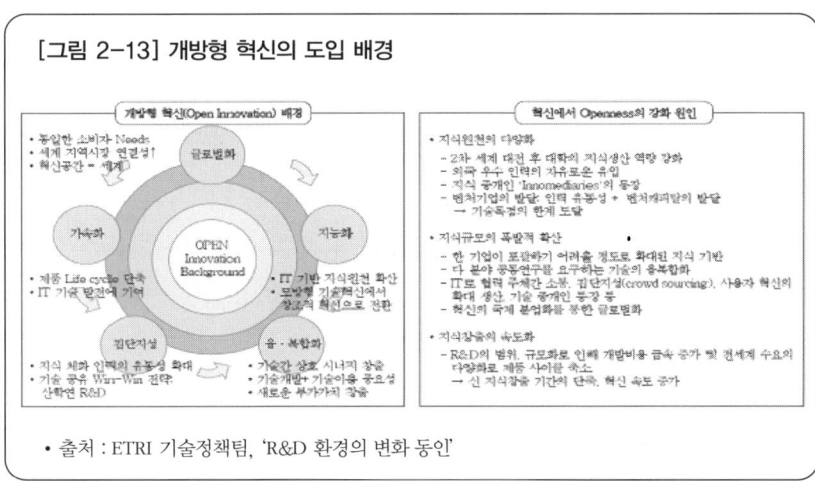

[그림 2-13] 개방형 혁신의 도입 배경

• 출처 : ETRI 기술정책팀, 'R&D 환경의 변화 동인'

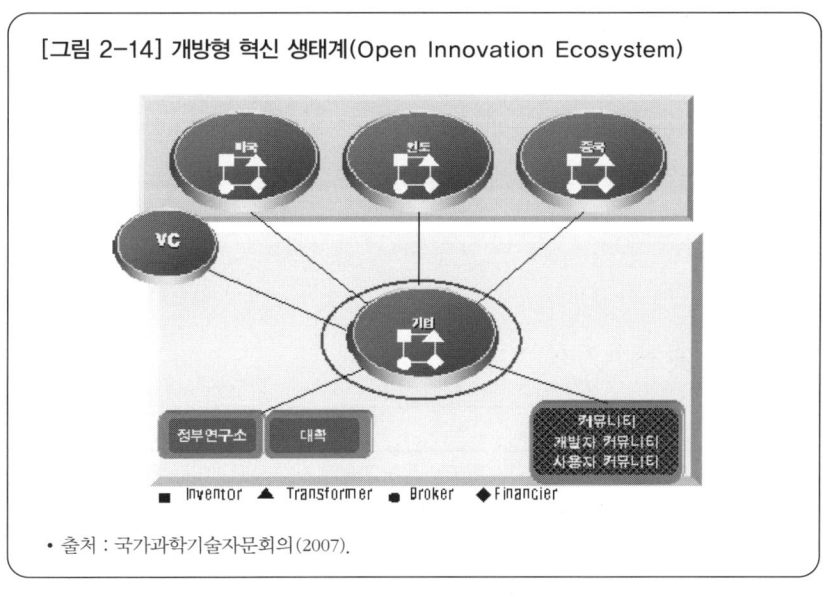

[그림 2-14] 개방형 혁신 생태계(Open Innovation Ecosystem)

• 출처 : 국가과학기술자문회의(2007).

이처럼 디지털 생태계의 관점을 수용할 수 있는 개방성에 기초한 산업혁신 생태계의 관점의 정책 수립은 무엇보다 중요한 사안이다. 이 연장선에서 새로운 미디어 산업 환경은 개방형 혁신과 글로벌화를 포용할 수 있는 통합된 정책 틀을 설정해야 한다. 이를 위해 개방형 산업혁신 생태계(Open Innovation Ecosystem)라는 프레임워크를 통해 새로운 정책 방향을 제시하는 것은 디지털 미디어 정책의 핵심이 되었다.

여기서 주목할 것은 기능적으로 분화되고 있는 혁신 주체의 역할이며, 세계화, 기술의 진보에 따라 요구되는 각 혁신 체의 기능적 협력이 강화되고 있다는 것이다.

최근에 디지털 생태계를 통한 비즈니스가 활성화되면서 커뮤니티가 혁신의 주체 또는 파트너의 역할을 수행한다. 기업들은 오픈소스 커뮤니티(개발자·소비자)를 자사의 비즈니스 파트너로 인식해 기술혁신을 이루어내고 있다. 이것이 디지털 정보경제라는 새로운 경제 패러다임의 출현을 추동한다. 이러한 디지털 경제는 기존의 경제법칙과 기업의 모습을 새롭게 재구성시킨다. 이러한 맥락에서 디지털 경제의 모습을 설명하면 다음과 같다.

[표 2-7] 혁신 주체와 기능적 역할

혁신 주체	기능적 역할
혁신자 지적재산권 소유자	기초기술이나 특허 가능한 제품 혹은 서비스를 디자인 예) 기업연구소, 대학, 정부연구소, 커뮤니티, 개인 - 커뮤니티와 개인은 최근 새로운 혁신 주체로 부상 중
제품 및 서비스 생산자	혁신자의 성과물을 외부 및 내부 고객들을 위한 비즈니스 혁신 제품으로 전환
중개자	혁신 네트워크를 연계하는 시장 촉진자
금융지원자	혁신자와 생산자 등 혁신 네트워크의 서비스 제공자에게 자금원을 제공

첫째, 디지털 경제는 국가나 국경을 초월해 기존의 경계선을 붕괴시키고 있다. 둘째, 새로운 생활양식은 무형의 소프트웨어, 서비스 등 연성적인 생산물을 핵심으로 상징화시킨다. 생활이나 경제활동이 '하드'한 것에서 '소프트'한 것으로 그 중심이 전환되고 있다. 셋째, 디지털 경제의 특징은 모든 것을 서로 연결시키고 상호작용시킨다. 바로 네트워크의 개념이 우리의 생각과 생활에 핵심이 되도록 한다. 그래서 비즈니스 모델은 새롭고 다양한 신제품을 생산, 판매함으로써 가치를 창출하고 수익을 올리는 방향으로 진화되고 있다. 이에 따라 미래의 경쟁은 기업의 제품과 서비스에 의해서 창출되기보다는 경쟁 패턴의 변화와 더불어 기업과 소비자 상호간의 교류 속에서 이루어질 것으로 예측하고 있다.

이것은 소비자의 역할 변화를 잘 제시하고 있다. 정보공유가 엄청나게 폭넓고, 빠르다는 것이다. 오늘날 경제 행위에서 나타나는 가장 큰 변화는 위의 모든 것들이 한순간에 공개되고 소비자 개인이 하나의 커뮤니티 단위로 행동할 수 있다는 것이다. 이에 따라 기업의 가치창출도 자연히 양방향식의 공유형으로 바뀌고 있는 것이다. 그래서 정보통신기술의 발달로 등장한 디지털 경제는 기존의 경제법칙과 기업의 경영방식을 바꾸어놓으며, 기업의 미래 모습을 예측하는 것을 무엇보다 중요한 정책 사안이 되도록 했다. 디지털 시대 기업의 대응전략으로 다음과 같은 전략이 제시되고 있다. 첫째, 원가우위, 차별화, 집중화, 선점전략을 넘어서 생태학적인 디지털 비즈니스 모델을 가지고 서로 경쟁을 해야 한다. 예를 들어, 최상의 고급 서비스, 맞춤 서비스를 제공해야 한다. 둘째, 기존의 원가 구조를 붕괴시키고 절감시키는 전략을 수립해야 한다. 금융 산업의 경우 고객이 지점에 가지 않고 대신 인터넷으로 전자거래를 하는 경우, 지점의 점포거래에서 발생하는 비용의 1%만 필요하다. 이와 같은 경우 은행은 99%의 원가절감 효과를 얻은 것이다. 이와 같이 디지털 기술은 기업의 원가구조를 근본적으로 바꾸어놓는다. 셋째, 완벽한 고객관리이다.

디지털 정보기술은 완벽한 고객관리를 가능토록 한다. 어느 소비자가 어떤 제품을 언제 얼마만큼 사용하는지를 손쉽게 파악할 수 있다. 그래서 고객들이 원하는 것을 바로 기업의 전략으로 수용할 수 있다.

이처럼 변화된 경제 시스템에 효과적으로 적응하기 위해서 기업과 조직은 유연성과 창의성을 강조하고, 제품 생산보다는 지식 생산을 중시여기며, 자기 조직화를 강화시키는 형태로 변화하고 있다. 바로 미래 기업과 조직의 구조는 계층적 조직구조에서 네트워크 조직구조로 변화하는 것이다. 네트워크 조직구조의 특성 가운데 유연한 안정, 환경의 복잡성, 다양성, 위험관리 능력, 의사소통 능력은 매우 중요한 요인이 되고 있다. 이와 같은 기업과 조직의 구조적 변화로 인해 미래사회의 중심 경쟁력은 지식에 좌우된다. 보다 창조적인 지식을 바탕으로 네트워크 파워를 효과적으로 활용해야지만 미래사회에서 경쟁력을 강화시킬 수 있다는 것이다.

지식은 암묵지와 형식지의 형태로 존재한다. 암묵지는 학습과 체험을 통해 개인에게 습득되며 밖으로 드러나지 않는 상태의 지식을 지칭한다. 따라서 암묵지는 언어나 문자를 통해 표현되지 않는 지식이다. 암묵지는 시행착오와 같은 경험을 통해 대개 체득된다. 반면에 형식지는 문서나 매뉴얼처럼 외부로 나타나며, 여러 사람이 공유할 수 있는 지식이다. 교과서, 신문, 비디오와 같이 다양한 형태로 형상화된 지식을 형식지

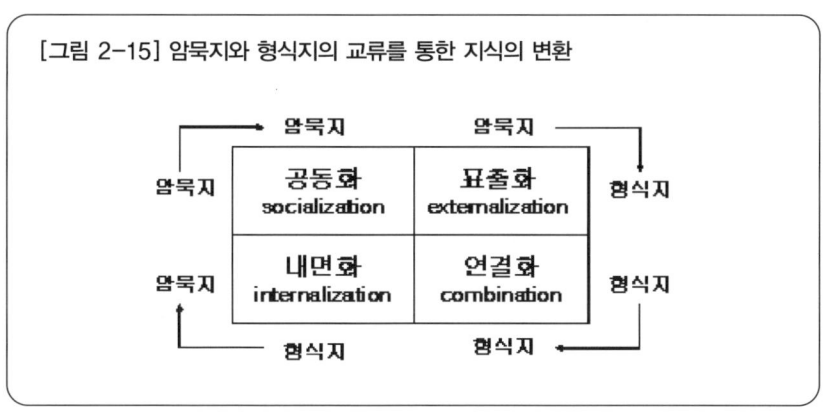

[그림 2-15] 암묵지와 형식지의 교류를 통한 지식의 변환

암묵지　　암묵지　　암묵지

암묵지　공동화 socialization　표출화 externalization　형식지

암묵지　내면화 internalization　연결화 combination　형식지

형식지　　형식지　　형식지

라고 말할 수 있다.

디지털 기술이 발전하면서 암묵지나 형식지가 고도화, 사회화, 종합화되고 있으며, 암묵지가 형식지화하기도 하며 형식지를 암묵지로 변환시키기도 한다. 이 같은 지식 변환은 교육과 학습 그리고 상호 간의 커뮤니케이션을 매개로 하여 발생한다. 따라서 개인적인 노하우가 UCC 형태로 만들어져 인터넷을 통해 공유될 경우에 지식 변환이 일어난다. 또한 지식 변환은 내부 구성원과 외부인 상호간의 접촉과 커뮤니케이션을 통해서 보다 활발히 이루어진다.

지식의 핵심적 특징 중 하나는 지식이 여러 조직 구성원이 사용할수록 더 커진다는 것이다. 지식의 공유 및 확산으로 지식의 가치가 높아지게 된다. 또한 지식은 경험을 통해 지속적이고, 인과적으로, 시계열적으로 축적하고 발전하게 된다. 지식은 예측에 따른 결과 확인 등을 통해 검증됨으로써 가치가 높아지고 새로운 지식으로 생성되기도 한다. 2.0 바탕의 지식은 데이터처럼 단순하지 않고 다양한 복잡구조를 가지고 있으며 일정한 유형이 없는 경우가 많다. 환경의 변화에 따라 지식도 유기체처럼 생명주기를 갖는다. 이제 우리 모두는 창조적 지식근로자가 되어야 한다. 문제를 창의적이고 능동적으로 풀 수 있는 창조적 암묵지를 창출해내는 지식전문가가 되는 것이 매우 중요하기 때문이다. 새로운 조직의 등장과 네트워크 파워는 조직에서 프로페셔널적인 능력을 무엇보다 중시 여긴다. 20세기가 스페셜리스트의 시대였다면 2.0 시대는 이를 넘어서는 프로페셔널의 의미를 강조하고 있다.

4

미디어 비즈니스 환경의 변화와 성찰

인류 역사에서 문명화는 콘텐츠의 생산과 분배 과정을 통해 이루어져
왔다는 주장이 설득력을 갖고 있다. 이 문명화는 문화적인 측면에서 콘
텐츠의 산업적인 가치를 인정하고, 그 시장을 인정하는 것을 의미한다.
얀센의 『드림 소사이어티(The Dream Society)』는 이와 같은 새로운 문명
화의 방향을 잘 제시해주었다. 드림 소사이어티에서는 '필요 위주의 정
보'보다는 '이야기 주도의 상상력'을 중시 여기는 형태로 가치의 중심을
이동시키며, 소비자의 감성과 상상력을 자극해 이것이 더 큰 가치를 갖
도록 한다.

미디어 2.0은 이 가치를 더욱더 다양하게 만들어낸다. 그래서 크로스
미디어(Cross Media) 네트워크가 더욱 고도화되어 콘텐츠를 다양하게 소

비토록 한다. 콘텐츠는 장소, 네트워크, 단말기에 상관없이 소비자에게 끊임없이 제공된다. 따라서 콘텐츠는 수많은 플랫폼에 떠돌아다니며 자유롭게 호환되어야 한다. 동시에 이러한 콘텐츠의 생산은 특별한 주체가 있는 것이 아니라 모두가 주체가 될 수 있는 개인 생산이 핵심에 자리를 잡을 것이다. 즉, 생산자이면서 동시에 유통자, 소비자, 분해자가 될 수 있는 프로슈머를 확산시킨다. 이러한 현상은 양방향성을 극대화해 개방된 플랫폼을 끌어내고 집단지성을 만들어낸다.

디지털 기술의 지속적인 발전은 새로운 미디어 라이프를 새롭게 구성하고 있다. 디지털 미디어와 초고속정보통신망을 통한 웹 2.0 환경은 게임, 생활정보, 음악, 비디오 등 다양한 분야의 콘텐츠를 온-디맨드(on-demand) 방식으로 서비스하고 있다. 이를 통해 디지털 컨버전스를 가속화시켰고, 콘텐츠의 개념을 폭넓게 확장시키고 있다. 디지털 컨버전스는 유선과 무선의 융합, 방송과 통신의 융합, 온라인과 오프라인의 통합, 단말기의 융합을 이끌면서 콘텐츠의 장르 간, 영역 간 통합을 가시화시키고 있다. 콘텐츠 향유와 생산의 개념을 더욱 확대하면서, 디지털 컨버전스가 동반한 소비자와 콘텐츠 간의 접점을 무한대로 늘리고 있는 것이다. 기술의 융합에서 시작된 디지털 컨버전스는 사회문화적 융합으로 확대되어 거대한 복합문화사회를 형성하는 기제가 되고 있다. 이와 같은 융합화는 탈장르화로 이어지고 있다. 실제로 게임과 교육 콘텐츠의 통합은 에듀테인먼트 형태를 발전시키면서 장르 간 융합을 이끌어내고, 복합 콘텐츠화를 더욱 광역화시킨다.

콘텐츠의 장르 간 융합화와 수용자 중심의 제작 환경은 기존 문화 콘텐츠 생산양식 및 소비양식과는 전혀 다른 방식을 등장시키고 있다. 이

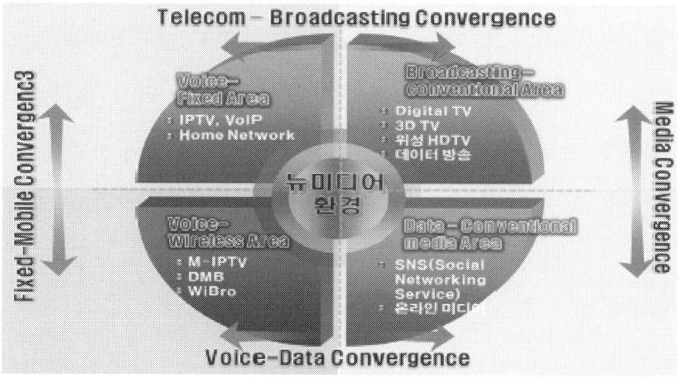

[그림 2-16] 뉴미디어 중심의 미디어 라이프 전경

- 출처 : 안치득(2009).

같은 양식의 변화는 미디어와 함께하는 생활양식까지 변화시키면서 여러 형태의 특징을 나타내도록 한다. 첫째, 단말기와 콘텐츠의 크로스플랫폼화이다. TV와 PC는 융합을 넘어 공존하면서 공간에 따라 동일한 기능을 한다. 여기에 휴대폰은 이동성을 높이면서 크로스플랫폼을 생활 속에 정착시키고 있다. 콘텐츠를 보는 것이 아니라 다운로드받는 것이다. 장르 간 융합이 소비자의 취향과 필요에 따라 분화되고 특화된 형태로 소비되는 것이다. 미디어의 융합으로 DMB, IPTV, TV포털, VOD 서비스가 소비자의 취향에 따라 선택이 되는 것이다. 개인 단말기는 소비자의 취향에 따라 본인이 요구하는 특화된 맞춤형 서비스를 등장시키고, 선택토록 한다. 융합은 다양성과 복합성을 세분화시켜주는 특성이 있음을 보여주고 있다. 둘째, 퓨전 콘텐츠의 시장지배력 강화이다. 콘텐츠의 융복합화가 가속화되면서 〈반지의 제왕〉과 같은 영화는 개봉과 동시에 동일한 시나리오에 기반한 게임, 만화, 음반이 동시에 새로운 가치 사슬을 만들어냈다. 에듀테인먼트, e-스포츠(게임+스포츠), 무비라마(영화+드라마), 뮤비라마(뮤직비디오+드라마), 모비소드(모바일+에피소드), 게임 속 광고(Advertising in game) 등은 대표적인 형태로 회자된다. 이러한 문화적 경향이 '자유형(Freestyle)+상호작용(Feedback)+신선함(Fresh)'으로 대변되는 3F 퓨전 스타일은 뉴 트렌드를 창출해내고 있다(송해룡, 2009). 3D TV는 이 뉴 트렌드에 동력을 주고 있다. 2010 남아공월드컵은 이것을 증명하고 있다.

이러한 새로운 트렌드에 힘입어 다큐멘터리와 드라마가 결합된 다큐드라마도 큰 호응을 얻고 있다. 다큐드라마는 말은 다큐멘터리와 드라마가 결합된 새로운 드라마 형식을 의미하며, 사실과 허구 사이의 경계선에서 특정 사건을 재해석하거나 재현할 때 주로 활용되었다. 이 같은 특성으로 다큐드라마는 무거운 주제나 사건을 주로 다루었다. 하지만 2007년 케이블 TV tvN에서 〈막돼먹은 영애 씨〉라는 드라마에 다큐멘터리 요소를 가미하면서 기존의 다큐드라마 형식을 파괴했고, 엄청난 시청률을 올렸다. 새로운 미디어 생태계의 모습을 제시한 것이다. 이처럼 다큐드라마를 비롯한 각 장르별 이종결합의 확산은 시너지 효과를 낳는 것은 물론 고갈된 소재와 제작 방식을 극복하는 방안으로 효과적이다. 또한 새로운 콘텐츠 시장을 형성하며 수익 모델 확장에도 일조를 할 것이다. 이러한 이종결합 현상은 더욱 확산되어 영상 콘텐츠 시장을 진화시키고, 풍요롭게 할 것으로 기대된다.

내용적 차원에서도 이 같은 하이브리드 경향은 점점 더 두드러지고 있다. '재미(Fun), 기능성(Function), 감동(Feel)'이 핵심요소로 결합되는 다섯 가지 오락(五樂)적인 즐거움을 대세로 만들고 있다. 감성적 소비 성향을 가진 감성세대의 등장으로 콘텐츠 소비에서 재미라는 코드가 생활양식으로 변화되고 있다. 유치한 재미라 할 수 있는 키덜트(Kidult) 콘텐츠 역시 시장을 형성하고 있다. 동시에 교육적 기능, 노인의 건강 증진처럼 융합적인 기능을 강조하는 콘텐츠의 소비가 늘어나면서 개개인의 욕구와 감정을 고려한 감성지향형 콘텐츠가 중요하게 부상하고 있다. 능동적 참여를 강조하면서 재미와 감동을 극대화시키는 체험형 콘텐츠의 등장은 융합 콘텐츠의 또 다른 사회적 욕구를 드러내고 있다. 제품을 실제 경험하고 느끼며 자신의 독특한 개성 욕구를 충족하는 문화 콘텐츠 향유 개념을 등장시키면서 이 하이브리드는 변화를 동반하고 있다. 문화향유의 체험 코드를 분명하게 보여준 것은 소니의 플레이스테이션(Playstation)이다. 플레이스테이션의 판매는 단순한 오락기계의 판매를 의미하는 것이 아니며, 광범위한 콘텐츠의 생산과 소비를 통해 이루어지는 새로운 시장을 겨냥한 것이다(한국문화콘텐츠진흥원, 2007). 셋째, 체험형 감성 콘텐츠가 핵심 콘텐츠로 시장을 움직인다. 체험형 콘텐츠의 새로운 유형인 엑스퍼테인먼트(Expertainment)가 시장을 만들고 있다. 체험지향 사회가 심화되면서 이를 반영하는 제품과 마케팅이 주를 이루고 있다.[8] 2007년 최고의 히트 상품인 애플의 '아이폰'과 LG의 '프라다폰'은 체험 바로, 터치스크린을 메인으로 내세우며 만지는 즐거움에 가치를 부여했다. '닌텐독스'의 경우도 엑스퍼테인먼트의 성공사례로 꼽힌

---

8) 체험지향사회와 관련해서는 『대한민국은 지금 체험지향사회』(커뮤니케이션북스, 2006)를 참조하기 바람.

다.[9] '위'는 2006년 북미를 시작으로 유럽, 오세아니아를 거쳐 2008년 4월 한국에서도 정식 발매되면서 체험형 콘텐츠를 선도하고 있다. '프리허그(free hug)'가 UCC를 타고 전 세계에 열풍을 몰고 온 것도 체험을 콘텐츠로 전환시켰기 때문이다. 민속촌이나 박물관은 관람이 체험이 되도록 하면서 큰 호응을 얻고 있다. 직접 체험하고 자신이 주체가 되는 콘텐츠를 향유하는 문화는 감성 콘텐츠를 심화시키고, 동시에 콘텐츠의 감성화를 끌어내고 있다.

미디어 융합은 미디어 조직이나 제작 과정, 콘텐츠, 수용자의 소비 행태에 이르기까지 모든 부분에서 폭넓은 변화를 동반하고 있다. 매체 간 상호결합과 콘텐츠 융합이 빨라지면서 신문과 방송, 방송과 통신의 전통적인 경계는 이미 사라졌다. 디지털 기술의 혁신성, 미디어 콘텐츠 수용자의 욕구 변화 등은 네트워크의 융·복합화 현상을 강화하면서 디지털 컨버전스를 심화시키고 있다. 이러한 환경에서 방송과 통신의 융합은 DMB, IPTV를 도입시켰고, 무엇보다도 스마트폰의 등장은 기존의 이종산업 간 가치사슬을 해체시키면서 새로운 시장, 산업, 서비스를 만들어내고 있다.

기술 융합 상황은 국내 미디어 시장에 콘텐츠 생산 주체의 다양화, 유통창구의 다변화 등 수평적 산업구조를 형성해갈 것으로 기대되었으나, 현실은 그렇지 못하다. 즉, 기술 미디어 과잉에 비해 콘텐츠는 여전히 빈

---

9) 닌텐독스는 휴대용 애완견 게임이지만 과거의 다마고찌와는 전혀 다른 방식이다. 터치 스크린을 통해 직접 쓰다듬고 강아지는 거기에 반응을 하기 때문에 실제 교감을 느끼는 효과를 볼 수 있다. 이 밖에도 닌텐도가 2006년에 출시한 체험형 게임기 위(wii)의 경우 기존의 MS의 엑스박스360과 소니의 PS3를 무섭게 추격하며 가정용 게임기의 3파전을 유도했다.

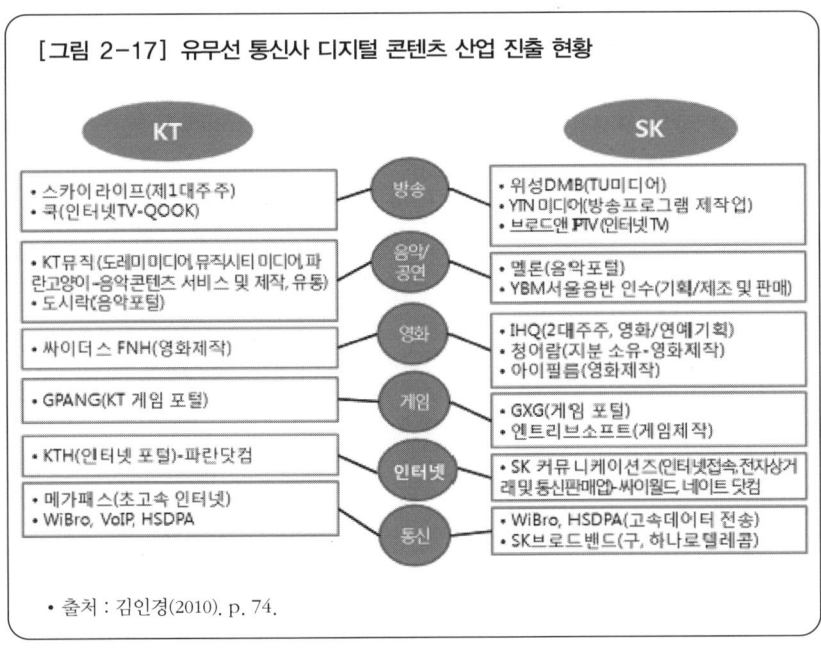

[그림 2-17] 유무선 통신사 디지털 콘텐츠 산업 진출 현황

KT

방송
- 스카이 라이프(제1대주주)
- 쿡(인터넷TV-QOOK)

음악/공연
- KT뮤직(도레미미디어, 뮤직시티 미디어, 파란고양이 -음악콘텐츠 서비스 및 제작, 유통)
- 도시락(음악포털)

영화
- 싸이더스 FNH(영화제작)

게임
- GPANG(KT 게임 포털)

인터넷
- KTH(인터넷 포털)-파란닷컴

통신
- 메가패스(초고속 인터넷)
- WiBro, VoIP, HSDPA

SK

방송
- 위성DMB(TU미디어)
- YTN 미디어(방송프로그램 제작업)
- 브로드앤IPTV(인터넷TV)

음악/공연
- 멜론(음악포털)
- YBM서울음반 인수(기획/제조 및 판매)

영화
- IHQ(2대주주, 영화/연예기획)
- 청어람(지분 소유-영화제작)
- 아이필름(영화제작)

게임
- GXG(게임 포털)
- 엔트리브소프트(게임제작)

인터넷
- SK 커뮤니케이션즈(인터넷접속, 전자상거래 및 통신판매업)-싸이월드, 네이트 닷컴

통신
- WiBro, HSDPA(고속데이터 전송)
- SK브로드밴드(구, 하나로텔레콤)

• 출처 : 김인경(2010). p. 74.

곤한 상태이다. 통신기업들과 지상파, 이동통신사업자, 포털의 파워가 막강하다. 특히 [그림 2-17]에 나타난 것과 같이, 플랫폼을 보유한 KT 와 SKT 같은 통신사업자들은 통신망, 미디어, 서비스의 융합 환경에 대비하기 위해 최종적으로 부가가치를 창출하는 콘텐츠 사업을 통해 새로운 창출 모델을 마련하는 등 콘텐츠를 확보하고 직접 서비스하면서 콘텐츠 시장에서 거대 기업으로 부상하고 있다.

최근에 CJ와 오리온 등 전통 제조 기업들은 종합엔터테인먼트 기업으로 부상하고 있다. 대표적으로 CJ의 경우 게임, 방송, 음악 등 다양한 콘텐츠 분야에 투자를 지속적으로 해왔으며, 2006년에는 GM기획과 맥스MP3를 보유한 메디오피아를 인수해 CJ 엠넷미디어를 출범시켜 음악 중

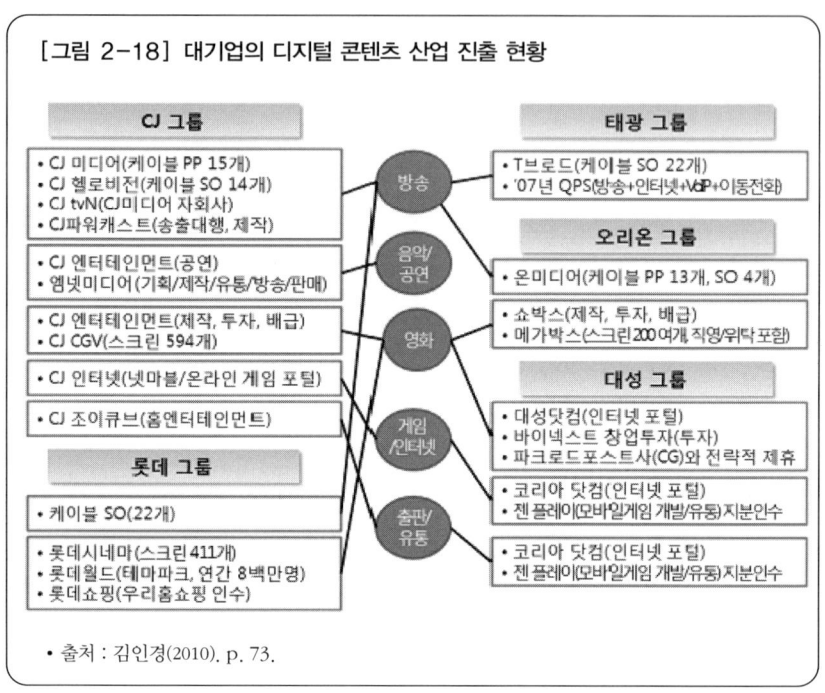

[그림 2-18] 대기업의 디지털 콘텐츠 산업 진출 현황

CJ 그룹

- CJ 미디어(케이블 PP 15개)
- CJ 헬로비전(케이블 SO 14개)
- CJ tvN(CJ미디어 자회사)
- CJ파워캐스트(송출대행, 제작)

- CJ 엔터테인먼트(공연)
- 엠넷미디어(기획/제작/유통/방송/판매)

- CJ 엔터테인먼트(제작, 투자, 배급)
- CJ CGV(스크린 594개)

- CJ 인터넷(넷마블/온라인 게임 포털)

- CJ 조이큐브(홈엔터테인먼트)

롯데 그룹

- 케이블 SO(22개)

- 롯데시네마(스크린 411개)
- 롯데월드(테마파크, 연간 8백만명)
- 롯데쇼핑(우리홈쇼핑 인수)

방송 / 음악/공연 / 영화 / 게임/인터넷 / 출판/유통

태광 그룹

- T브로드(케이블 SO 22개)
- '07년 QPS(방송+인터넷+VoIP+이동전화)

오리온 그룹

- 온미디어(케이블 PP 13개, SO 4개)

- 쇼박스(제작, 투자, 배급)
- 메가박스(스크린 200여개 직영/위탁 포함)

대성 그룹

- 대성닷컴(인터넷 포털)
- 바이넥스트 창업투자(투자)
- 파크로드포스트사(CG)와 전략적 제휴

- 코리아 닷컴(인터넷 포털)
- 젠 플레이(모바일게임 개발/유통)지분인수

- 코리아 닷컴(인터넷 포털)
- 젠 플레이(모바일게임 개발/유통)지분인수

- 출처 : 김인경(2010). p. 73.

심의 콘텐츠를 제공하고 있다. 또한 '곰TV'를 서비스 중인 그래텍을 인수해 인터넷 디지털 콘텐츠 플랫폼을 확보함으로써 동영상 디지털 콘텐츠 서비스를 강화하는 등 사업 영역을 확장하고 있다.

대부분의 콘텐츠 기업은 자본력이 영세한 중소기업으로 새로운 자본 유입 및 재투자의 선순환구조를 구축하지 못하고 있는 반면, 앞서 살펴본 것과 같이, 자금과 브랜드 파워를 가진 소수 거대 기업이 시장을 주도하고 있는 형국이다.

이처럼 융합 환경에서 서비스 사업자에게 플랫폼의 등장은 '범위의 경제'를 확대 가능하게 해주며, 통신사업자들의 융합 서비스 진출 및 방송서비스 진출은 경영 다각화 및 새로운 활로 모색에 도움을 준다. 그러나 콘텐츠 유통 차원에서 보면 서비스 사업자와 콘텐츠 제작자 간 힘의 불균형, 불공정 거래, 콘텐츠 불법복제, 서비스 기술 표준에 따른 유통의 문제 등이 지속될 가능성이 농후하다. 대다수의 융합 플랫폼을 주도하는 주요 사업자가 통신사업자임을 감안할 때, 융합 환경 또한 기존 플랫폼과 마찬가지로 통신사업자에 의해 접속경로, 수익성(유통 채널), 기술(단말 콘텐츠 플랫폼)이 모두 종속화될 우려가 크다. 따라서 융합 환경 하에서도 콘텐츠 제작자들에게는 기존의 통신사업자들이 제공하는 포털사이트(네이버, 다음 등)를 제외하고는 독립적이고 자율적으로 운영이 가능한 콘텐츠의 유통 채널은 부재하다는 것이다(김원제 외, 2007). 따라서 콘텐츠 제작자에게 융합 환경은 콘텐츠 비즈니스 기회(판로 확대)가 되기도 하지만, 소수의 킬러 콘텐츠(영화, 드라마, 스포츠 등)를 제외하고는 여전히 서비스 사업자에게 종속될 수 있다는 문제점이 제기된다.

결국 서비스 사업자가 주도하는 현재의 미디어 콘텐츠 시장 구조가 개선되지 않으면 시장의 외연만 확장될 뿐이며, 정작 시장에서 거래되고 유통되는 콘텐츠는 부족한 상황이 발생할 수도 있게 된다. 융합에 따른 채널의 증가는 양질의 콘텐츠를 확보하기 위한 콘텐츠 사업자 간의 경쟁을 초래할 뿐, 전체 콘텐츠 시장 차원에서 보면 콘텐츠의 수급 불균형을 초래할 수 있다는 것이다. 실제 지상파 방송과 통신사업자 중심의 생산시스템 고착화로 다양한 양질의 콘텐츠가 전체 시장에 제대로 공급되지 못하는 실정이다. 콘텐츠가 시장 수요를 충족시킬 만큼 충분히 공급되지 못할 경우, 융합의 산업적 시너지 효과는 오히려 위축될 수 있다. 자칫 융합 미디어라는 거대 규모의 시장이 개화됨에도 불구하고 시장에서 거래되고 선택될 상품(서비스)은 별로 없는 기형적인 상황이 발생할 수도 있다는 것이다. 이는 결국 소비자들이 원하는 미디어 콘텐츠 니즈를 충족시키지 못하게 되는 결과를 낳아 해당 융합 미디어 서비스에 대한 기피로 이어질 것이며, 융합 미디어와 콘텐츠 시장이 경쟁력을 유지하기 어렵게 만드는 악순환의 고리를 구축할 우려가 있다.

이처럼 방통융합은 디지털 환경의 대표적인 혁신이자 신기술로 이미 포화 상태에 이른 개별 미디어 혹은 콘텐츠 시장의 한계를 극복할 수 있는 대안으로 제시되었으나, 실제 시장의 성숙은 기대에 미치지 못하고 있다. 융합 미디어 서비스의 지속적이며 낙관적인 성장 가능성에 대한 회의론마저 제시되고 있다. 따라서 '융합 플랫폼의 등장이 실제 콘텐츠 시장의 선순환에 기여하는지'에 대해 정확한 진단이 필요한 시점이라 할 수 있다.

해외에서도 융합 미디어 콘텐츠 시장의 지속성장을 담보하기 위한 새로운 전략들이 추진되고 있는데, 유럽연합은 산업 생태계의 건강성과 활력을 극대화할 수 있는 환경기반 구축을 목표로 '디지털 비즈니스 생태계 프로젝트'를 강력히 추진하고 있다(EC, 2005a, b). OECD(2006)와 다보스포럼(2006)[10] 또한 디지털 콘텐츠 산업의 주체인 산업과 정부, 소비자가 함께 새로운 협력, 협업 관계를 만들어 동반 성장을 꾀하고 디지털 생태계를 긍정적인 방향으로 만들어야 한다는 컨셉을 명확히 수립했다

---

10) 2006년 1월(1.25~1.29) 스위스 다보스에서 개최된 세계경제 포럼에서는 '네트워크화된 디지털 생태계(networked digital ecosystem)'라는 표현을 사용해 디지털 콘텐츠 산업의 현실 및 미래 과제를 천명했다.

(Elron, Dan and Golob, James, 2006). 각 정부와 기관이 주장하는 공통분모는 미디어 콘텐츠 시장의 선순환을 이끄는 건전한 '콘텐츠 생태계'를 구축해야 한다는 것에 있다. 미디어 시장을 하나의 생태계로 간주, 생태계를 구성하는 요소들의 활성화를 통해 지속 가능한 시스템을 만들어낸다는 것이다. 건강한 콘텐츠 생태계 환경의 조성은 미디어 시장에 핵심적인 우산이 되었다.

지난 10년간의 콘텐츠 시장 관련 연구들은 단순히 제작-유통-소비라는 콘텐츠 흐름 혹은 정책이나 사업자 행위 같은 단일 구성요소에만 초점을 맞추어왔다. 이것은 미래를 예측하고 문제점을 사전에 해결하는 데 한계점이 있었다. 이에 대한 대안으로 미디어 콘텐츠 시장을 하나의 생태계로 규정하고, 이를 구성하는 다양한 요소들, 즉, 법제도, 사업자, 가치사슬, 자본투자, 인프라, 미디어 소비자 등에 대한 분석 및 요인 간의 상호맥락 진단을 통한 통합적 성찰이 요구되었다. 최근에 미디어를 산업으로 보는 시각에 대한 사회적 합의가 높아지는 것은 이와 같은 연구가 뿌리를 내릴 수 있는 생태계가 만들어지는 것이라 할 수 있다. 문화체육관광부가 차세대 핵심 콘텐츠를 개발하기 위해 1인 창조기업 5만 개를 육성한다는 방침은 이 같은 연구를 활성화시킬 것이 분명하다.

미디어 콘텐츠는 문화적 가치, 경제적 가치, 사회적 가치를 지닌 재화이며 서비스다. 그래서 미디어 콘텐츠는 개인적, 상업적, 공공적(公的) 영역에서 다양한 가치를 만들어낸다. 가치의 다양성으로 인해서 미디어 콘텐츠 생태계 개념은 생태학에서의 종(種)에 대한 개념을 이해하는 것에서부터 출발해야 한다. 종(種)은 환경에 적합한 형태로 적응해, 최적화된 조직화의 결실이다. 생태계 관점에서 조직은 종(種)을 만들어내는 환경이며, 그렇기 때문에 환경의 변동에 따라서 일반적으로 조직이 결정된다는 '운명론'적인 입장을 취하게 된다. 동시에 개체군의 상호작용을 중시 여긴다(김준호외 1993).

　이상의 논의를 토대로 미디어 콘텐츠 생태계 개념을 사회과학적으로 정의하면, 거시적으로 인력, 기술, 시장, 자금, 경영, 문화 등 다양한 미디어 콘텐츠 산업 활동에 영향을 미치는 구성 주체들 간의 상호작용을 통해 자생하고 진화하는 체계라 할 수 있다. 미시적인 관점에서 보면, 미디어 콘텐츠의 생산, 유통, 소비 관련 제반 이해관계자들이 구축하고 있는 가치사슬의 상호 시스템적인 관계를 의미한다고 할 수 있다.

　미디어 콘텐츠 생태계의 구조는 여러 단계로 구성되며, 각 구성요소의 역할과 상호작용이 여러 형태로 되새김질을 한다. 그래서 미디어 콘텐츠 생태계의 핵심 가치를 공존, 균형, 지속성에 두는 학자들의 주장이 광범위하게 설득력을 얻고 있다. 구체적으로 미디어 콘텐츠 생태계는 열대 우림과 유사한 형태를 지니고 있다. 즉, 열대우림은 숲과 나무, 태양, 산소(공기), 비의 양이 균형적으로 작동하고 있다. 이것을 미디어 콘텐츠 생태계에 비유하면, 나무는 콘텐츠 사업자, 비(雨)는 정책적/법제도적 지원, 태양은 자본투자, 산소(공기)는 미디어, 동물은 소비자로 비유할 수 있다.

　미디어 콘텐츠 생태계를 구성하는 세부요소들은 상호작용을 한다. 콘텐츠 사업자는 소비자가 소비할 수 있는 콘텐츠를 생산/분배하는 일을 맡고, 이것이 질을 높이기 위해서는 정책적인 지원과 자본투자, 인적, 지적 인프라, 미디어가 기초적으로 요구된다. 공기는 생산자와 소비자를 연결하는 유통 경로인 미디어 및 플랫폼을 말한다. 미디어 콘텐츠 생태

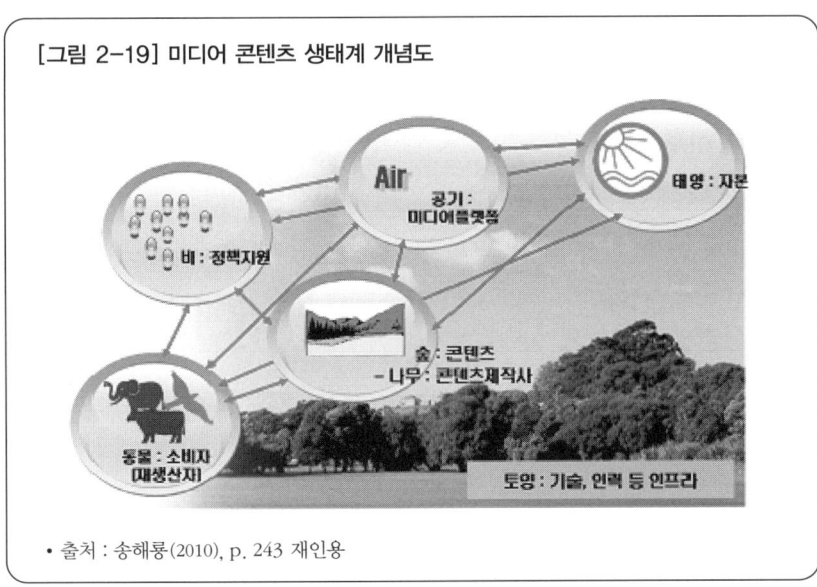

[그림 2-19] 미디어 콘텐츠 생태계 개념도

Air
공기 : 미디어플랫폼

태양 : 자본

비 : 정책지원

숲 : 콘텐츠
– 나무 : 콘텐츠제작사

동물 : 소비자
(재생산자)

토양 : 기술, 인력 등 인프라

• 출처 : 송해룡(2010), p. 243 재인용

계를 이어주는 유통 플랫폼의 다양화는 여기서 핵심적인 환경을 만들어
낸다.

　미디어 콘텐츠 생태계는 미디어 콘텐츠의 생산, 유통, 소비 관련 제반
이해관계자들이 구축하고 있는 가치사슬이 상호작용하도록 한다. 이에
따라 미디어 콘텐츠 생태계를 분석하기 위해서는 생태계를 구성하는
'생산(기획 및 제작)–유통/서비스–소비/재생산'이라는 틀을 철저히 진
단해야 한다. 미디어 콘텐츠의 라이프사이클을 중시하며 각 요소별 흐
름 및 상호관계를 유기적으로 연결시켜야 한다. 여기서 유기적이라는
말은 다양성과 융합을 끌어내는 것이다.

　미디어 산업은 지난 10년간 '미디어 빅뱅'을 불러일으키면서 미디어
생태계의 변화를 촉발했다. 이러한 미디어 생태계의 변화는 단말기, 서

비스, 사업자 간의 수직, 수평적 결합을 통한 네트워크의 융합을 통해 그 모습을 확연히 드러내고 있다. 우리나라의 미디어 산업은 자본의 규모가 작고, 사회적인 합의가 미약해, 이에 토대한 중층적인 변화의 물결 속에서 긍정적인 생태계의 선순환을 이루어내지 못하면서 미디어 생태계의 구조적 문제점을 드러내고 있다. 바로 시장에 참여한 기존 사업자와 새로운 시장에 진입한 신규 사업자 모두가 규모의 경제에 도달하지 못하고 있는 것이다. 미디어 콘텐츠 생태계 개념은 다양한 요인이 결합해 급변하는 국내 미디어 환경의 문제점을 해결하는 데 효과적인 대응 방안을 마련하는 중요한 접근 방법으로 평가된다.

5

디지털 미디어 생태환경의 변화 상황

디지털 생태계의 역동적인 변화를 주도적으로 이끄는 대표적인 주자는 소셜 미디어와 스마트폰이라고 할 수 있다. 전 세계적으로 스마트폰 시장이 급격히 성장하면서 2009년 국내에도 애플사의 아이폰이 그 첫발을 내딛었다. 그 이후 국내 디지털 미디어/IT 시장에는 전통적인 정보통신 서비스의 공급 구조가 붕괴되기 시작했고, 국내 무선 인터넷의 국제 경쟁력에 심각한 문제가 제기되었다. 반면에 새로운 경제성장 동력으로 미디어 생태계에 대한 인식이 급속히 확산되는 등 매우 긍정적인 효과도 나타났다. 이와 관련해 디지털 미디어 생태계에 대한 논의는 주로 콘텐츠나 애플리케이션 공급자와 개발자, 콘텐츠나 애플리케이션이 거래되는 장터인 앱스토어, 이들의 생산기반, 또한 아이폰 관련 콘텐츠와 애플리케이션의 구동을 가능하게 하는 운영체제, 플랫폼, 이것을 이용자에게 전달하는 네트워크, 이용자가 이용하는 단말기 등과 관련해 포괄적으로 이루어졌다.[11]

2010년 6월 애플사의 CEO 스티브 잡스는 애플이 주최한 세계개발자회의(WWDC)에서 아이폰3의 뒤를 잇는 제품인 아이폰4를 공개했다. 애플은 그동안 주무기였던 감각적인 디자인, 디스플레이, App기반 광고 iAd, 아이패드 아이팟 아이폰에 공통적으로 적용된 UI와 별도의 설치 없이 WiFi 환경에서 무료 영상통화가 가능한 Face time, 멀티 태스킹, eBook용 iBooks 서비스 등을 특징으로 전면에 내세웠다. 2010년 상반기 국내시장에서는 애플 아이폰4와 삼성 갤럭시S가 최고의 성능을 지닌 차세대 스마트폰으로 각광을 받으면서 불꽃튀는 경쟁을 벌이고 있다. 삼성은 갤럭시S를 출시하면서 기존의 디스플레이보다 향상된 선명한 화면의 '슈퍼 아몰레드', 다양한 생활 속 애플리케이션이 탑재될 '슈퍼 앱스', 배터리 교환이 가능하면서도 9.9mm 두께의 초박형 '슈퍼 디자인'을 특징으로 내세우며, '3S'를 강조하고 있다. 향후 두 차세대 스마트폰의 격돌을 지켜보는 것도 매우 흥미진진한 일이 될 것이다.

뉴미디어의 새로운 경연장으로 부상한 2010년 남아공 월드컵은 소셜 미디어와 스마트폰의 활약을 두드러지게 드러나게 했다. 새로운 디지털 미디어와 스포츠의 결합으로 남아공 월드컵은 2006년 독일 월드컵과는 확연히 구별된 모습을 보였다. 전 세계적으로는 트위터와 페이스북, 국내에서는 미투데이 등 SNS에서 이용자들의 활발한 참여가 이루어지면

---

11) 장석권(2010), 개방형 IPTV 생태계 활성화를 위한 원칙과 상생방안.

[그림 2-20] 다음의 아이폰용 '붉은악마 응원' 애플리케이션과 서비스 내용

▶ AR 게시판 서비스
 – 주위에 있는 붉은악마 응원 어플리케이션 이용자
  들을 확인하고, 그들의 프로필과 응원글 확인 가능
 – 소셜 위치기반 서비스 기반 app으로, 가입자간의
  실시간 소통을 가능케 해 줄 서비스 중의 하나
▶ AR 게시판 서비스 외에, 월드컵 관련 실시간 속보와
 아이폰 야광봉 등 다양한 응원 app 제공으로 거리응
 원의 '디지털'화를 이끌 전망

• 출처 : KT경제경영연구소(2010), 남아공 월드컵과 소셜 커뮤니케이션

서 디지털 방식의 응원전도 이루어졌다. 특히 SNS 애플리케이션의 등장으로 인해 스마트폰을 이용해 월드컵 경기에 대한 이용자의 생각을 SNS에 실시간으로 업데이트하고, 의견을 주고받는 등 디지털 응원전이 이어졌다. 2010 남아공 월드컵은 첫 번째 '소셜' 월드컵으로 스마트폰과 SNS이 결합되며 '디지털 군중(Digital Connected Crowd)'을 등장시켰다. 이로써 다른 물리적 공간에서도 함께 응원하는 새로운 현상이 남아공 월드컵에서 처음으로 나타났다. SNS로 연결된 디지털 군중으로 인해 월드컵을 즐기는 방식이 바뀌었으며, 월드컵 경기 결과에 따른 반응들이 즉각적으로 올라오면서 온라인 응원 역시 뜨거웠다(KT경제경영연구소, 2010).[12)]

스마트폰의 확산과 동시에 언제 어디서나 연결되기를 원하는 이용자

12) KT경제경영연구소(2010), 남아공 월드컵과 소셜 커뮤니케이션 참조.

의 니즈가 결합되면서 모바일을 이용한 SNS의 확산은 더욱 활성화되기 시작했다. 국내 스마트폰 서비스는 해외시장보다 늦게 시작되었기 때문에 모바일 SNS 역시 해외보다는 그 출발이 늦었다. 하지만 이번 남아공 월드컵은 큰 성장세를 보이지 못했던 국내 소셜미디어 시장 역시 활성화시키는 기폭제가 되었고, 모바일 SNS 확산의 계기를 마련했다. 스마트폰 속 모바일 SNS를 통해 동영상이 유통되고 모바일 라이브 중계 서비스가 제공되면서 남아공 월드컵은 국내 모바일 SNS 시장을 활성화시켰다.

특히 트위터와 같은 마이크로블로그는 어떤 미디어보다도 신속하게 실시간 보도를 하면서 디지털 미디어로서의 강력한 위력을 발휘했다. 트위터의 강점인 속보성과 빠른 파급력은 리얼타임 미디어로서 새로운 가능성을 드러냈으며, SNS에서 인기 있는 이슈들이 TV와 신문 또는 인터넷 뉴스를 통해 다시 보도되면서 뉴스로 재생산되는 모습을 보이기까지 하고 있다. 이제 SNS는 뉴스의 새로운 유통 채널 및 뉴스 거리를 제공하고 의제까지 설정하는 등 미디어로서의 새로운 위상을 구축해 나가고 있다. 2010년 남아공 월드컵에서는 SNS를 통해 수많은 뉴스 메이커들이 등장하면서 월드컵에 대한 다양한 관점과 시각을 제공하면서 이용자들의 흥미를 더욱 높였다. 뿐만 아니라 남아공 월드컵에서 소셜 미디어 페이스북은 이를 통한 뉴스 검색이 구글을 추월하면서,[13] SNS는 월드컵 관련 속보를 제공하는 월드컵 App과 함께 기존 미디어를 뛰어넘

---

13) 페이스북을 통한 뉴스 검색이 구글을 이용한 뉴스 검색을 추월(3.52%vs 1.39%), KT경영경제연구소(2010), 남아공 월드컵과 소셜 커뮤니케이션.

는 유력한 플랫폼으로 각인되었다.

　남아공 월드컵에서는 기존 스포츠 중계방송의 캐스터들과 같은 SNS 디지털 캐스터들이 실시간으로 전달하는 빠른 해설을 통해 인터넷으로 연결된 이용자들에게 새로운 관전경험을 주었다. 경기 가운데 오심 등 논란의 순간 또는 인상적인 장면에 대해 SNS에서는 실시간으로 다양한 의견과 주장이 오고가면서 기존과 같은 일방향적인 방송이 아니라 양방향적인 커뮤니케이션을 활성화시킨 것으로 평가된다.

　이번 남아공 월드컵에서 차범근 해설위원은 자신의 트위터인 '차붐이 전하는 월드컵 트위터'에 실시간으로 남아공 월드컵 경기 및 현장 관련 소식과 방송에 내보내기 어려운 매우 이색적인 뉴스 및 월드컵 뒷이야기를 전하면서 화제를 불러일으켰다. 또 다른 SNS 미투데이 '차범근 위원에게 물어보세요'에서는 많은 SNS 이용자와의 양방향 커뮤니케이션을 실질적으로 보여준 사례가 되었다. 이와 관련된 소식 가운데 대부분은 흥미로운 주제들로 이슈화되어 TV, 방송, 인터넷 신문을 통해 새로운 뉴스로 재생산되었다.

　국내 양대 포털인 네이버와 다음은 인터넷과 모바일로 남아공 월드컵 경기를 생중계했으며, 해외에서도 AT&T가 PC와 모바일에서 실시간 월드컵 중계를 하면서 모바일 동영상 유통 경로가 확대되었다. 이처럼 스마트폰의 활용은 SNS 부문 외에도 첫 시도였던 모바일 생중계 서비스가 예상보다 커다란 호응을 얻으면서 월드컵에서 모바일은 PC의 보완재로서의 역할을 뛰어넘고 있음이다.

　6월 23일 나이지리아 전에서는 포털 다음의 월드컵 중계 누적 동시접속자 가운데 46%가 스마트폰을 통해 경기 생중계 방송을 시청한 것으로 집계되었다. 인터넷 생중계 최고 동시접속자 수가 30만 명에 육박한 가운데 약 13만 명(43%)이 모바일을 통해 시청했고, 그리스-나이지리아전에서는 유무선 동시접속자 수 18만 명 가운데 60%(13만 명)가 모바일을 통해 중계방송을 시청한 것으로 조사되었다(KT경영경제연구소, 2010).

실제로 남아공 월드컵 첫날, 인터넷 트래픽은 2006년 독일 월드컵 최고치보다도 66%나 증가하며 역대 최대 인터넷 트래픽을 경신했다. 남아공 월드컵과 SNS에 관한 연구에 따르면 트위터를 비롯한 실시간 SNS의 폭발적인 증가를 주요 원인으로 꼽았다(KT경영경제연구소, 2010). 특히 스마트폰과 SNS를 활용한 바이럴(Viral) 효과가 월드컵에 대한 관심을 더욱 높이고 있다고 분석했다. 스마트폰은 이용자의 멀티태스킹(multi-tasking)을 활발하게 만드는 주요 수단으로 분석되었다. 이번 남아공 월드컵 기간 중 TV를 보면서 동시에 SNS를 이용하는 경우가 많은 것으로 나타났으며, 월 1회 이상 SNS를 이용한다는 응답자 가운데 68%가 TV를 시청하면서 동시에 SNS를 이용했다고 답했다. 특히 스마트폰 이용자의 경우에는 TV와 SNS를 동시에 사용하는 비율이 83%로 더욱 더 높았다. 이러한 현상에 대해 국내 시장에서 스마트폰 보급률이 5%에 불과한데도 불구하고 SNS는 이번 월드컵을 즐기는 방법에 큰 반향을 불러일으켰으며, 스마트폰이 SNS 확산에 커다란 기여를 한 것으로 분석되고 있다. 또한 다음에 개최되는 2014년 브라질 월드컵에는 지금보다도 더욱 세밀하게 연결된 SNS가 더욱 거대하고 흥미로운 변화를 불러올 것으로 전망되고 있다.

이번 남아공 월드컵에서 나타난 재미있는 현상 중 하나는 바로 페이스북에서 'Goal'이라는 단어가 포함된 업데이트가 평소 수치와 비교했을 때 매우 폭증한 사실이다. 이 현상은 페이스북 외의 SNS에서도 나타났는데, 미국의 주요 SNS에서 '월드컵' 이슈가 당시 빅 이슈였던 '오바마 대통령의 정책발표' 또는 '아이폰4' 출시 이슈를 압도한 바 있다. 이와 같이 스포츠는 디지털 미디어의 발전과 진화를 통해 다양한 형태로 발전해 나가는 모습을 보이고 있다. 특히 스포츠 뉴스는 보도의 속도와 실시간성이 생명이기 때문에 실시간 양방향 커뮤니케이션이 가능한 SNS의 성격과 매우 잘 부합하는 콘텐츠라 하겠다.

아이폰, 갤럭시S 등의 스마트폰의 출시와 본격적인 서비스 시작으로 국내에서 SNS가 더욱 확산되었고, 동시에 외부 요인들이 작용하면서 스마트폰과 SNS의 활성화가 더욱 가속화되고 있다. 또한 국내에서는 2010년 6월 2일 지방선거가 기폭제가 되어 스마트폰과 SNS의 이용이 활발해졌다. 당시 스마트폰과 SNS는 새로운 선거문화를 만들고, 박빙의 판세를 좌우할 정도로 막강한 영향력을 보여주었다. 스마트폰과 SNS의 등장, 특히 트위터와 같은 마이크로블로그의 인기는 우리 사회에 새로운 문화현상으로 등장하면서 지방선거에도 직간접적으로 영향을 미쳤다. 과거 2002년 대선에서 휴대폰의 문자 메시지가 그동안 비교적 정치에 관심이 없던 젊은 유권자의 결집과 투표를 이끌어냈다면, 2010년에는 SNS가 이를 이어받아 선거에서 젊은이들을 투표장으로 이끌어내는 데 매우 큰 영향을 미쳤다. 특히 이번 지방선거에서는 트위터가 제2의 선거운동원으로서 맹활약하면서 야당(통합민주당)의 승리를 이끌어내는 데 크게 기여했다. 진보 성향이 강하면서 새로운 디바이스에 익숙한 20~30대 젊은이들이 적극적으로 투표에 참여했기 때문이다. 6월 2일 지방선거의 투표율은 오후 시간이 높았다. 오전에는 2006년 지방선거에 비해 투표율이 낮았으나 정오부터 가파른 상승곡선을 그린 끝에 최종 투표율이 54.5%를 기록했다. 이 수치는 역대 지방선거 가운데 두 번째로 높고 2006년 선거에 비해서는 3% 상승한 수치이다. 일반적으로 투표율이 50%를 넘으면 젊은 층에서 나온 것으로 분석하고 있다.

이러한 SNS의 성장세는 스마트폰의 보급과 인기와 비례한다. 국내 트위터 이용자 수의 집계결과 2010년도 6월말 기준 73만 명으로, 스마트폰 이용과 동반 증대되는 경향을 보이고 있다. 스마트폰을 통한 SNS의 사용자 수는 6월 지방선거 전후로 8만 명이 급격히 증가되었고, 남아공 월드컵 개막전의 트위터 이용자 수는 66만 9천 명에서 개막 당일 74만 7천여 명으로 이용자 수가 대폭 늘어났음을 알 수 있다. 이러한 결과들을 비추어볼 때, 선거와 월드컵과 같은 국가적인 관심 행사는 트위터와 스마트폰 이용자 수를 증가시키는 중요한 계기로 작용했음을 알 수 있다.

하지만 트위터가 새로운 선거혁명을 이끌었다고 전적으로 단정 내리기에는 아직은 이르다는 분석도 있다. 우선 트위터 사용자가 아직은 60만 명 내외에 불과해 선거 향방에 영향을 미치기에는 부족하며, 가장 많은 팔로우어(follower)를 가진 선거 후보들이 낙선한 경우를 볼 때 트위터 효과가 관심을 끄는 것일 뿐 선거의 승리와는 별개로 볼 수 있다는 것이다. 이러한 맥락에서 본다면 트위터로 선거 후보자의 인기를 예측한다거나 투표율과 전적인 상관관계가 있다고 보기에는 한계가 있다. 또한 20대 투표율은 여전히 전체 투표율보다는 한참 낮은 30%대에 머문 것으로 볼 때, 트위터를 통한 투표 독려 캠페인이 별다른 효과를 보지 못한 것으로 볼 수 있다. 하지만 6월 지방선거의 결과로 볼 때 이번에 드러난 트위터 효과는 매우 제한적이었지만, 트위터의 잠재적인 위력을 짐

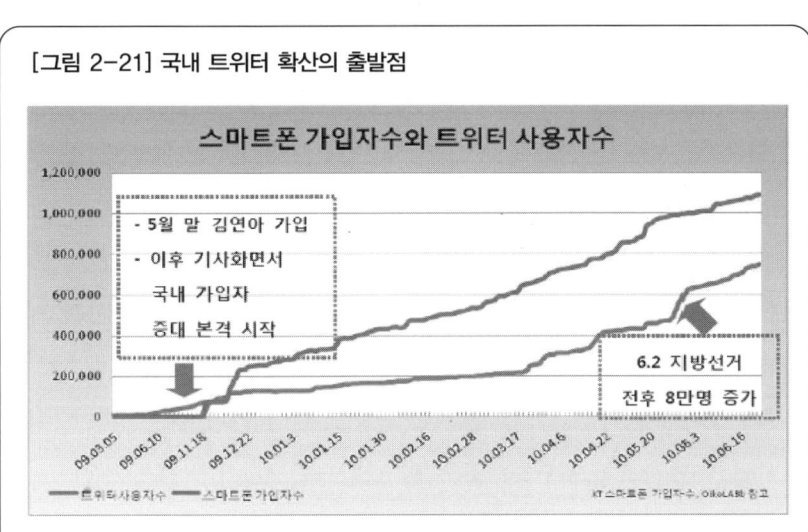

[그림 2-21] 국내 트위터 확산의 출발점

스마트폰 가입자수와 트위터 사용자수

- 5월 말 김연아 가입
- 이후 기사화면서 국내 가입자 증대 본격 시작

6.2 지방선거 전후 8만명 증가

트위터사용자수   스마트폰 가입자수

KT 스마트폰 가입자수, 아이러셔 참고

• 출처 : KT경제경영연구소(2010), 소셜미디어와 스마트폰이 불러온 월드컵의 새로운 풍경 p. 13.

작할 수 있게 한다. 특히 트위터가 유명 연예인들을 필두로 한 '투표 인증샷'이라는 새로운 선거문화를 만들었는데, 이는 기존의 선거문화는 형식적이고 무미건조했던 것에 반해 이성보다는 감성을 중시하는 젊은 세대에게는 소위 '인증샷 놀이'와 같은 투표문화가 새롭게 나타났음을 보여준다. 이러한 결과는 단순히 모두에게 주어진 의무와 규범으로서의 기성의 정치 참여보다는 자유롭게 자신을 표현하기 원하는 디지털 세대의 새로운 정치 참여 문화가 부상하고 있음을 알려주는 계기가 되었다.

한편 스마트폰, SNS의 부상과 함께 최근 중요한 화두가 되고 있는 컨셉은 바로 3D이다. 남아공 월드컵을 계기로 3D TV는 또 하나의 중요한 화두로 등장했다. 이는 2010년 영화 〈아바타〉의 대성공으로 인한 3D의 강력한 인기를 잇는 결과이다. 3D TV는 기존의 2차원 모노 영상에 깊이

(depth) 정보를 부가해 시청자에게 시각적 입체감을 느끼게 함으로써 생동감, 현실감, 몰입감을 극대화 시키는 새로운 개념의 TV 방송이다. 이에 따라 3D TV는 최근 방송산업에서 핵심 키워드로 등장했고, 향후 방송영상 산업의 진화 방향을 결정하는 요인으로 떠오르고 있다.

국내에서 3D TV는 2010년 6월 남아공 월드컵의 개막을 앞두고 이에 대한 소비자 관심이 크게 높아졌다. 그 이유는 남아공 월드컵 전체 64경기 중 25게임을 3D로 중계했기 때문에 축구 경기 시청자들이 3D TV를 통해 더욱 실감나게 경기를 즐기고 체험할 수 있었기 때문이다. 남아공 월드컵은 본격적인 3D TV 붐을 일으켰으며, 3D TV 얼리어답터(early adapter)들이 제품 구매를 시작하면서 2010년 상반기에 삼성전자는 3만 대, LG 전자는 1만 3천 대의 3D TV를 팔았다. 업체들은 스포츠가 3차원 화면을 생생하게 느낄 수 있다는 점을 활용해 남아공 월드컵에 맞춘 대대적인 마케팅 전략을 펼쳤다. 이러한 판매 전략으로 6월 판매량이 가파른 상승곡선을 그렸지만, 월드컵이라는 특수 상황이 끝나면서 3D TV에 대한 관심과 인기는 다소 주춤해지고 있다.

이러한 장밋빛 전망들에도 불구하고 앞으로 3D TV의 시장이 직면한 문제는 판매량을 반등시킬 수 있는 추동력이 부족하다는 점이다. 현재 수도권에서는 채널 66번에서 KBS와 MBC 등 지상파 방송사의 3D 콘텐츠가 시범 방송되고 있지만, 방송의 대부분이 재방송이며 월드컵 경기 외엔 콘텐츠의 추가적인 업데이트가 거의 이루지지 않고 있다. 월드컵 기간 이후에는 2010년 10월 예정된 고화질 3D 실험방송까지 2개월간 3D 방송이 없으며, 〈아바타〉와 같은 3D 영화, 게임 콘텐츠 이외에는 콘텐츠가 매우 부족한 실정이다. 3D 발전을 위해서는 방송업계의 막대한 투자가 필요하지만, 아직 수익성에서 보장을 받을 수 없기 때문에 3D 산업에 적극적인 투자가 부족하다. 그러나 기업 간의 경쟁이 더욱 치열해지면서 국내 시장에서 가격인하 경쟁을 벌일 것으로 전망된다.

하지만 앞으로 3D TV 시장의 미래가 어두운 것만은 아니다. 다양한 스포츠 콘텐츠와 연결되어 지속적인 성장이 기대되고 있기 때문이다. 당장에 영국에서는 2012년 런던 올림픽 3D 중계를 계획하고 있으며, 이를 통해 3D TV 산업과 시장이 폭발적으로 성장할 것으로 예상하고 있다. 3D TV 시장을 선점하고자 노력하는 일본의 소니는 2010년까지 3D TV로 전체 TV 출하량의 절반을 채울 계획을 세우고 있다.

한편 첨단기술들이 추동하는 디지털 미디어의 발전 이면에는 역기능적인 현상도 벌어진다. 최근의 가장 핫 이슈인 스마트폰 애플리케이션은 긍정적인 측면도 있지만, 여러 문제들이 발생하는 것을 볼 수 있다. 최근 스마트폰에서는 애플리케이션 포르노 논쟁이 벌어지고 있다. 청소년들도 휴대하고 다니는 아이폰, 안드로이드폰용 애플리케이션 가운데 상당 부분이 음란 동영상이나 음란 만화 소설로 채워지고 있다. 뿐만 아니라 아마존의 전자책용 애플리케이션 킨들이나 트위터 등도 음란물을 손쉽게 접하게 되는 통로가 되고 있다.

실제로 아마존 킨들에서 'adult(성인)' 같은 검색어를 통해 성인용 소설, 사진, 잡지를 검색하는 것이 가능하다. 특히 무료 샘플 콘텐츠가 구입이 가능하기 때문에 굳이 콘텐츠를 살 필요 없이 다운로드를 받는 것이 가능하고, 무료 콘텐츠는 결제가 필요 없기 때문에 카드 번호를 넣거나 성인 인증을 받을 필요 역시 없다.

스마트폰에서 가장 인기 있는 애플리케이션 가운데 하나인 트위터도 음란물 논란에 휩싸인 적이 있다. 이에 따라 애플은 2009년 7월 음란물 퇴치를 위해 앱스토어를 청소하기도 했지만, 1년도 안 돼 음란물이 다시 늘어났다. 실제 애플 앱스토어에서 검색하면 지금도 성(Sex) 관련 어플, 성인만화, 소설이 끊임없이 업로드되고 있다. 과거에도 새로운 IT기기가 등장하면 이에 걸맞는 새로운 형식의 음란물이 등장하곤 했다. 과거 미국 라스베이거스에서 세계 최대 컴퓨터 전시회인 컴덱스(COMDEX)가 열리면 바로 옆에 음란물 제작자들이 CD나 DVD 같은 당시로선 첨단 매체와 기술을 사용한 포르노물을 전시하는 어덜트덱스를 열었다. 컴덱스 참가를 거부당하자 1995년 이후 관련 업체 사람들이 아예 옆에서 따로 판을 벌인 것이다. 컴덱스는 2003년 이후 더는 열리지 않는다. 그러나 어덜트덱스는 지금도 존재한다. 한편 일본의 스타급 포르노 스타인 '카야마 미가'가 3D 포르노를 발표할 것이라고 밝혔으며, 이에 대해 일본은 3D 음란물이 향후 3D TV 판매의 촉매제 역할을 할 것이라고 비교적 긍정적인 전망을 내놓았다. 이러한 성을 매개로 한 애플리케이션 시장의 성장세와는 상반되겠지만 음란 애플리케이션을 차단하는 어린이 청소년보호형 애플리케이션도 곧 등장하게 될 것이다. 국내 보안 소프트웨어 업체에서는 자녀들이 스마트폰으로 음란물에 접속하는 것을 차단하는 애플리케이션인 '모바일 키퍼'를 발표할 계획이다.

제3장

미디어 비즈니스
시장의 진단

1

미디어 콘텐츠의 진화 구조

미디어 콘텐츠는 전통문화, 문화예술, 생활양식 같은 문화적 요소가 창의성과 테크놀로지를 통해 체화되어 경제적 가치를 창출하고, 삶을 풍요롭게 하는 유·무형의 재화 및 서비스라고 정의를 내릴 수 있다. 이 정의에는 디지털 플랫폼, 네트워크, IT는 기술 진화에 따른 형식틀에 불과한 것이며, 그 속에 담아낼 수 있는 기획과 창작이라는 문화적 행위적 가치를 중심에 두고 있다. 문화산업백서(2006)에 규정된 콘텐츠는 출판, 신문, 잡지, 만화, 방송영상, 광고, 영화, 비디오 DVD, 애니메이션, 음반, 게임, 모바일 콘텐츠, 캐릭터, 공예, 공연, 디자인의 16개 분야를 아우르고 있는데, 아날로그 콘텐츠와 디지털 콘텐츠 모두를 포함한다. 2010년 5월에는 법이 발의된 후 2년 3개월여 만에 콘텐츠산업진흥법이 국회를 통과했다. 이 법은 기존의 온라인디지털 콘텐츠산업발전법을 개정한 것으로 디지털 콘텐츠를 포괄하는 콘텐츠의 개념과 융합 콘텐츠 등 새롭게 등장한 분야를 포함하는 콘텐츠 산업의 개념을 재정립했다. 또한 이 법에서는 콘텐츠를 부호·문자·도형·색채·음성·음향·이미지 및 영상 등(이들의 복합체를 포함한다)의 자료 또는 정보로 정의했다. 그리고 콘텐츠 산업은 경제적 부가가치를 창출하는 콘텐츠 또는 이를 제공하는 서비스(이들의 복합체를 포함한다)의 제작·유통·이용 등과 관련한 산업으로 규정했다.

융합 플랫폼 등장에 따라 미디어 콘텐츠 접근에 대한 병목현상이 사라지면서 미디어 산업의 가치사슬이 콘텐츠 중심으로 재편 중이다. 방송, 통신, 영화 및 음악 등의 유형에 따라 수직적으로 배열된 네트워크, 플랫폼, 콘텐츠 등의 구분이 모호해지고 있는 것이다.

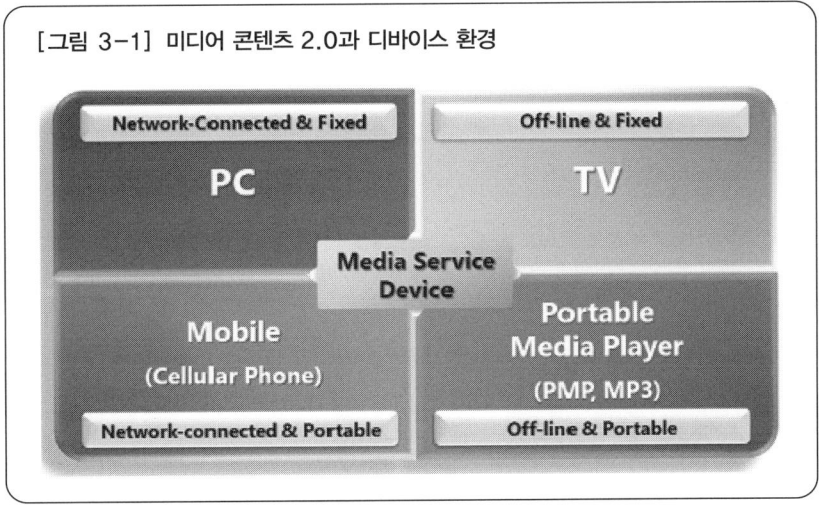

[그림 3-1] 미디어 콘텐츠 2.0과 디바이스 환경

특히 미디어 2.0 환경을 기반으로 한 유비쿼터스 환경의 구현은 앞으로 TV의 기능을 더욱 확대할 것으로 예측된다. VOD 및 PPV뿐만 아니라 TV를 통해 다양한 생활정보를 탐색하고, 상거래와 뱅킹 서비스도 이용할 수 있으며, 또한 메신저 서비스를 통해 다른 사람과 쌍방향으로 커뮤니케이션하고 노래방이나 게임 등의 엔터테인먼트를 가능하게 할 것이다. 더 나아가 TV 2.0 환경에서 TV는 고화질(HD) 동영상 서비스를 제공하면서 16대 9의 대형 디지털 화면을 통해 시청자들에게 DVD급 화질을 감상할 수 있도록 한다. 앞으로 우리나라 역시 2012년 이후 모든 시청자들에게 제공되는 고화질 디지털 서비스를 통해 이것을 체험하게 될 것이다.

아울러 멀티 모드 서비스[1](MMS : Multi Mode Service)를 제공하며, HD 채널을 여러 개의 SD(Standard Definition) 표준화면으로 나누어 채널 수

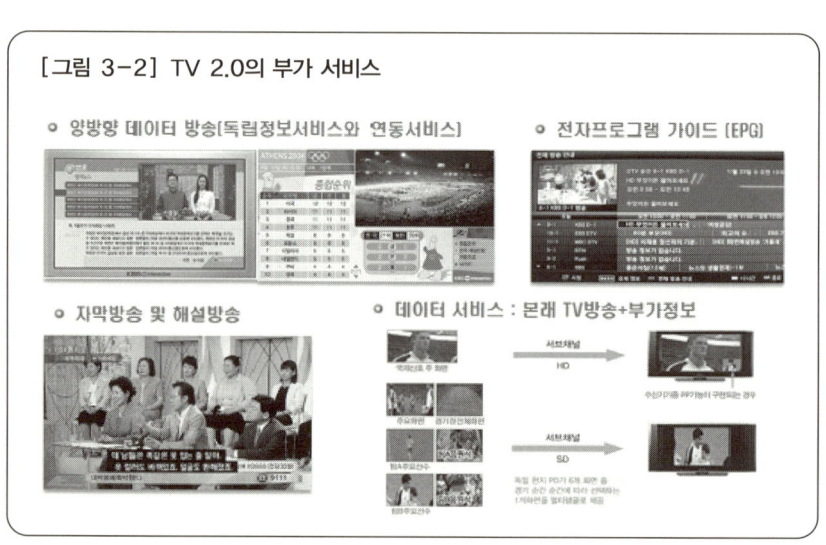

[그림 3-2] TV 2.0의 부가 서비스

○ 양방향 데이터 방송[독립정보서비스와 연동서비스]   ○ 전자프로그램 가이드 [EPG]

○ 자막방송 및 해설방송   ○ 데이터 서비스 : 본래 TV방송+부가정보

를 증가시킬 수 있다. 예를 들면, SBS가 HD 채널을 SD 채널로 활용하면 SBS-1, SBS-2, SBS-3, SBS1-4 등 여러 개의 방송 채널을 확보할 수 있다.

2006년 월드컵 기간에 MMS라는 이름으로 디지털 다채널 방송 시험 서비스를 제공한 적이 있다. 이때 실시한 조사결과에 의하면 시청자들의 다채널에 대한 요구가 90%가 넘는 것으로 나타났다. 시청자들이 지상파 플랫폼을 통해 보고 싶은 콘텐츠는 뉴스, 영화, 교양/다큐, 스포츠, 드라마, 시사/토론, 연예, 예능 등을 원하는 것으로 조사되었다.

기존 미디어의 콘텐츠는 미디어의 진화에 따라 신규 미디어의 콘텐츠로 수렴되고 새로운 유형의 콘텐츠를 창조하는 요소로 활용된다. 재매개(remediation, 인터넷 영화 등), 재목적화(repurposing, 벨소리 다운로드 등), 재창조(recreating, UCC 등) 등으로 대표된다. 이에 장르별로 구분되었던 콘텐츠의 각 영역이 하나로 묶여 단일 콘텐츠 비즈니스(single content business)로 통합되고 있다. 영화, 게임, 애니메이션, 음악, 캐릭터, 출판 등 문화 콘텐츠뿐만 아니라 디자인, 광고, 지식 등 다양한 형태의 콘텐츠가 상호작용을 통해 내부의 경계나 구분이 무의미한 하나의 통합된 사업 영역 또는 시장으로 묶이고 있는 것이다.

문제는 플랫폼별로 차별화된 콘텐츠가 제공되지 못하고 있다는 점이다. 지속적으로 등장하는 융합 미디어 플랫폼이 콘텐츠 시장, 특히 제작

---

1) 여러 카메라가 잡은 한 장소의 다양한 화면을 시청자에게 제공하기 위해 고안된 기술. 예를 들어 야구 경기 중계방송에서 멀티 모드 서비스를 적용하면 운동장 전체의 풍경, 덕아웃의 모습, 관중의 응원 등을 담은 화면을 동시에 여러 채널로 내보낸다고 가정할 때, 시청자는 여러 채널을 돌려가거나 한 화면에 여러 채널을 띄워놓고 훨씬 실감나게 야구 중계를 시청할 수 있게 됨.

시장 활성화를 견인하지 못하는 실정이다. 위성이나 DMB 등의 유료방송 플랫폼의 경우 콘텐츠 차별화에 성공하지 못해 안정적인 상용화에 어려움을 겪고 있다. IPTV의 경우 2010년 5월을 기준으로 가입자 200만 명을 돌파했다. 이 같은 성과는 케이블과 위성이 200만 명 확보를 위해 걸린 시간인 5년보다 훨씬 짧은 기간에 달성한 것이라는 측면에서 의미 있는 성과로 평가받고 있다. 하지만 이 같은 성과는 콘텐츠 차별화를 통해 달성된 것이 아니며 마케팅과 휴대전화 및 인터넷 상품과의 결합상품 판매에 힘입은 바 크다. 묶음상품 판매는 유료 방송의 가격 질서를 혼란스럽게 만든다. IPTV 사업자들은 결합상품 등을 통한 가격 경쟁에만 집중한 채 양방향 콘텐츠 등 차별화된 콘텐츠 제작의 제작과 투자에는 소극적인 상황이다. IPTV 서비스의 가격 저렴화는 콘텐츠 개발을 위한 투자 재원의 확보를 어렵게 만들고 결국은 IPTV 이용자들이 다양하고 차별화된 콘텐츠를 이용할 수 없는 상황에 처하도록 만드는 악순환으로 이어질 것이 분명하다.

따라서 미디어 콘텐츠 산업의 지속적인 성장을 위해 다양한 창작 소재 발굴과 창의적 역량 강화를 통한 다양하고 차별화된 콘텐츠 제작의 활성화가 요구된다. 미디어 콘텐츠의 상품 가치는 문화, 예술, 교육, 학술, 지식정보 등의 요소 콘텐츠로부터 발생하기 때문이다. 미디어 콘텐츠의 질 향상과 다양한 미디어를 통한 콘텐츠 공급을 위해서는 창작 영역의 활성화가 절대적으로 요구된다. 국내에서는 〈왕의 남자〉, 〈대장금〉, 〈황진이〉, 〈주몽〉, 〈대조영〉 등의 사례가, 해외에서는 〈해리포터〉, 〈반지의 제왕〉, 〈센과 치히로의 행방불명〉, 〈뮬란〉, 〈아바타〉, 〈인셉션〉 등의 사례가 이를 증명한다.

한편 공공기관의 노하우와 방대한 지식, 역사적 자료 등에 기초한 공공 콘텐츠에 대한 사회적 관심과 상업적 활용은 더욱 더 요구되고 있다. EU, 미국 등은 이러한 요구를 수용해 공공 콘텐츠 활용 촉진을 위한 프로그램(info 2000, Public-Private Partnership 등)을 운영하고 있다. 아날로그에서 디지털로 패러다임이 바뀌면서 콘텐츠 산업도 그에 적합한 구조로 재편되고 있다. 국내의 경우 공공 콘텐츠가 IPTV를 활성화시킬 수 있는 새로운 동력으로 기대를 모으고 있다. 한국디지털 미디어산업협회는 차별화된 교육, 국방, 의료, 공공 등의 콘텐츠로 IPTV 붐을 일으킨다는 청사진을 제시하기도 했다. 또한 2010년 3월 서울시는 SK브로드밴드와 '서울시 IPTV' 서비스 제공을 위한 협력을 발표했다. '서울시 IPTV'를 통해 서울 시민은 뉴스·교통·취업·관광 등 무료 공공정보를 가정에서 볼 수 있게 되었으며, 향후 IPTV의 양방향성을 활용해 민원처리, 세금납부 등 다양한 행정 서비스를 추가로 제공받을 수 있다.

2

미디어 가치사슬 구조의 변동

1) 미디어 콘텐츠 산업의 변화

미디어 콘텐츠 산업이 수평적 산업구조로 변화하면서 생산 주체의 다양화, 유통의 다각화, 소비 행태의 다원화 등이 발생하고 있다. 특히 제작과 유통 간의 수직적 관계가 해체되면서 유통단계의 세분화가 두드러지고 있다. 플랫폼, 미디어, 채널 등 콘텐츠를 배포하는 창구의 증가로 다각적 이용구조인 원소스 멀티유즈(OSMU)가 확산되고 있는 것이다. 이제는 멀티 소스 멀티유즈의 새로운 관계가 큰 관심을 불러일으키고 있다.

미디어 콘텐츠 산업의 유통구조에서 공통적으로 나타나는 산업 발달 추이를 보면, 유통의 발달단계의 모습이 오프라인에서 인터넷, 모바일,

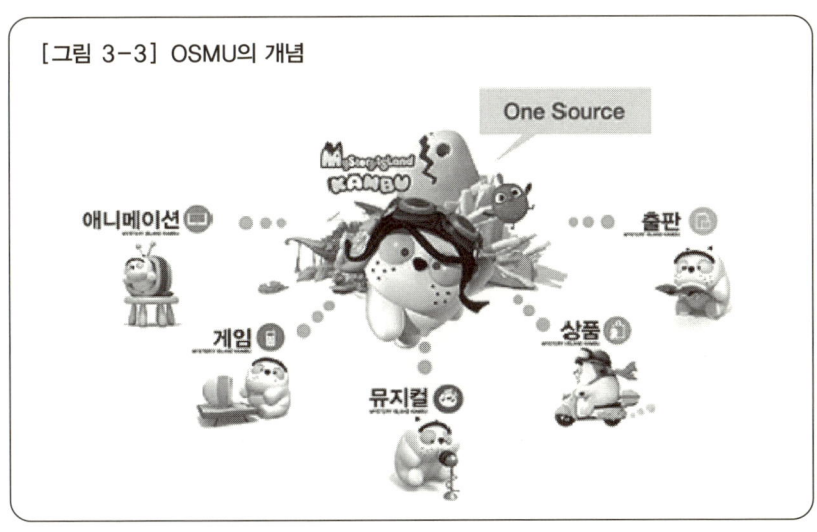

[그림 3-3] OSMU의 개념

신규 플랫폼 등장에 따른 디지털 콘텐츠화로 변화하고 있다. 더불어 유통단계의 세분화, 다각적 이용구조의 확산은 콘텐츠에 대한 (이용)권리를 통제해 가치를 획득하는 비즈니스를 확대시키면서 콘텐츠 권리관계에 대한 중요성을 부각시키는 상황을 만들어내고 있다. 특히 온라인콘텐츠 비즈니스 모델의 대두로 온라인 콘텐츠 유통시장이 활성화되면서 저작권을 보호하고 처리해야 하는 사회적 거래비용을 증가시키는 문제가 발생하고 있다.

영화산업을 보기로 들어보면, 기존의 영화산업 유통구조는 극장이 유일한 창구였으며, 극장 상영 이후 비디오(VHS), TV로 이어졌다. 하지만 새로운 플랫폼이 등장하면서 수직적이고 단순했던 유통구조는 수평적이고 복합적으로 재편됐다. 실제로 뉴 플랫폼 등장 이후 영화 유통과정은 극장 상영 이후 비디오나 DVD가 발매되고, 그와 동시에 인터넷

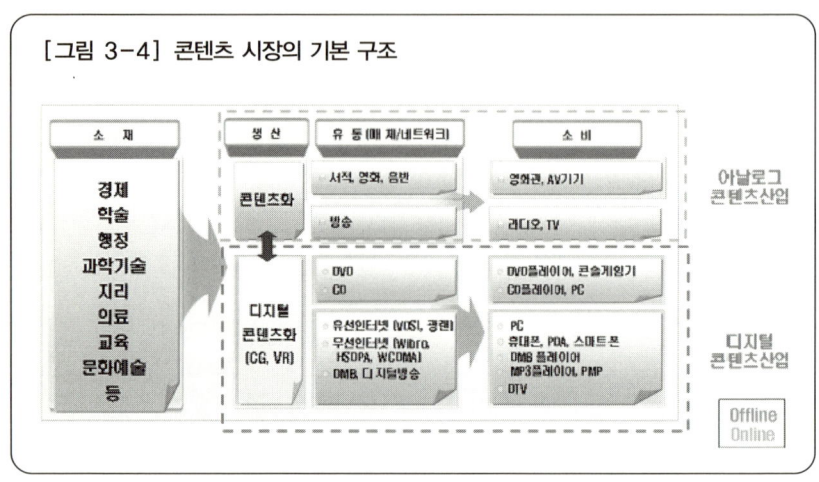

[그림 3-4] 콘텐츠 시장의 기본 구조

VOD나 유료 케이블 TV, 위성 TV, 유료 DMB 등에서 제공되는 모습을 강화하고 있다. 그리고 얼마간의 홀드백이 지난 후 지상파 TV로 방영되고, 그와 비슷한 시기에 케이블 TV에서 방영되고 있다. 다양한 플랫폼이 등장하면서 수평적이고 복합적인 유통구조가 실현 가능해졌으며, 단계별 진행시간 역시 매우 짧아지고 있다.

기존에 1년 안팎이었던 홀드백 시스템은 최근에 와서 3개월, 심지어는 한 달까지로 단축되고 있는데, 이것은 영화산업 유통구조의 빠른 변화를 방증하고 있다. 이처럼 홀드백이 짧아지고 유통 창구가 다양하게 펼쳐질 수 있는 이유는 영화를 제작하고 배급하는 사업자가 플랫폼 사업자를 겸하고 있기 때문이다. 예컨대 IPTV 시장에서 가장 많은 콘텐츠를 보유하고 있는 하나로텔레콤의 '하나TV'의 경우 2008년 4월 3일 국내에서 개봉한 〈삼국지-용의 부활〉을 개봉한 지 한 달 보름 만에 하나TV에서 서비스한 바 있다. 실제로 이 영화는 SK텔레콤이 투자하고 국내 배급을 담당해 빠른 서비스를 가능하게 했다. 하나로텔레콤은 나아가 이러한 최신 개봉작을 한 달 안에 서비스하는 '하나 박스'를 선보여 차별화를 추구할 것이라고 밝혔다. IPTV의 등장으로 콘텐츠를 둘러싼 이같은 경쟁은 더욱 치열해질 것으로 전망되며, 영화뿐만 아니라 드라마, 스포츠 등의 킬러 콘텐츠의 안정적이고 신속한 공급을 위한 투자는 더욱 커질 것으로 보인다.

음악산업의 유통구조는 음반이라는 유형재화를 판매하는 오프라인 매장과 인터넷 매장, 그리고 무형재화인 디지털 음원을 유통시키는 웹사이트, 모바일, 주크박스 등으로 구분할 수 있다. 디지털 기술의 급속한 파급과 소비자의 수요 행태 변화 등이 음악산업에 미친 패러다임 변화에 따라, 음악의 유통구조가 오프라인에서 인터넷이나 모바일 등 온라인 중심으로 변화하는 추세를 보이고 있다. 음악의 디지털화와 인터넷의 확산으로 과거 음반 구매자들은 스트리밍, 다운로드 등을 이용해 디지털화된 음악 파일을 구매하고, 이를 다양한 구현매체에서 감상하고 있다.

게임 산업의 유통구조는 게임의 종류에 따라 확연히 다른 형태를 보인다. 아케이드 게임이나 패키지 게임과 같이 소비자에게 소프트웨어의 판매를 통해 수익을 창출하는 경우 주로 오프라인 매장에서 유통이 이루어지는 반면, 온라인 게임이나 모바일 게임은 직접 판매보다는 네트워크에서의 게임을 통해 유통되고 있다. 특히 국내 시장에서 비중이 큰 온라인 게임은 전문 퍼블리셔들이 등장한 후, 거대한 자본을 바탕으로 온라인 게임 시장을 주도하고 있다. 인터넷에서 활용되는 게임 방식은 ESD(Electronic Software Distribution)와 GOD(Game On Demand) 방식이 있다.

최근 모바일 비즈니스의 환경 변화를 살펴보면 엔터테인먼트와 관련된 콘텐츠의 고도화, 모바일 커머스의 본격적인 활성화, 업무용 애플리케이션의 고도화, 방송과 같이 이종(異種) 분야와의 융합 등의 현상이 두드러지게 나타나고 있다. 이러한 복합적인 환경 속에서 주요 사업자들은 가치사슬상 하나의 영역에서 활동하는 경우도 있으나 소수 기업이 가치사슬에서 다양한 영역을 소유하는 경우가 많아지는 추세이다. 예컨대 네트워크 사업자가 서비스 제공업자나 포털을, 콘텐츠 사업자가 유통업자를, 기기 제조업자가 포털을 겸하는 경우를 들 수 있다. 이는 방송과 통신이 융합되면서 각 시장의 지배적 사업자가 이종 분야로 진출을 꾀하면서 더욱 가속화되었고, 그 핵심은 콘텐츠 확보경쟁으로 나타난다.

출판산업의 유통은 독특한 구조를 형성하고 있다. 즉 제조업자인 출판사, 도매상 격인 대형서점, 일반 도매서점, 대리점, 총판, 특약점, 도매기능조합, 소매서점, 직판/할부/행상, 할인매장 등으로 다양하게 분포하고 있다. 네트워크의 확산과 디지털 기술의 활용은 출판산업의 유통구조에 상당한 변화를 야기하고 있다. 즉 유형 재화인 도서는 오프라인 서점이나 인터넷 서점을 통해 디스크책, 화면책 등과 같은 전자책의 형태로 유통되고 있다. 가격 경쟁력이 없는 중소서점들이 시장에서 퇴출되는 것은 오프라인 서점의 매출이 줄어들고 있고, 출판산업의 유통구조가 인터넷 서점이나 전자책 위주로 무게중심이 변화하는 추세에서 원인을 찾을 수 있다. 인터넷 서점은 1997년 국내에 등장한 이후, 지속적으로 시장을 확대해 2005년 현재 전체 매출의 20%를 점유하면서 출판산업에서 유통구조의 한 축으로 성장했다. 2000년부터 형성되기 시작한 전자책의 경우는 디스플레이와 솔루션 등 여러 문제로 인해 예상보다

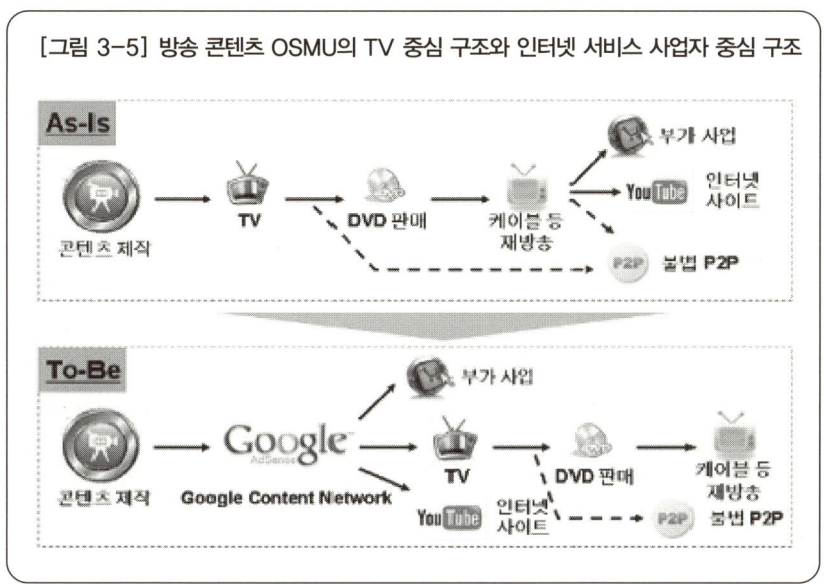

[그림 3-5] 방송 콘텐츠 OSMU의 TV 중심 구조와 인터넷 서비스 사업자 중심 구조

시장이 확대되지는 않았으나, 향후 유통구조의 주요한 부문으로 부각될 것으로 예상된다.

한편 구글 등 인터넷 서비스 기업들이 콘텐츠 유통 플랫폼으로서 TV 와의 경쟁을 추진하면서 현재 TV가 주도하고 있는 방송 콘텐츠의 OSMU 구조에도 일정한 변화가 불가피할 것으로 예상되고 있다. 이 경쟁에서 구글 등 인터넷 서비스 기업들이 선전할 경우, TV와 함께 이들 인터넷 서비스 기업들도 콘텐츠 OSMU를 주도하는 사업 주체로서 자리 잡게 될 것으로 전망된다.

2010년 5월 구글은 구글TV라는 새로운 플랫폼을 공개했다. 그리고 이 자리에서 구글은 구글TV를 이용하면 수백 개의 유료방송 채널은 물론 인터넷과 동영상 사이트에 있는 방대한 콘텐츠도 모두 볼 수 있다고 설명했다. 구글TV는 인터넷 통신망을 기반으로 한 양방향 서비스를 제공한다는 측면에서 IPTV와 공통점을 지니지만, IPTV는 사업자가 선정한 콘텐츠만을 이용할 수 있는 반면, 구글TV는 인터넷 콘텐츠 전부를 이용할 수 있다는 점에서 차별화된다. 또한 이용자들이 느끼게 될 가장 큰 차이점은 IPTV에 비해 구글TV는 별도의 이용료가 부과되지 않는 다는 점이다. 케이블 TV 업계 도한 구글TV의 등장을 경계하고 있다. 미국 케이블방송통신협회장은 구글은 이미 케이블 TV를 위협하는 경쟁사라는 입장을 밝혔다. 영화, 드라마, TV쇼 등 방송 콘텐츠 시장을 지배하고 있는 컴캐스트, 타임워너케이블, 콕스커뮤니케이션즈 등 케이블 TV 업체들은 구글의 이 같은 방송 서비스 진출을 달가워하지 않고 있다. 따라서 컴캐스트 등 방송사업자들은 케이블 TV의 핵심 수익원인 주문형비디오(VOD) 시장의 잠식을 우려해 구글에 방송 콘텐츠를 제공하지 않을 것이란 전망을 우세하게 보이고 있다.

2) 콘텐츠 가치사슬 혁신

2.0 패러다임에서 수용자들은 단순한 사용자나 소비자가 아니다. 이제 수용자들은 생산자이자 평가자이다. 변화하는 수용자들로 인해 기존의 기득권자들 중심의 질서 대신 새로운 질서를 갖춘 세계가 만들어지고 있다. 수동적으로 구경만 하던 사람들이 이제는 직접 참여해 무엇인가를 만들어내고 이를 다른 사람들과 함께 공유하는 현상을 나타내고 있다. UCC 열풍과 집단지성은 가장 대표적인 현상을 보여주고 있다.

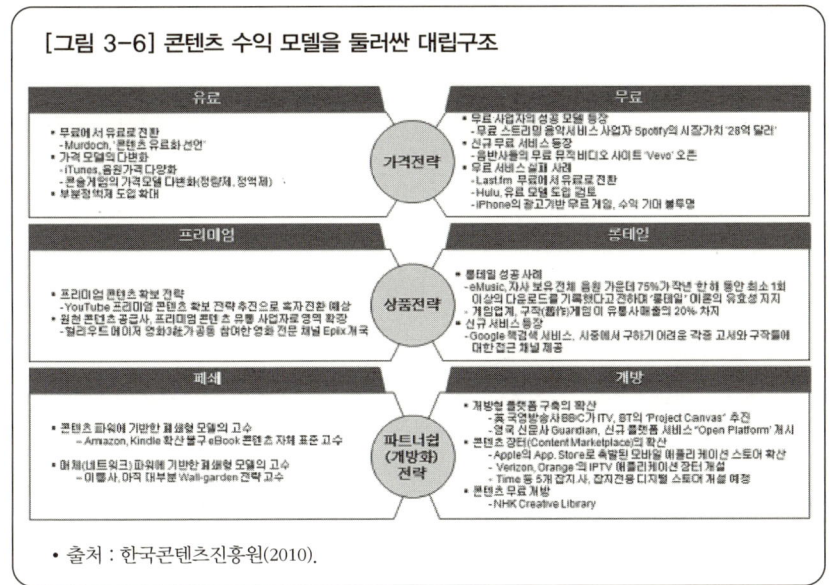

[그림 3-6] 콘텐츠 수익 모델을 둘러싼 대립구조

유료 / 무료 — 가격전략

유료
- 무료에서 유료로 전환
  - Murdoch, '콘텐츠 유료화 선언'
- 가격 모델의 다변화
  - iTunes, 음원가격 다양화
  - 콘솔게임의 가격모델 다변화(정량제, 정액제)
- 부분정액제 도입 확대

무료
- 무료 사업자의 성공 모델 등장
  - 무료 스트리밍 음악서비스 사업자 Spotify의 시장가치 '28억 달러'
- 신규 무료 서비스 등장
  - 음반사들의 무료 뮤직비디오 사이트 'Vevo' 오픈
- 무료 서비스 실패 사례
  - Last.fm 무료에서 유료로 전환
  - Hulu, 유료 모델 도입 검토
  - iPhone의 광고기반 무료 게임, 수익 기여 미투명

프리미엄 / 롱테일 — 상품전략

프리미엄
- 프리미엄 콘텐츠 확보 전략
  - YouTube 프리미엄 콘텐츠 확보 전략 추진으로 흑자 전환 예상
  - 원천 콘텐츠 공급사, 프리미엄 콘텐츠 유통 사업자로 영역 확장
  - 헐리우드 메이저 영화3社가 공동 참여한 영화 전문 채널 Epix 개국

롱테일
- 롱테일 성공 사례
  - eMusic, 자사 보유 전체 음원 가운데 75%가 작년 한 해 동안 최소 1회 이상의 다운로드를 기록했다고 전하며 '롱테일' 이론의 유효성 지지
  - 게임업계, 구작(舊作)게임이 유통 사례매출의 20% 차지
- 신규 서비스 등장
  - Google 책검색 서비스, 시중에서 구하기 어려운 작품 고서와 구작들에 대한 접근 채널 제공

폐쇄 / 개방 — 파트너십(개방화)전략

폐쇄
- 콘텐츠 폐쇄에 기반한 폐쇄형 모델의 고수
  - Amazon, Kindle 확산 불구 eBook 콘텐츠 자체 표준 고수
- 매체(네트워크) 파워에 기반한 폐쇄형 모델의 고수
  - 이통사, 아직 대부분 Wall-garden 전략 고수

개방
- 개방형 플랫폼 구축의 확산
  - 英 국영방송사 BBC가 ITV, BT와 'Project Canvas' 추진
  - 영국 신문사 Guardian, 신규 플랫폼 서비스 "Open Platform" 제시
- 콘텐츠 장터(Content Marketplace)의 확산
  - Apple의 App Store로 촉발된 모바일 애플리케이션 스토어 확산
  - Verizon, Orange 의 IPTV 애플리케이션 장터 개설
  - Time 等 5개 잡지사, 잡지 전용 디지털 스토어 개설 예정
- 콘텐츠 무료 방출
  - NHK Creative Library

• 출처 : 한국콘텐츠진흥원(2010).

　　미래에는 힘있는 소수보다 평범한 다수의 힘이 더욱 큰 위력을 발휘하게 될 것이다. 80%의 '긴 꼬리(long tail)' 집단이 세상을 움직이는 힘을 발휘하고 있다.

　　이러한 참여시대의 도래는 미래의 이야기만이 아니라 현재 진행형이다. 공유의 경제학, 개방의 네트워크가 2.0시대의 새로운 화두로 떠오르고 있다. 2.0 맥락에서 가장 큰 특징은 사용자가 콘텐츠를 생산하는 주역이 된다는 점으로서, 개인이 정보의 생산, 가공, 유통에 주도적으로 참여하는 파워 집단으로 활동하면서 콘텐츠의 유통 패러다임에 변화를 초래한다. 먼저 '위키피디아'처럼 개인의 지식과 노하우 등 무형자산을 공유하는 콘텐츠 암묵지시장이 형성되었다. 네트워크화되고 개방된 사회에서 사람들은 보다 적극적인 행동 '참여'를 하게 되었으며, 따라서 협업적 콘텐츠 생산문화가 형성되었다. 개인 콘텐츠 서비스가 유지되기 위해서는 인터넷업체의 산업적 논리가 개입하게 된다. 따라서 개인 콘텐츠는 상품화되고 이에 따른 비즈니스 모델이 등장하고 있다. 예컨대, 각 기업의 사이트에 게재되거나 공모를 통해 수집된 개인 콘텐츠는 그 기업의 수익을 위해 상품화되고 있다. 포털 사이트들은 그들이 제공하는 블로그나 카페 등에 게재되는 개인 콘텐츠를 검색 서비스에 활용하고 있다.

2008년 세계 콘텐츠 시장 규모는 1조 4,086억 달러(1908, PWC)로 IT 서비스 시장(8,198억 달러), 반도체 시장(2,486억 달러) 규모를 능가하는 것으로 분석되었다. 하지만 우리나라 콘텐츠 산업 규모는 344억 달러로 8위, 시장 점유율은 2.4%에 불과한 것으로 나타났다.

2009년에 전 세계 콘텐츠 시장규모는 경기 침체의 영향으로 전년대비 4% 감소한 1조 1,828억 1,900만 달러로 추정되며, 2014년에는 4.0%의 연평균 성장률(CAGR)로 증가해 1조 4,403억 1,500만 달러에 이를 것으로 전망된다.

글로벌 경기 침체가 장기화되면서 콘텐츠 산업 전반을 위축시키고 있다. 경기의 영향을 많이 받는 콘텐츠 산업의 특성상 메이저 기업들이 대규모 구조조정과 투자 축소를 단행하며 소극적인 경영에 돌입했기 때문이다. 각국 정부가 불법 콘텐츠 유통 근절을 위한 강경한 조치를 취하고 나선 것도 이 같은 콘텐츠 시장의 구조적 침체가 장기화되는 데에 따른 위기의식이 일정 수준 영향을 미친 것으로 해석된다. 그러나 디지털 인프라의 고도화에 따른 신규 플랫폼과 신규 서비스의 잇따른 등장과 확산은 콘텐츠 시장의 전반에 새로운 성장 기회로 작용하고 있으며, 영화

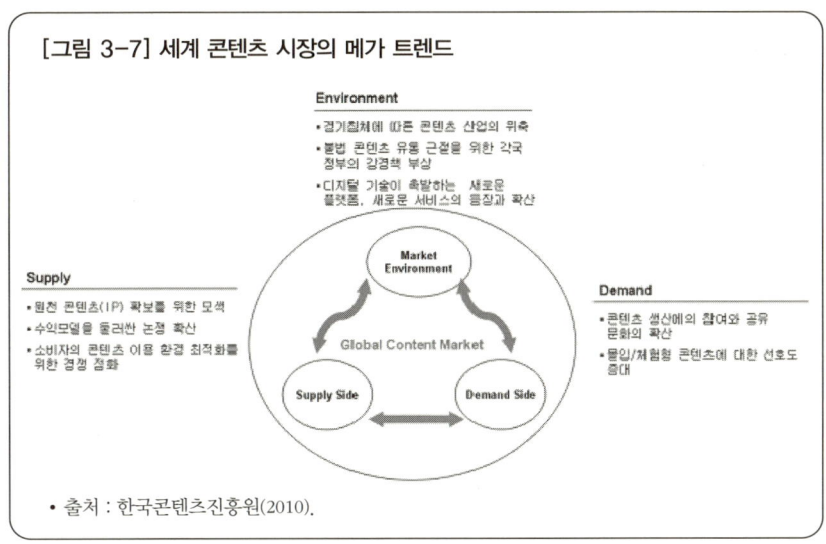

[그림 3-7] 세계 콘텐츠 시장의 메가 트렌드

Environment
- 경기침체에 따른 콘텐츠 산업의 위축
- 불법 콘텐츠 유통 근절을 위한 각국 정부의 강경책 부상
- 디지털 기술이 촉발하는 새로운 플랫폼, 새로운 서비스의 등장과 확산

Supply
- 원천 콘텐츠(IP) 확보를 위한 모색
- 수익모델을 둘러싼 논쟁 확산
- 소비자의 콘텐츠 이용 환경 최적화를 위한 경쟁 점화

Market Environment

Global Content Market

Supply Side ↔ Demand Side

Demand
- 콘텐츠 생산에의 참여와 공유 문화의 확산
- 몰입/체험형 콘텐츠에 대한 선호도 증대

• 출처 : 한국콘텐츠진흥원(2010).

(Box Office) 등 일부 시장의 경우는 경기 침체에도 불구하고 높은 성장률을 보인 것으로 드러났다. 또한 콘텐츠 업계는 침체된 콘텐츠 시장에서 변화된 소비자들의 니즈를 파악해 새로운 성장 기회를 모색하기 위한 노력을 지속하고 있어 향후 시장 전망을 밝히고 있다(한국콘텐츠진흥원, 2010).

한편 미디어 콘텐츠는 이제 중심 매체인 매스미디어가 아닌 개인 미디어를 통해 확산되고 있으며, 개인 미디어에서 생산하고 유통하는 콘텐츠 역시 개방과 참여를 통한 콘텐츠 소비의 핵심요소로 각광을 받고 있다.

특히 개인 콘텐츠의 비즈니스 모델은 크게 광고 모델, 수익분배 모델, 중계수수료 모델 그리고 매체 제휴 모델 등으로 구분할 수 있다(윤호진·이동훈, 2008). 먼저 광고 모델은 콘텐츠 플랫폼의 트래픽을 이용해 광고

[표 2-1] 개인 콘텐츠 수익 모델 유형

모델		특징	사례
광고 모델	동영상 내 광고 삽입	동영상 앞뒤로 짤막한 광고 삽입	곰TV(그래텍), 아프리카(나우콤), 판도라TV 등 동영상 전문업체가 시행
	웹페이지 내 디스플레이 광고	배너 광고, 동영상 플레이어 스킨에 광고 삽입	Youtube.com 웹페이지 위아래 배너, 플레이어 스킨에 광고 삽입 판도라TV는 스킨 밑단에 텍스트 광고와 윗단에 시보 광고 삽입
수익 분배 모델	동영상 제작자와 수익 배분 (수익쉐어)	구글, 레버(Rewer) 등의 업체가 시작	2리터 콜라 101개와 523개의 멘토스로 라스베이거스의 벨라지오 분수를 재현해 낸 인기 동영상의 제작자는 3만 5천 달러의 수익을 올림 UCC 스타 '웨이브걸 윤서나' 씨의 경우 본인이 제작하여 엠군에 업로드한 동영상이 100만을 기록 보상액이 계속 불어나고 있음
	동영상 기반 오픈 마켓 시도 (중계수수료)	이용자끼리 사고팔거나 자체 광고를 삽입	미국 Brightcove 사는 일반 동영상 제작자나 사이트 운영자가 자체 동영상에 쉽게 광고를 넣어 판매할 수 있는 수단(tool)을 제공 싸이헬스는 휘트니스 관련 UCC 동영상을 등록해서 구매가 일어나면 회사에서 정한 일정 수수료를 제외한 수익금 (현금)으로 적립 해피 캠퍼스는 리포트를 사고 파는 판매 모델
매체 제휴 모델	DMB 등 유료채널에 공급	DMB, IPTV 등 유료채널에 인기 콘텐츠 공급	판도라TV에서 모바일(SKT) 및 공급 개시 프리챌Q도 SKT June에 공급 동영상 전문업체와 유료 채널과의 제휴가 활발
PPL 모델	PPL(Product Placement)	정보성 동영상에 PPL 마케팅	엠군은 '2006 미스코리아 대회'에서 캠코더로 참가자들을 직접 촬영하면서, 화장품을 동영상에 노출시켜 광고주들의 좋은 반응을 얻음

• 출처 : 최민재 지성우(2008). p.76.

수익을 얻는 모델로서, 동영상 광고 삽입과 웹페이지 내 디스플레이 광고로 분류된다. 동영상 UCC 광고 삽입은 동영상이 시작하기 전 15~20초 정도의 광고를 삽입하거나 동영상이 끝나고 나서 광고를 삽입하는 형태인데, 현재 곰TV, 엠엔케스트, 판도라TV 등에서 활용 중이다. 웹페이지 내 디스플레이 광고는 배너 광고, 동영상 플레이어 스킨에 광고를 삽입하는 형태인데, 판도라TV와 유튜브가 웹페이지 위아래 배너 광고, 플레이어 스킨에 광고를 삽입하는 사례가 여기에 해당한다. 광고 모델은 수익구조가 비교적 단순해 UCC 사업체에서 가장 많이 활용하고 있는 방식이다. 그러나 시장 경쟁이 매우 치열해지고 있기 때문에 광고수익에 지나치게 의존하는 구조에 대한 우려가 제기되고 있다.

수익분배 모델은 동영상 제작자와 수익 배분 그리고 동영상 기반 오픈 마켓(중계 수수료)으로 구분되는데, 동영상 제작자와 수익 배분 모델의 대표적인 형태는 동영상에 광고를 개제해 광고노출당 수익을 배분하는 것이며 판도라TV가 대표적이다. 반면 엠군은 광고가 아닌 자작 동영상 자체의 플레이 횟수당 수익을 지급하는 획기적인 방식을 활용하고 있다.

중개수수료 모델은 이용자가 UCC를 플랫폼 사업자에게 제공하면 다른 이용자가 UCC를 구매하고 그 대가를 플랫폼 사업자에게 지불하는 방식으로, 플랫폼 사업자는 UCC 제공자에게 대가의 일부를 지불한다. 아프리카의 1인 홈쇼핑 '주인장닷컴'이 대표적인 사례라고 볼 수 있다.

마지막으로 매체 제휴 모델은 개인 콘텐츠를 다양한 미디어와의 제휴를 통해 DMB, IPTV와 같은 유료 채널에 공급해 수익을 얻는 방식으로서, 예컨대, 프리챌은 동영상 UCC 홈피 서비스인 'Q'를 제공하고 있으며, SK텔레콤의 June 서비스에 모바일 프리챌 Q를 제공하고 있다. 또한 미국의 유튜브는 지상파 3대 방송사의 하나인 CBS와 제휴해 일부 TV쇼 클립을 제공해 높은 수익을 창출하고 있다. 그 밖에 PPL 모델이 있으며, 정보성 동영상에 PPL 마케팅을 적용함으로써 수익을 창출할 수 있을 것으로 예측된다.

새로운 2.0 패러다임은 기존의 가치사슬에도 변화의 압력을 가하고 있다. 전통적으로 미디어 콘텐츠 산업은 독립된 플랫폼, 네트워크, 단말기에 따른 개별적 가치사슬을 형성해왔다. 미디어 또는 엔터테인먼트의 양식에 따라 방송, 영화, 음악, 게임, 출판이라는 개별 산업으로 분류되었으며, 시장참여자 역시 서로 분리되어 있는 개별 시장에서 활동해 왔다. 서비스와 콘텐츠를 제공하는 플랫폼 또는 네트워크 간의 교체는 불가능했으며 소비자가 콘텐츠에 접근하기 위해서는 전용 네트워크의 접속이 필수적이었다. 즉 가치사슬이 특정 영역에 따라 수직적으로 결합되어 있었다. 그런데 2.0 패러다임은 이러한 전통적인 수직적 가치사슬을 해체시키고 있다. 개별 서비스와 콘텐츠를 전송하던 네트워크가 서로 접속되고 교체되면서 수직적으로 구획되어 있던 가치사슬 단계가 수평으로 통합되고 있기 때문이다. 이러한 현상을 가치사슬의 '수평구조화'라 한다. 수평구조화란, "콘텐츠가 그것을 전송하는 물리적 설비로부터 분리되는 현상을 표현한 것이다. 서비스, 콘텐츠가 해당 전용 단말기 또는 네트워크로부터 분리되는 것, 콘텐츠의 소비가 더 이상 콘텐츠를 접근하는 특정 단말기, 네트워크로부터 제약되지 않는 것(OECD, 2007)"을 말한다.

수평적 가치사슬에서는 모든 유형의 서비스와 콘텐츠가 다양한 네트워크를 통해 제공될 수 있다. 종래의 한정된 가치사슬 영역에 머물러 있던 사업자들이 각각의 가치사슬을 넘나들며 경쟁하는 구조이다. 기존 아날로그 환경에서는 정보를 매개하는 네트워크에 따라 정보 내용과 형태, 전달 방식 등이 각기 다른 양태로 발전했다. 인프라의 특성 자체가 네트워크 간 차별화의 핵심적 요소였기에 경쟁 구도는 주로 동종 네트워크 내에서 형성되었다. 하지만 네트워크 또는 플랫폼의 형태를 막론하고 동일한 서비스와 콘텐츠가 제공되는 디지털 융합 환경에서는 이종 네트워크 또는 플랫폼 간의 경쟁이 발생한다. 따라서 가치사슬의 수평구조화는 기존의 동종 네트워크 내 경쟁구도가 해체되고 이종 네트워크 또는 플랫폼 간 경쟁구도로 인해 미디어 산업이 콘텐츠(서비스) 중심의 단일 시장으로 통합, 확장되는 것을 의미한다.

디지털 융합에 따른 수평적 가치사슬은 크로스 플랫폼 또는 통합 플랫폼으로 구현이 가능해지는 상호작용 서비스 때문에 또 다른 특징을 보여주고 있다. 이는 콘텐츠를 제공하는 통로 및 채널이 무수히 많아 플랫폼 또는 콘텐츠 접근 제공자의 통제를 필요 없게 만들면서 콘텐츠와 소비자의 직접적인 접근을 가능하게 해주는 가치사슬 형태를 등장시켰다. 이러한 가치사슬 형태에서 창작자들은 자신의 작품에 대한 인정을 추구하고 명성을 확보한 이후에 재정적인 보상을 얻는 방법으로 콘텐츠 접근 제공자 또는 플랫폼에 콘텐츠를 업로드하거나 링크를 시켰다.

디지털 융합에 따른 경쟁구조의 확산은 전통적인 가치사슬에서 부가가치 창출을 지배하던 시장 참여자와 새로운 환경에 따라 부가가치의 창출이 유리해진 시장 참여자 간의 비즈니스 갈등을 유발한다. 이러한 비즈니스 갈등은 콘텐츠, 플랫폼, 네트워크 간의 비즈니스 협력관계가 사라지고 독자적인 방향으로 추진하는 비즈니스 전략의 분화에서 기인한다. 전송 플랫폼과 콘텐츠(서비스)는 수평적 가치사슬에서도 여전히 부가가치를 창출하는 핵심적인 경쟁수단이다. 비록 디지털 기술로 네트워크가 인터넷을 중심으로 통합되고 다양한 플랫폼이 등장해 서로 교차하면서 콘텐츠(서비스)의 접근에 대한 병목현상을 사라지게 했으나, 소비자의 접속 경험을 통제하는 독자적 플랫폼으로서의 존재 가치는 여전히 중요한 비즈니스 자원으로 기능할 것이다. 이와 더불어 멀티 플랫폼에 따른 경쟁의 증가는 콘텐츠의 중요성을 배가시키고, 차별화되고 질 좋은 콘텐츠의 확보 여부가 소비자의 접근을 통제할 수 있는 비즈니스 전략이 되도록 했다.

따라서 전통적으로 콘텐츠를 제작하고 보유해왔던 기업들(스튜디오/독립제작사, 채널 사용사업자 등)은 다양한 플랫폼을 개방해 자사 콘텐츠에 대한 소비자의 접근을 최대한 확대하는 전략을 점차 강화하고 있다. 반대로 네트워크/플랫폼을 보유하고 있는 기업들(MSO, 지상파 방송사, 통신사업자 등)은 특정 콘텐츠를 자사의 플랫폼을 통해서만 접근하고 이용할 수 있도록 고착(lock-in) 전략을 추구하게 된다(IBM Institute for Business Value, 2007). 결국 두 계층의 기업들은 차별된 비즈니스 전략을 추구하기 위해 콘텐츠와 전송 플랫폼을 시장 통제점으로 삼아 차별화시키고 직접 경쟁할 수밖에 없다.

또한 수평적 가치사슬에 따른 멀티 플랫폼의 경쟁구조에서는 서비스 선택의 기회가 증가하고 소비자가 세분화되면서 다양한 비즈니스 모델이 등장하게 된다. 특히 다양한 유통방식의 확대는 사업자로 하여금 어떠한 방식이 소비자의 선택을 요구하는 데 가장 적합한가에 따라 다양한 비즈니스 모델을 수립하도록 만든다. 개방형 모델은 저렴한 투자로 매우 세분화된 소비자를 목표로 삼아 성공할 수 있는 새로운 비즈니스 영역이다. 다양하고 차별화된 콘텐츠의 확보가 비즈니스 성패를 좌우할 수 있기 때문에 기존부터 킬러 콘텐츠를 확보하고 있는 방송사업자에게 유리하다. 반면 플랫폼 또는 네트워크를 기반으로 조건적 접근 시스템을 통해 서비스가 이루어지는 폐쇄형 모델에서는 기존 통신 기업들의 진출이 용이한 분야다. 이 영역을 통해 거대 자본의 통신사업자들이 방송영상 서비스를 제공하면서 방송 또는 콘텐츠 산업의 영향력을 높일 수 있다. 따라서 디지털 융합, 멀티 플랫폼 경쟁구조에서는 신규 시장과 기존 시장을 통제할 수 있는 시장지배적 사업자가 등장하고 비즈니스 분화에 따른 불공정 경쟁이 일어날 수 있는 소지가 더 커질 전망이다.

이러한 배경에서는 하이브리드 경영전략이 요구되는데, 미래의 경쟁은 기업과 소비자가 공동으로 가치를 창출하는 과정에서부터 비롯된다. 이에 따라 미래의 경쟁은 기업의 제품과 서비스에 의해서 창출되기보다는 경쟁 패턴의 변화와 더불어 기업과 소비자 상호 간의 교류 속에서 이루어지는 것을 강조하고 있다. 이는 소비자의 역할이 바뀌고 있기 때문이다. 오늘날 경제 여건의 가장 큰 변화는 위의 모든 것들이 한순간에 공개되고 소비자 개인이 하나의 커뮤니티 단위로 행동할 수 있게 됨에 따라 기업의 가치 창출도 자연히 양방향식으로 바뀌게 된 것이다. 이에 가치는 소비자 개개인을 중심으로 경험 위주의 바탕에서 시작되며 기업과 상호작용하는 가운데서 만들어지고 있다. 또한 정보기술의 발달로 인해 새롭게 등장하는 디지털 경제는 기존의 경제법칙과 기업의 경영방식을 바꾸어놓고 있다. 따라서 새로운 경제하에서 생존하고 발전하기 위해서는 디지털 경제의 특성을 파악하고, 변화하는 기업의 미래 모습을 예측하고 대응하는 노력이 필요한 것이다.

기업 입장에서 하이브리드는 기능, 성능 가치 대신 새로운 감성 가치를 창조하거나, 차세대 기술/제품의 추구 대신 새로운 제품 컨셉을 창조하는 것 등으로 정의될 수 있다. 즉 사회와 소비자의 시대적 변화 속에서 새롭게 등장하는 감성적 니즈를 기회로 포착하고, 현재 존재하는 다양한 기술들을 모아 새롭고 매혹적인 컨셉의 제품으로 구현해 내는 것을 의미한다.

하이브리드 시대에는 가치와 경쟁력의 원천이 품질, 기능, 성능 중심에서 모방이 어렵고 쉽게 범용화되지 않는 디자인, 창의력, 스토리 등의 컨셉 중심으로 점차 이동한다. 이에 따라 차별화와 경쟁의 틀 역시 감성적 가치와 새로운 제품/서비스의 컨셉 중심으로 고도화된다. 이러한 과정에서 고객과의 감성적 교감과 시대를 앞서는 컨셉 창조는 핵심적인 시장 성공 요인이 될 것이다. 시장 점유보다는 시간 점유의 확대가 보다 중요한 요소가 된다. 콘텐츠 관련 사업자 간 경쟁적 협력관계가 팽배한 상황에서 기업의 경쟁은 '소비자 접점의 장악'과 '소비자 시간점유율의 극대화'에 초점이 맞추어져 있다. 하지만 소비자를 사로잡는 것은 결국 콘텐츠이다.

하이브리드 콘텐츠 비즈니스의 새로운 트렌드 중 하나는 웹 2.0 철학을 적용한 새로운 콘텐츠 비즈니스 모델이 실험되고 있다는 점이다. 웹 2.0 시대의 도래가 본격화되면서 이를 바탕으로 새로운 서비스들이 속속 등장하고 있다. 기존 웹 환경에서는 공급자와 수요자의 구분이 비교적 명확했고, 수요자는 불특정 다수의 공급자들이 게시한 수많은 정보를 찾아내 활용하는 상황이었다. 하지만 웹 2.0에서는 누구나 정보의 공급자 및 수요자가 될 수 있다. 즉 자신이 정보의 수요자이면서 또 다른 정보의 공급자가 되는 것을 의미한다. 한마디로 웹 2.0의 특징은 참여, 공유, 개방으로 UCC와 블로그 2.0 등의 확산이 증명해준다. 사용자가 직접 제작한 콘텐츠를 말하는 UCC는 이제 더 이상 웹상의 정보 공급이 특정인의 전유물이 아니라는 것을 웅변한다. 이미 미국의 UCC 전문 사이트인 유튜브는 글로벌 IT기업으로 성장했으며 우리나라에서도 판도라TV 등이 새로운 인터넷 비즈니스의 전형으로 주목받고 있는 상황이다.

한편 웹 2.0 환경을 효과적으로 활용한 마케팅 기법도 빠르게 확산되고 있다. 과거 웹 환경에서 대부분의 기업들은 홈페이지를 단순히 자사의 제품과 사업전략을 불특정 다수에게 알리는 역할에 충실해왔지만, 웹 2.0 환경이 도래하면서 기업은 자사의 홈페이지를 웹 2.0 환경으로 개편하는 등 기업의 웹 마케팅 방식을 크게 변화시키고 있다. 예컨대, 화장품 업체는 홈페이지를 리모델링해 자사 제품에 대한 고객들의 평가를 실시간 수집해 곧바로 제품 개발에 반영하고 있다.

또한 신문이나 방송 등 기존 오프라인 매체에서 불특정 다수를 향해 홍보하던 마케팅 방식을 변경해 웹 2.0 환경으로 얻어진 고객을 상대로 적극적인 타깃 마케팅도 펼치고 있다. 예컨대, 가구전문 온라인 쇼핑몰은 기존의 쇼핑몰과 달리 유저들이 즐기고 소통할 수 있는 UCC 공간과 포럼 게시판에 RSS와 태그를 접목시켜 유저의 참여를 유도하고 있다. 웹 2.0 환경에 적합한 새로운 서비스 개발은 수용자의 니즈와 맞물려 새로운 수익을 창출할 것으로 기대되며, 앞으로 더욱 다양한 분야로 확장될 가능성이 높은 것으로 평가된다.

앞으로 하이브리드 시대 기업은 숨겨진 고객의 욕구를 찾는 것과 동시에 폐쇄적이었던 기존의 기업 시스템을 변화하려는 노력이 필요하다. 감지하고, 해석하고, 결정하고, 행동하는 인간의 감각기관과 시스템과 같은 21세기의 기업 모델은 고객에게 완전하게 오픈되어 있는 개방형 기업 시스템이다(차원용, 2006). 인간의 지능과 같이 기업의 구조가 융합적으로 작동되므로 각 구성원들의 능력의 융합을 극대화시켜 효율적인 생산이 가능하게 된다.

2.0 시대가 고도화될수록 시장 지배력을 행사하려는 기업들이 불공정

[그림 3-8] 소비자 니즈 만족 최적화를 위한 서비스 사례

• 출처 : 한국콘텐츠진흥원(2010).

행위를 하지 못하도록 규율하는 경제적 규제가 매우 중요해질 것이다. 사업자들이 비즈니스 전략을 추구함에 있어서 소비자의 접근을 통제하거나 핵심 자원을 독점하지 못하도록 공정경쟁을 확보해야 한다. 왜냐하면 디지털 융합으로 멀티 플랫폼 간에 서비스 차이가 거의 없는 교차경쟁의 구조를 낳고 있으며, 미디어 서비스가 폐쇄망 플랫폼 또는 조건적 접속(conditional access)을 통해 소비자의 접근이 이루어지는 유료 시스템으로 전환되었기 때문이다. 즉 교차경쟁에 따른 경쟁구도의 변화가 기업들로 하여금 시장에서 가치를 창출하는 핵심요소를 통제하거나 독점하는 전략을 추구하도록 만들면서 공정한 경쟁 및 거래 과정이 위협을 받기 때문이다.

3

미디어 비즈니스와 혁신의 방향

1) 콘텐츠 시장 현황

미디어 콘텐츠 시장의 행위자인 사업자 요소를 진단하자면, 우선 전반적으로 지상파 방송사업자의 시장 지배력이 강력하다는 점을 지적할 수 있겠다. 미디어가 다원화되고 사업자가 다양해졌지만 여전히 지상파 방송사업자의 영향력은 막강하다. 지상파 방송사업자의 입지가 달라지는 미디어 환경에서도 견고히 유지되는 까닭은 지상파 방송이 갖고 있는 콘텐츠에 있다. 시청자들은 채널이 늘어났어도 여전히 지상파 콘텐츠를 선호하고 신뢰하고 있다. 이에 케이블 TV, 위성 TV와 같은 사업자들도 지상파 콘텐츠를 구매해 재송신할 수밖에 없으며, 심지어 지상파 방송

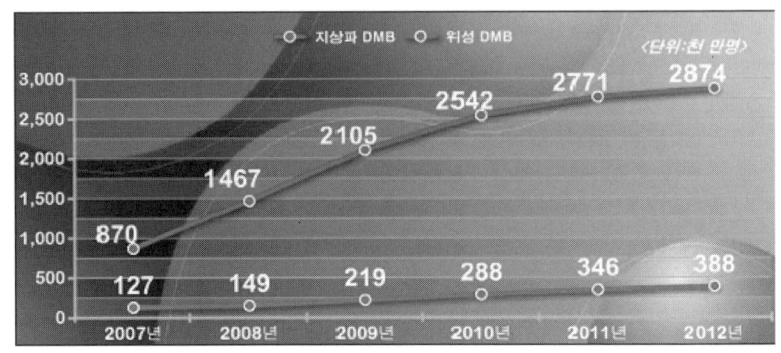

[그림 3-9] DMB 가입자 현황 및 예상

지상파 DMB   위성 DMB   〈단위:천 만명〉

3,000
2,500   2542   2771   2874
2,000   2105
1,500   1467
1,000 870
 500 127   149   219   288   346   388
   0
   2007년   2008년   2009년   2010년   2011년   2012년

• 출처 : www.dmcreport.co.kr/statistic/re...26str%3D

사업자가 케이블에 직접 진출해 서비스를 하기도 한다. 위성 DMB의 경우 지상파 재전송이 여의치 않아 초기시장 진입에 실패했고, 그 결과 지속적인 적자를 면치 못하고 있으며, 뚜렷한 수익 모델의 발굴에도 어려움을 겪고 있다. 이 같은 위성 DMB 사례는 지상파 콘텐츠의 막강한 영향력을 보여주는 단적인 예라고 할 수 있다.

플랫폼 사업자와 콘텐츠 제작 및 제공 사업자 사이의 거래 및 계약관계도 불공정하게 이루어지고 있다. 소수 콘텐츠 제작사는 지속적인 성장을 경험하고 있으나, 대부분의 미디어 콘텐츠 기업은 자본력이 영세한 중소기업이며, 이들 다수의 영세한 콘텐츠 제작사의 제작 여건 역시 개선을 시키지 못하는 상황이다. 그 결과 새로운 자본 유입이 어렵고 이는 재투자로 연결되지 못하는 악순환이 지속되고 있는 것이다.

미디어 콘텐츠 산업은 방송, 통신, 서비스, 제조업 등과 동반 성장해야 한다. 글로벌 미디어 기업은 콘텐츠와 기기, 소프트웨어를 연계해 콘텐츠 관련 시장지배력을 확대 중이다. 미국 애플사는 기기(iPod)+서비스(iTunes)+콘텐츠(음악, 영화, 방송)를 연계하는 비즈니스 모델로 세계시장 50%(iPod), 북미시장 72%(iTunes)를 점유하고 있다. '기기내장형 콘텐츠 제작지원' 등을 통해 관련 산업과의 동반성장을 꾀하고 있는 것이다(한국문화콘텐츠진흥원, 2007). 더불어, 2010년 1월말 기준으로 조사한 콤스코어 자료에 따르면, 미국 스마트폰 시장 점유율이 25.1%로 나타났다(안희권, 2010. 3. 11). 반면, 국내 산업은 문화산업, IT 및 기기산업 간 연계가 미흡해 콘텐츠와의 동반성장 모델이 부재한 실정이다.

방송영상 분야를 살펴보면 국내 콘텐츠 산업의 구조적인 문제점을 반추해볼 수 있다.

현재 국내 방송산업의 기본적인 유통구조는 지상파 3사의 독과점 형태로 구성되어 있으며, 진입장벽도 여전히 높은 편이다. 물론 다채널, 다매체 시대에 접어들면서 지상파 사업자의 입지가 약화되고 있다고는 하나 여전히 콘텐츠 집중도는 매우 높은 편이다. 이는 지상파 콘텐츠 프리미엄도 있겠지만, 구조상의 문제도 존재한다.

다시 말해 지상파 3사는 외형적으로 수직통합 상태를 부분적으로 분리한 것으로 보이는 자회사 체제를 하고 있지만, 실제로는 수직통합 상태를 유지하고 있는 것이다. 이러한 유통 구조로 인해 방송영상 콘텐츠 시장에서 막대한 영향력을 발휘하고 있다. 물론 정부의 외주제작 의무편성 및 케이블 TV와 뉴미디어의 약진, 융합 환경 조성 등 새로운 요인들이 등장하여 과거에 비해 비중이 낮아지고는 있지만 아직까지는 지상파의 독점 구조는 여전히 존재하고 있으며, 이를 해소하기 위한 현실적인 정책 방안 마련이 요구된다.

[표 3-2] 지상파 방송 3사 수직결합과 시장점유율

지상파	방송채널사용사업	매출액(억원)		점유율(%)	
		2007년	2008년	2007년	2008년
KBS	케이비에스엔	594	822	2.9%	3.9%
MBC	MBC 게임	175	179	0.9%	0.9%
	MBC 드라마넷	869	950	4.2%	4.5%
	MBC ESS 스포츠	427	511	2.1%	2.4%
	지역MBC 슈퍼스테이션	6	21	0.0%	0.1%
	소계	1,478	1,660	7.2%	7.9%
SBS	SBS드라마플러스	596	673	2.9%	3.2%
	SBS 골프채널	464	489	2.3%	2.3%
	SBS스포츠채널	345	271	1.7%	1.3%
	SBS 이플러스	-	4	-	0.02%
	소계	1,405	1,437	6.8%	6.9%
지상파 방송3사 계열PP 매출액		3,476	3,920	16.9%	18.7%
일반PP 매출액[1]		20,565	20,978	100%	100%

주1) 일반PP 매출액= PP매출액 - 홈쇼핑PP매출액. 2007년 일반PP매출액은 방송수익이 0.5% 이상인 데이터PP 포함.

• 출처 : 방송통신위원회(2009).

  게임 분야의 경우 온라인 게임의 독주가 눈에 띈다. 온라인 게임은 2008년에도 지속적인 성장을 거듭했으며, 수출 지역의 다각화를 통해 수출액 증가에 따른 전체 시장규모(매출액 기준)의 증가로 이어졌다. 2008년 통계를 기준으로 국내 온라인 게임의 세계시장 점유율은 22.5%로 세계 2위를 기록하였으며, 국내 전체 콘텐츠 수출의 45%(1,093백만 불) 이상을 차지했다. 그간 주된 수출 지역이었던 중국 등 아시아 지역 외에도 미국 및 유럽 등지로도 활발한 수출이 이루어지는 계기를 마련했다. 모바일 게임 분야는 2008년 새로운 사업 모델로서 부분 유료화가 보다 확산된 한 해였고 이에 따라 모바일 게임 시장은 약 20%의 증가율을 보였다. 향후에는 부분 유료화 및 광고 등의 수익 모델 외에 새로운 모바일 환경 변화에 따른 수익창출 가능성이 높아지고 있어, 2009년 이후의 시장성장률 역시 약 15% 이상의 수치를 보일 것으로 전망된다. 모바일 게임 개발업체의 신규 장르 개발 및 스마트폰을 통한 모바일 게임의 새로운 시장 창출을 통해 내수시장의 증가를 기대할 수 있으며, 해외에서의 꾸준한 성장 역시 수출액의 증가로 이어질 것으로 예상되고 있다(문화체육관광부, 2009a).

이 같은 국내 게임 산업의 성장 추세에 힘입어 2010년 문화체육관광부의 업무보고에서는 중소 게임업체에 대한 수출 지원(수출 1억 달러 목표) 및 국제게임전시회(G-STAR) 글로벌 브랜드 확립(3,500만 달러 계약 목표), 3차원 입체영상, 실감·체감형 게임, 가상세계 등 차세대 핵심 기술 확보 등을 통해 2012년까지 게임 분야 세계 3위를 달성하겠다는 계획이 발표되기도 했다. 그러나 불균형적 성장은 게임 시장의 양극화 심화를 가져오고 있으며, 해외 업체와의 경쟁력 저하를 야기한다. 결국 다수의 게임 사업자들은 수익률이 높고 리스크가 적은 온라인 게임으로 몰리는 현상이며, 개발보다는 퍼블리싱에 집중하고 있다. 개발이 늦어지면서 새로운 게임의 등장은 점차 줄어들고, 유사한 게임만 난립하게 된다. 실제로 타이쿤 퍼즐 미니게임 등 유사 장르 게임들이 넘쳐나면서 소수 메이저급 업체들은 개발보다 퍼블리싱에 집중하는 모습을 보인다.

애니메이션 분야도 한계를 보이고 있다. 2008년 애니메이션 산업 매출액 규모를 살펴보면, 산업체 가운데 애니메이션 창작제작과 애니메이션 하청제작의 매출액 규모는 2007년도 보다 각각 22.6%, 0.2% 상승했다. 2008년 국내 애니메이션 총 매출액의 규모는 4,047억 원이며, 제작 및 유통업 매출액 규모는 3,296억 원, 극장 매출액은 690억 원, 방송사

수출액은 61억 원으로 나타났다.

하지만 국내 애니메이션 산업은 대부분의 기업이 영세하여 영업적자를 나타내고 있다. 2008년을 기준으로 코코엔터프라이즈, 손오공, 대원미디어 등 애니메이션 상장사들이 영업적자를 기록했으며, 코코엔터프라이즈와 손오공은 '09년 1/4분기에도 영업적자가 지속되었다. 2009년 3/4분기에도 이 같은 추세는 계속되었다. 콘텐츠 산업 관련 상장사 중심 2009년 3/4분기까지 누적 기준으로 매출액 대비 영업이익률은 18.06%로 전년 동기 대비 1.93% 포인트 증가했다. 하지만 애니메이션 및 캐릭터 산업은 매출액 대비 영업이익률이 전년 동기 대비 11.11% 포인트 감소를 기록했다. 국내 애니메이션 산업의 또 다른 문제점은 극장 장편 개봉 시장규모의 위축이다.

극장용 애니메이션의 상영편수가 2007년 3편에서 2008년 2편으로 1편 감소했으며, 총관객수 역시 2008년 1,267,719명에서 2007년 6,336명으로 감소했다. 반면 해외 애니메이션 경우, 상영편수가 2007년 20편에서 2008년 19편으로 감소했지만, 관객수는 2007년 5,761,140명에서 2008년 10,553,746명으로 약 2배가량 증가했다. 2008년 극장에서 개봉된 국내 창작 애니메이션은 〈별별이야기2 - 여섯 빛깔 무지개〉, 〈인디애니박스: 셀마의 단백질 커피〉 2편, 해외에서 수입된 애니메이션 개봉작들은 〈쿵푸팬더〉 등 19편이었다.

물론 이러한 상황에서도 단편 애니메이션 개봉 등에서 일부 성과는 있었다. 2008년 6월에는 국내 최초로 시도된 애니그래픽스 영화 〈그녀는 예뻤다〉가 개봉되었다. 애니그래픽스 영화는 기존 애니메이션에서 한 단계 더욱 발전된 애니메이션 장르이다. 실제 배우들을 촬영한 필름을 기초로 각 프레임 위에 선과 색을 덧입히는 '로토스코핑(rotoscoping)' 기법을 사용했기 때문에 실제 영화와 같은 생동감과 현실감을 살릴 수 있다. 또한 2008년에는 최초로 국내 창작 단편 애니메이션이 일반 상영관에서 개봉되었다. 개봉된 애니메이션 영화는 김운기 감독의 〈원티드〉, 장형윤 감독의 〈무림일검의 사생활〉, 연상호 감독의 〈사랑은 단백질〉 등 3편의 단편 애니메이션을 옴니버스 형식으로 구성한 〈인디애니박스: 셀마의 단백질 커피〉이다. 2009년 4월에는 국가인권위원회에서 제작한 옴니버스 애니메이션 〈별별 이야기2: 여섯 빛깔 무지개〉가 개봉되었다.

한편 2008년 국내 음악산업 시장규모는 총 2조 1,355억 원으로 2007년 1조 8,912억 원보다 12.9% 증가했다. 음반산업 규모는 811억 원으로 전년대비 2.9% 상승했으며, 디지털 음악산업은 5,264억 원으로 2007년 4,276억 원보다 23.1% 상승했다. 음악공연산업도 2,416억 원으로 2007년 2,236억 원에 비해 8% 증가했다. 국내 음악산업에서 가장 큰 비중을 차지하고 있는 노래연습장업도 1조 2,864억 원으로 2007년 1조 1,612억 원보다 10.7% 상승했다. 2008년 국내 음악산업 규모는 전체적으로 2007년에 비해 상승했으며, 지속적인 하락세를 보이던 음반산업과 노래연습장업은 2006년 수준을 회복하면서 소폭 상승했다. 한편 디지털 음악과 음악공연산업은 2008년에도 지속적인 성장세를 이어갔다.

음악산업은 매체와 주변 환경의 변화에 따라 꾸준히 변화하고 있다. 음악 분야에서도 특정 사업자의 독과점 구조가 형성되어 있다. 음반 중심(아날로그)에서 음원 중심(디지털)으로 사업구조가 변화하면서 기존의 음반사업자들에서 음원을 서비스하는 통신사업자로 사업자 비중이 바뀌었다. 기존의 전통적인 음반산업의 침체가 지속되고 있으나, 벨소리

통화 연결음 등의 모바일 음악산업 및 MP3 다운로드, 스트리밍 등 온라인 음악산업 등 디지털 음악산업이 지속적으로 성장하며 새로운 음악산업 패러다임을 형성하고 있다. 그러나 실질적인 매출을 올려주는 이동통신 사업자들은 음원을 제작하는 콘텐츠 사업자에게 불균형적인 계약 및 배분을 요구하고 있으며, 이는 곧 기형적인 음원시장을 형성하는 원인으로 작용하고 있다.

2) 웹 2.0 시대 비즈니스 전략

일반적으로 경쟁이 증가하면 사업자들은 잠재적인 효율성과 혁신성을 증대시키기 위해 규모와 범위의 경제를 추구한다. 이는 곧 시장에서 통합과 집중을 높이기 위해 자연스럽게 핵심 요소에 대한 경쟁 사업자를 차별하거나 자신이 확보한 시장 지배력을 남용하는 행위로 구현되기 때문이다. 이와 같은 미디어 시장에서 통합과 집중은 다음과 같은 네 가지 형태로 나타나고 있다(Hope, 2007).

첫째, 단일 미디어의 집중(mono media concentration)이다. 단일 미디어 영역 또는 비즈니스 활동으로 통합되는 현상이다. 둘째, 다양한 미디어 영역 또는 비즈니스 활동에 걸쳐 발생하는 수평적 통합이다. 플랫폼 간의 교차 및 통합 현상이 미디어 시장의 수평적 통합을 증가시킨다. 셋째, 미디어 콘텐츠의 생산에서부터 패키징 및 배포, 그리고 최종 이용자까지 수직적 가치사슬의 다양한 단계를 통합하는 수직적 통합이다. 넷째, 거대 미디어 기업의 집중(conglomerate concentration)이다. 전통적으로 미디어 시장이라고 이해되던 분야 또는 활동을 넘어 기업의 비즈니스 영역을 확장하는 것을 말한다. 실제로 2000년 전후로 EU와 미국에서 발생한 미디어 및 방송통신 융합 서비스 분야의 주요 수평적, 수직적 합병, 경쟁제한성과 관련한 분쟁사례를 살펴보면, 가치사슬상에서 콘텐츠, 네트워크, 플랫폼 등에 대한 접근을 통제하거나 차별하는 형태가 대부분임을 알 수 있다(김희수 외, 2006). 수직적 결합, 수평적 통합을 추진하는 이유가 결국 시장 지배력을 확대해 핵심 가치에 대한 접근을 통제하고자 하는 목적에서 이루어지고 있다는 것이다. 이러한 시장 통제 행위가 야기하고 있는 주요 쟁점을 가치사슬(네트워크, 플랫폼, 콘텐츠)과정에 따라 정리하면 다음과 같다.

먼저 네트워크 분야에서 나타날 수 있는 시장 통제 행위는 네트워크 사용과 관련한 중립성 문제라 할 수 있다. 새로운 서비스가 시장에 등장하기 위해서는 새로운 서비스를 제공하는 데 소요되는 비용을 보전시킬 수 있는 절대적인 가입자 수(critical mass)의 확보가 필요하다(김도연 외, 2006). 이러한 측면에서 볼 때 기존 네트워크 사업자는 충분한 가입자를 확보하고 있다. 더구나 네트워크는 외부성이 강하게 작용하는 분야로 독과점 구조를 야기할 가능성이 높다. 이러한 상황에서 네트워크 사업자는 자신의 설비를 경쟁 사업자에게 개방하지 않거나 네트워크를 통해 제공되는 트래픽을 차별하면서 시장 지배력을 행사할 가능성이 높다.

플랫폼 분야에서 나타날 수 있는 쟁점은 제한접속 시스템을 통해 가입자와 콘텐츠의 접점을 통제하는 행위라 할 수 있다. 크로스 또는 통합 플랫폼 구조에서는 양방향, 주문형, 다기능 서비스 등을 구현하기 위해 소비자의 접근을 관리하고 통제하는 제한접속 시스템이 필요하다. 이는 소비자에게 콘텐츠의 선택권과 통제권을 부여하는 기능을 담당하지만 오히려 플랫폼 사업자가 소비자와 콘텐츠의 접점을 통제할 수 있는 기회를 제공한다. 멀티 플랫폼의 교차경쟁 구조에서 소비자들은 콘텐츠에 대한 선택항목의 폭발적 증가, 즉 '선택의 포화 상태(saturation of choice)'에 직면하고 있다. 이러한 복잡성을 최소화하고자 소비자들은 과거보다 콘텐츠를 검색하고 추천해주는 플랫폼 서비스에 더욱 의존할 가능성이 높다. 그리하여 플랫폼 사업자는 자신이 확보한 가입자를 유지하기 위해 특정 콘텐츠 또는 콘텐츠 공급자를 고착시키거나 '시장봉쇄'를 통해 경쟁 플랫폼 사업자를 차별할 수 있다(최세경, 2008).

플랫폼 분야에서 나타나는 또 다른 쟁점은 결합 서비스로부터 발생할 수 있다. 멀티 플랫폼의 교차경쟁은 자연스럽게 미디어 서비스 간 결합 상품을 촉진시킨다. 그 이유는 결합 서비스가 상품정보의 탐색과 거래

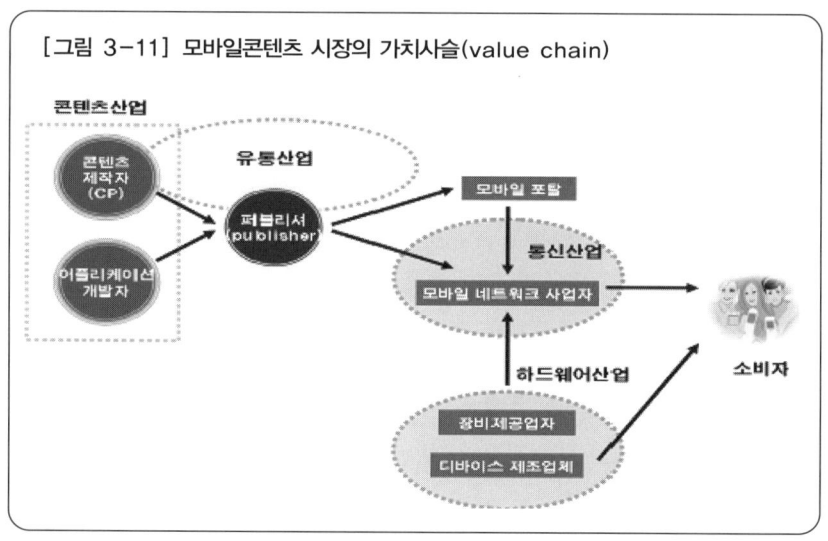

[그림 3-11] 모바일콘텐츠 시장의 가치사슬(value chain)

비용을 축소할 수 있도록 해주기 때문이다. 플랫폼 사업자는 크로스 및 통합 플랫폼 환경으로 인해 결합 서비스 구성에 가장 유리한 시장 지위를 갖는다. 따라서 플랫폼 사업자는 결합 서비스를 통해 여타 인접 시장까지 시장 지배력을 행사할 수 있다. 특정 서비스에서 시장 지배력을 갖는 플랫폼 사업자가 다른 서비스 시장에 영향력을 증대하기 위해 교차 보조 형태로 결합 서비스를 활용하는 것이다.

최근 나타나는 모바일 미디어 콘텐츠 시장은 폭발적이다. 가상 웹시장을 개척한 애플은 소비자와 생산자를 직접 연결하는 통로의 구실만 할 뿐이며, 콘텐츠 생산자는 곧 콘텐츠 소비자가 되는 프로슈머를 실현하고 있다. 애플의 앱스토어에는 2008년 7월 개장 이후 2009년 12월까지 약 13만 개 이상의 응용 SW 및 콘텐츠가 등록되었으며, 약 5,800만 사용자와 30억 건 이상의 다운로드를 기록했다. 이러한 과정에서 알 수 있듯이 디지털 오픈 장터와 스마트폰의 선순환 고리는 당분간 지속될 것으로 생각한다.

최초의 모바일 오픈 마켓은 1999년에 등장한 한당고(Handango)였다. 하지만 현재는 애플사가 2008년 운영하기 시작한 앱스토어를 통해 디지털 오픈 장터가 주목받고 있다. 디지털 오픈 장터는 주로 국내외 이동통신 관련 사업자들이 주도하고 있는 상황이다. 이같이 이동통신사업자들이 디지털 오픈 장터에 열을 올리는 이유는 세계 이동통신시장의 음성 서비스 위주 성장이 한계에 봉착함에 따라 디지털 오픈 장터를 활용한 모바일 콘텐츠 시장의 활성화가 무엇보다 필요해졌기 때문이다.

또한 3G 이동통신망 구축에 따른 네트워크 고도화로 인해 네트워크 대역폭이 확대됨에 따라 데이터 전송속도가 향상되었고 Wi-Fi,

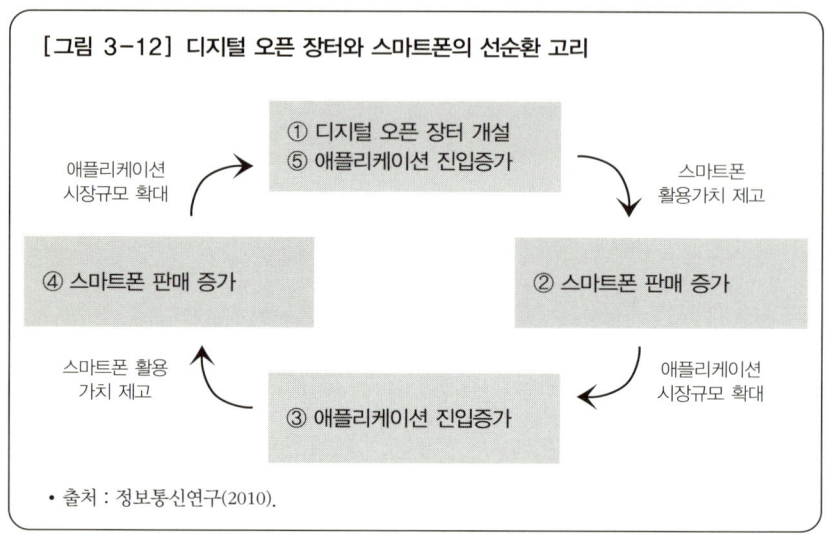

[그림 3-12] 디지털 오픈 장터와 스마트폰의 선순환 고리

① 디지털 오픈 장터 개설
⑤ 애플리케이션 진입증가

스마트폰
활용가치 제고

애플리케이션
시장규모 확대

④ 스마트폰 판매 증가

② 스마트폰 판매 증가

스마트폰 활용
가치 제고

③ 애플리케이션 진입증가

애플리케이션
시장규모 확대

• 출처 : 정보통신연구(2010).

WiMAX, Bluetooth 등 다양한 통신방식을 통해 대용량 데이터가 빠른 속도로 전송될 수 있게 되었다는 기술혁신적 측면도 세계 이동통신사업자들의 디지털 오픈 장터 비즈니스 사업 추진에 중요한 영향을 미치는 요인이 되었다. 이 밖에 스마트폰의 빠른 확산이 디지털 오픈 장터의 활성화에 결정적인 영향을 미쳤다. 시장조사기관인 가트너(Gartner)는 스마트폰 시장규모가 2008년 1억 2,000만 대(10% 이상)를 넘어선 것으로 추정했으며, 2013년에는 단말기 시장의 40%를 차지할 것으로 전망하고 있다.

디지털 오픈 장터의 2010년 규모는 2009년에 비해 60%의 성장을 기록할 것으로 예상되고 있다. 시장조사전문기관인 가트너가 2010년 1월 공개한 전망에 의하면 2010년 세계 앱스토어 다운로드 시장은 61억 740만 달러, 앱스토어 광고시장은 5억 963만 달러, 총 시장규모는 67억 704

[표 3-3] 국내외 주요 디지털 오픈 장터(이동통신 관련 사업자 중심)

주요 디지털 오픈 장터	특징
Apple의 앱스토어	- 충성도 높은 기존 고객을 기반으로 Mac OS X에 기반한 통합 형태의 우수한 개발 키트(SDK)를 보유 - 소비자에게 Wi-Fi 등 전송 채널(Side-Loading)을 제공
Google의 안드로이드 마켓	- 2008년 8월 안드로이드 마켓을 개시했으며, 2009년 2월부터는 유료 애플리케이션 판매 시작 - 2010년 2월 현재 등록 애플리케이션 수는 약 28,000개이며, 이중 유료 애플리케이션의 비중은 38.0%임
Nokia의 Ovi Store	- 사용자의 취향, 거주지역, 구매 이력 등을 토대로 최적의 상품을 제시한 콘텐츠 추천 기능 적용 - Nokia는 전 세계 스마트폰 시장 점유율 1위를 차지
RIM의 BlackBerry App World	- 2009년 4월 1일 오픈. 단말기 자체가 가지고 있는 GPS나 카메라 등의 기능에 맞은 콘텐츠 중심으로 라인업 구성 - CP의 수익 분배율은 80%로 다른 장터에 비해 상대적으로 높음
Microsoft의 Windows Marketplace for Mobile	- 2009년 5월 오픈된 는 24시간 이내의 환불 제도와 제휴 이동통신사 각각의 별도 콘텐츠 판매 채널을 두었음 - 세계 최고의 OS 개발사답게 EA, Facebook 등의 유명 협력사를 비롯한 유명 개발자 커뮤니티를 확보하여 약 2만여 종의 콘텐츠도 확보
Palm의 모바일 오픈 마켓	- 자사의 기존 'Software Store'를 App Store 형식의 스마트폰 애플리케이션 마켓으로 개편 - 지원 기종은 Centro, Treo Pro 등 25종 이상의 Palm 단말이며, 자체 OS 기반 상품과 더불어 Windows Mobile용 애플리케이션도 취급
SKT의 T-스토어	- 2009년 9월 모바일 오픈 마켓인 '스토어'를 국내 최초로 개시했으며, 2010년 2월 현재 6,500여 개의 콘텐츠가 유통되고 있음 - 기존의 해외 모바일 오픈 마켓과 가장 큰 차이점은 스마트폰뿐 아니라 90여 종의 WIPI 기반 일반 휴대폰에서도 이용할 수 있다는 것임
KT의 SHOW App Store	- 2009년 12월 개시했으며, 2010년 2월 현재 994개의 콘텐츠가 유통되고 있음 - 활성화를 위해서는 오픈 마켓 서비스 지원이 가능한 단말기 종류를 확대할 필요가 있음

[표 3-4] 모바일 오픈 마켓 시장 전망

연도	2009	2010	2013
다운로드 건수(백만 건)	2,516	4,507	21,646
총수익(백만 달러)	4,237.80	6,770.40	29,479.30

• 출처 : 가트너 홈페이지(http://www.gartner.com/it/page.jsp?id=1282413).

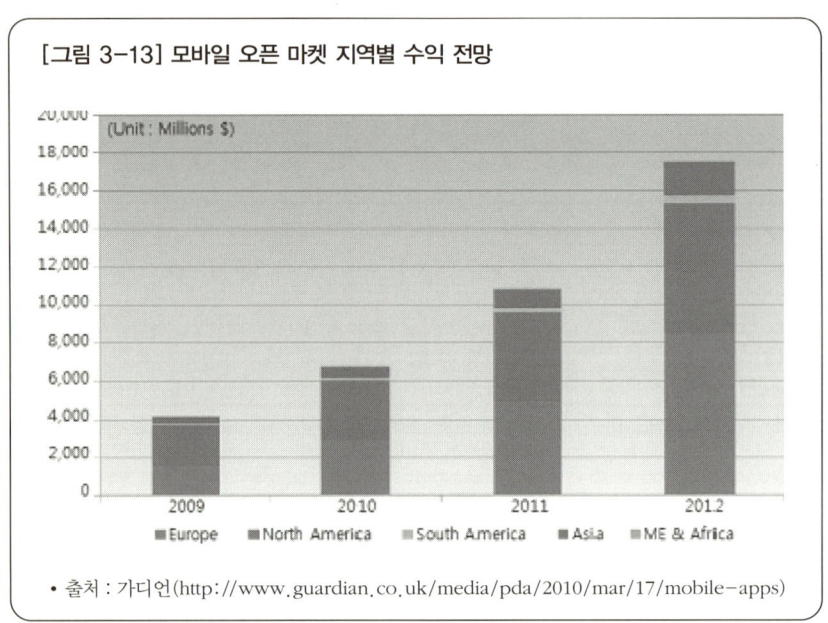

[그림 3-13] 모바일 오픈 마켓 지역별 수익 전망

• 출처 : 가디언(http://www.guardian.co.uk/media/pda/2010/mar/17/mobile-apps)

만 달러를 형성할 전망되고 있다. 가트너는 2010년 스마트폰 이용자들이 다운로드한 애플리케이션 중 87%는 무료로 제공될 것이라는 예상을 제기했다. 또한 2010년에 전 세계적으로 다운로드될 것으로 전망되는 무료 애플리케이션 수는 36억 960만 개, 유료 애플리케이션은 8억 11만

개로 추정했다. 이 밖에 가트너는 전 세계 앱스토어 시장이 2010~13년 사이에 매년 최소 55% 이상 성장할 것으로 전망했다. 그리고 앱스토어에 등록되는 애플리케이션의 80% 이상이 유료이지만 다운로드되는 80%는 무료가 될 것이라는 예상을 제시했다.

한편 기술 및 전략 관련 컨설팅 회사 샤르마(Chetan Sharma)의 보고서에 따르면 모바일 오픈 마켓은 2012년에는 17억 5천만 달러 규모의 시장을 형성할 것으로 예상되고 있다. 다운로드 건수는 아시아의 비중이 크고, 수익은 북미 지역에서 주로 발생할 것으로 전망되는 상황이다.

디지털 오픈 장터의 이정표를 제시한 애플은 2010년 4월 아이패드-아이북스(ibooks) 모델을 공개하기도 했다. 아이패드는 스마트폰은 물론 넷북과 PMP, 그리고 출판산업의 미래라 할 수 있는 전자책 서비스의 기능까지를 하나로 융합한 모바일 단말기이다. 아이패드는 또한 앱스토어와도 연결된다. 그리고 아이북스는 아이패드와 연계된 도서 콘텐츠 전용 장터(서점)이다. 출판사들이 자신들의 도서 콘텐츠를 아이북스에 등록

[그림 3-14] 아이패드-아이북스 모델의 구현 모습

하면, 아이패드 이용자들은 등록된 도서콘텐츠를 유료 또는 무료로 이용할 수 있다. 애플의 MP3플레이어 아이팟(iPod)과 아이튠즈(iTunes)가 음악산업을 음원 중심으로 바꾸어놓았고, 아이폰과 앱스토어가 스마트폰의 롤 모델이 되었듯이 전자책 시장도 아이북스와 아이패드 중심으로 재편될 것이라는 전망까지 제시되고 있다. 이처럼 애플은 아이패드와 아이북스를 동시에 출시하면서 디지털 오픈 장터의 영역을 더욱 확장해가고 있다.

디지털 오픈 장터의 핵심은 수평적 협업 모델이다. 장터의 경쟁력은 공급자와 수요자가 많아야 경쟁력을 가지며, 특히 개발자에게 유용하고 이익이 되는 환경을 조성할 때 많은 애플리케이션을 개발할 수 있으며 충분한 보상으로 뒷받침해야 한다. 애플은 현재 웹 스토어에서 개발자가 70%, 애플이 30%의 비율로 이익을 분배하고 있다. 결국 스마트폰은 활용도의 측면에서 인터넷과 진정한 공존 관계를 형성할 수밖에 없다. 즉 스마트 폰은 모바일 인터넷 단말(Mobile internet device: MID)로 분류되어 앞으로 더 많은 스마트폰의 등장은 모바일 인터넷 시장의 폭발적인 성장을 가져올 것으로 예측한다.

콘텐츠 분야에서 나타날 수 있는 시장 통제의 행위는 두 가지로 나타날 수 있다. 하나는 주요한 콘텐츠에 대한 배타적 사용권(exclusive right)을 보유한 기업이 콘텐츠 공급과 관련해 경쟁 콘텐츠 사업자를 차별·배제하는 행위이다. 최근 국민적 관심이 큰 스포츠 중계권에 대한 사업자 간의 갈등이 대표적인 사례이다. 다른 하나는 복수 네트워크 경쟁구조에서 지배적 콘텐츠 사업자가 특정 플랫폼에 대한 공급을 차별하는 것이다. 그리고 수직적으로 결합되어 시장 지배력을 갖고 있는 지상파 방송사가 특정 전송 플랫폼을 차별하거나 효율성을 높이기 위해 자신의 콘텐츠를 고착시키는 행위이다. 이 외에 끼워팔기도 콘텐츠를 통해 시장을 통제하는 행위가 될 수 있다.

3) 3 스크린 전략

미국의 통신사업자 AT&T는 2007년 초 '3 Screen Strategy'를 발표했다. '3 Screen Play란 TV, PC, 휴대전화를 인터넷으로 연결해 사용자들이 언제, 어디서나 콘텐츠를 이용할 수 있게 해주는 서비스로, 장소와 기기가 달라져도 끊김없는(seamless) 서비스를 제공하는 기술을 일컫는다(김윤화, 2009). 3 스크린 전략은 단말기나 네트워크 융합에서 진일보해 콘텐츠까지 통합한 서비스로 컨버전스 3.0 시대를 상징하는 서비스라 할 수 있다. AT&T는 기존의 통신사업자들이 단순히 통신상품을 판매하는 것에서 통신상품뿐만 아니라 컴퓨터, 휴대전화, PC의 네트워크 기능을 번들로 제공함으로써 3 Screen이 가능하다고 밝혔다. 가정에서 TV를 통해 시청하던 콘텐츠를 집 밖에서는 휴대전화를 통해 시청할 수 있으며 컴퓨터를 통해서도 볼 수 있다는 AT&T의 광고는 시청자들의 관심을 끌기 충분했다. AT&T는 3 Screen 전략을 발표한 6개월 만에 자사의 IPTV U-verse TV의 가입자가 10만 명을 돌파하는 등, 3 Screen 정착을 본격화하기 시작했다. 이러한 AT&T의 행보는 단순히 시청자들의 관심뿐만 아니라 전 세계의 통신 사업자들의 이목을 집중시켰다.

3 Screen 개념의 등장은 웹 2.0의 개념과 맞물려 기존의 '1 콘텐츠 :

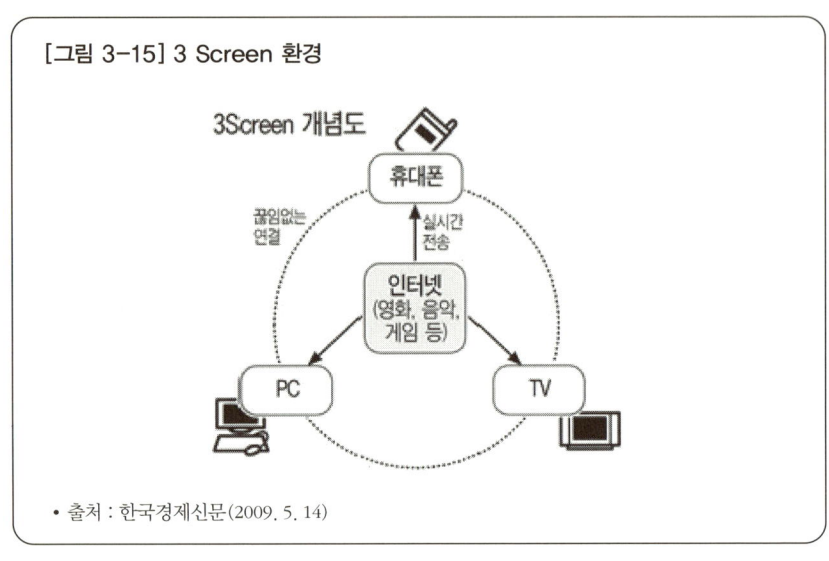

[그림 3-15] 3 Screen 환경

3Screen 개념도

휴대폰

끊임없는
연결

실시간
전송

인터넷
(영화, 음악,
게임 등)

PC

TV

• 출처 : 한국경제신문(2009. 5. 14)

1미디어'의 개념을 한 단계 더 발전해 '1 콘텐츠 : 多 미디어'로 확장시켰다. 이러한 개념은 단순히 통신 사업자뿐만 아니라 단말기 제조업자, 콘텐츠 제작자 등 콘텐츠의 제작부터 전달, 배포 등에 이르는 모든 사업자에게 혁명으로 다가서고 3 Screen은 국내외 IT 시장에 커다란 화두를 제공하고 있으며 대규모 기업들이 3 Screen 시장의 우위를 점령하기 위해 앞 다투어 핵심 전략으로 삼고 있다.

이와 함께 이전까지 디지털 가정(Digital home)의 개념에서 한 단계 더 발전된 디지털 라이프(Digital lifestyle)를 통해 언제든 커뮤니케이션과 엔터테인먼트를 이용할 수 있는 환경을 소비자에게 전달한다는 것이 AT&T가 천명한 3 스크린의 개념이었다. AT&T의 이러한 신상품 소개는 미국의 케이블 사업자인 타임워너(Time Warner)와 컴캐스트(Comcast)를 자극해 케이블 TV 가입자를 대상으로 TV를 통해 접근할 수 있었던

[그림 3-16] AT&T의 3 스크린

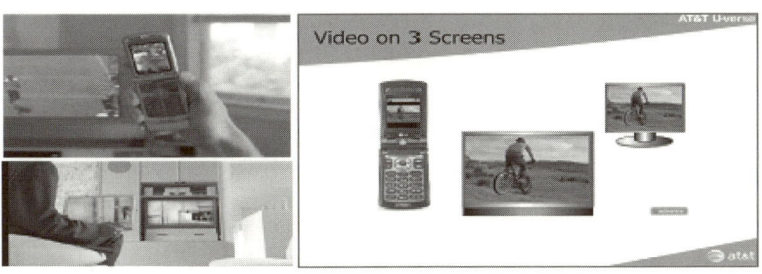

• 출처 : http://att.centralcast.net/3screen

채널을 PC를 통해서도 볼 수 있도록 하는 'WEB TV' 서비스를 출시토록 했다.

3 스크린은 통신 및 콘텐츠 시장의 포화 상태에서 비롯되었다. 단순히 하나의 콘텐츠를 하나의 시장에서 판매하는 방식은 한계에 이르렀기에 통신사업자, 단말기 제조업자, 인터넷 플랫폼 사업자, 콘텐츠 생산자들은 시장 활로를 위한 새로운 방안이 필요했다. 단일 콘텐츠 시장의 포화 상태를 해결하기 위해서는 기존의 사업 분야가 아닌 영역으로 확장이 요구되었다. 통신시장은 방송시장으로, 방송시장은 통신시장으로, 제조 업자는 솔루션의 제공과 콘텐츠 영역으로 자신들의 세력을 점차 확장하기 시작했다. 3 스크린은 이러한 시장 자체의 변화를 대변하는 개념이라고 평가할 수 있다.

3 스크린은 하드웨어, 소프트웨어, 콘텐츠 간의 사업 영역 붕괴와 융합을 통해 기존의 방송, 통신, 제조 등의 콘텐츠 생태계의 변화를 주도하고 있다. 또한 이러한 변화는 AT&T의 사례처럼 단순히 통신과 결합된

영상 분야를 비롯해 다양한 형태로 나타나고 있다.

3 스크린의 가장 큰 쟁점은 '끊김없는 서비스'이다. 끊임없이 하나의 콘텐츠를 이종 간의 디바이스를 통해 구현하기 위해서는 무선을 통한 원활한 공유가 이루어져야 한다. 이러한 문제를 해결하기 위해 DLNA라는 공통 가이드라인이 제공되고 있지만 아직은 삼성, LG 등의 국내 대기업과 해외의 마이크로소프트, 노키아, IBM, 소니 등의 대기업 중심으로만 구현되고 있다. 뿐만 아니라 DLNA를 탑재한 디바이스의 숫자도 크지 않다는 것도 3 스크린의 실현을 더디게 하는 이유이다. 모바일 동기화가 완벽하게 이루어지지 못하는 것도 또 하나의 지연 이유이다. 애플이 iTunes와 mobileme를 통해, 마이크로소프트가 Live Mesh를 이용해 모바일 동기화를 실현하려 하지만 일부 사용자에게만 국한되었을 뿐 미비한 수준이다. 동기화가 완벽하게 이루어지지 않으면 이용한 콘텐츠를 바로 이어볼 수 없기에 3 스크린에 부합된 서비스라고 말할 수 없다.

3 스크린 서비스는 하나의 콘텐츠/서비스가 다양한 타 미디어에 작동할 수 있는 연동성과 소비자들이 참여할 수 있는 환경을 조성해주는 것을 의미한다. PC, 핸드폰, 게임기 등과 같은 다양한 기기와 콘텐츠가 연동될 수 있도록 지원하는 환경이다. 플랫폼, 단말 구분에 상관없이 콘텐츠가 자유롭게 넘나드는 크로스 플랫폼, 크로스 미디어 콘텐츠를 구현한다.

IPTV 가입자가 시청하던 콘텐츠를 이동하는 상황이 발생했을 때 모바일 기기로 연결해서 볼 수 있도록 하는 서비스(Time Shift)가 가능하다. 셋톱박스 사용자를 인식할 수 있는 카메라를 통한 사용자 행동 인식 및 셋톱박스 사용 상황을 자동으로 추적해 사용자별 맞춤형 이용 환경을 제공하게 된다. IPTV를 통해 보던 드라마를 지하철에서 핸드폰으로 연결하면 중지했던 부분부터 이어보기가 가능하며, PC의 뷰어를 통해 읽던 책을 핸드폰으로 연결하면 읽었던 부분에 책갈피가 되어 이어 읽기가 가능하게 된다. 또한 이용자는 미디어나 플랫폼에서 콘텐츠를 소비하면서 직접 동영상 등 콘텐츠를 만들어 올리거나 의견을 제시하고 여기에서 쇼핑 등의 거래를 할 수 있게 된다.

현재 콘텐츠를 소비할 수 있는 디바이스 환경에는 한계가 있다. 기종(機種)이 다른 단말 간에 데이터 이동성이 결여되어 있다. 예컨대, TV PC 또는 TV 휴대단말(휴대폰, PMP 등) 콘텐츠 이동 시 포맷 변환이 필요하다. 동종의 단말 간 데이터 이동성도 부족하다. 예컨대, 휴대단말 간 데이터 이동 시에도 기종에 따라 한계가 존재하는데, OS 또는 미들웨어 간 호환성이 필요하다.

이러한 배경에서 3 스크린 환경에 부응, 끊김 없는 콘텐츠 서비스 환경이 구축되어야 한다. 하나의 서비스를 다양한 기기, 다양한 통신망을 활용하여 끊김없이 서비스하며, 사용자가 손쉽게 참여해 콘텐츠 서비스의 양방향성을 향상시키기 위한 서비스 플랫폼이 개발되어야 할 것이다. 개방형 서비스 플랫폼을 통해 콘텐츠의 플랫폼 종속성을 제거해야 한다. 콘텐츠 서비스 단말 간 호환성을 확보, 콘텐츠 접근성 및 데이터 이동성을 향상시켜야 한다. 다양한 뉴미디어 장치들에 적합한 서비스 인터페이스 기술이 개발되어야 한다.

이처럼 콘텐츠 유통 부문에서 경쟁 우위의 원천이 소비자의 콘텐츠 사용 편의성으로 이동하고 있다. 따라서 소비자의 콘텐츠에 대한 수요는 시간과 장소는 물론 단말기 종류와도 관계없이 창출되고 있다.

한편 기업들은 급변하는 미디어 환경 속에서 우위를 점하기 위한 미디어 전략으로 3 스크린의 활용을 증가하고 있으며, 3 스크린 전략은 제조업체에는 서비스 분야 진출 기회를 제공해주고 있다. 애플은 아이팟, 맥북과 매킨토시 등 하드웨어 사업에서 출발했지만 이제는 음악, 게임, 영화 등을 서비스하는 아이튠즈, 각종 소프트웨어를 사고파는 앱스토어까지 성공시키며 통신사업자들을 위협하고 있다. 이제는 아이폰, 애플 TV까지 내놓으면서 이미 3 스크린 전략을 위한 하드웨어와 소프트웨어, 콘텐츠까지 갖춰 3스크린 서비스에서 다른 사업자보다 유리한 위치를 선점했다고 볼 수 있다(김윤화, 2009). 인터넷 플랫폼 사업자인 마이크로소프트사는 '라이브 메쉬'를 통해 3 스크린 전략을 활용하고 있다. 라이브메쉬는 모든 디바이스를 하나로 연결하고 이들 데이터를 동기화해 단일하게 관리할 수 있게 해줌으로써 중앙의 웹을 통해 모두 관리하고 공유할 수 있다. 그 밖에 인텔, 어도비, 모토로라 등 많은 미디어, 통신 업체의 3 Screen 서비스 시행이 활성화되고 있다.

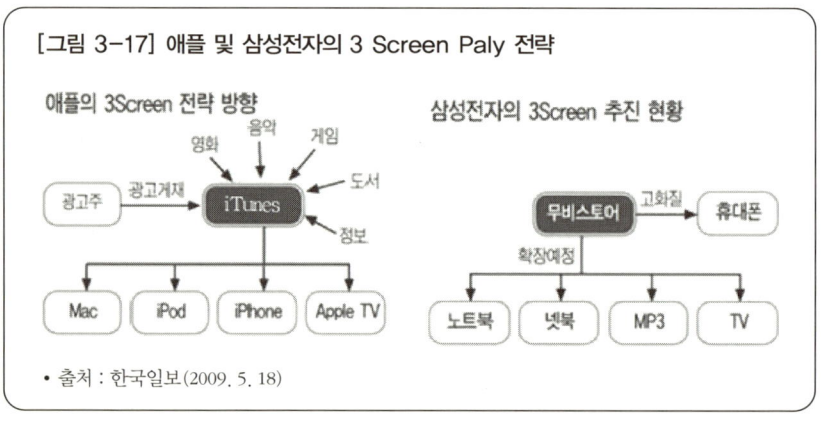

[그림 3-17] 애플 및 삼성전자의 3 Screen Paly 전략

• 출처 : 한국일보(2009. 5. 18)

국내의 경우 제조업체인 삼성전자 또한 하드웨어 중심에서 서비스 플랫폼으로 비즈니스 모델을 확장해 다양한 하드웨어를 포함하는 3 스크린 전략을 추진 중이다. 삼성전자는 2009년 3월 유럽에서 휴대폰이나 PC에서 영화, TV 드라마 등을 내려받을 수 있는 '무비스토어' 서비스를 시작했다. 무비스토어에서 다양한 비디오 콘텐츠를 다운받아 PC에서 바로 감상할 수 있으며, 해당 콘텐츠를 휴대폰으로 전송해 언제 어디서나 보는 것이 가능한 서비스를 제공하고 있다.

3 스크린 전략은 크로스 미디어 전략과 유사한 개념이다. 크로스 미디어는 올드 미디어기업들이 생존을 위해 선택한 중요한 전략의 하나로서 주로 신문, 방송사 등 올드 미디어 측에서 크로스 미디어에 대한 시도가 활발하게 이루어지고 있다. 일본의 경우 신문, 방송 등의 올드 미디어를 중심으로 크로스미디어 전략이 활발하게 전개되고 있다. 2008년 후지 TV, NTT도코모, 스카퍼JAST 등 5개사가 멀티미디어 방송기획 LLC 합동회사를 사업회사로 전환했으며, 산케이신문은 지면을 아이폰(iPhone)으로 무료제공하기 시작했다. 야후, 츄부니혼방송(CBC), 하쿠호도DY미디어파트너즈가 TV 프로그램과 연동한 인터넷 광고상품을 공동으로 개발하기로 하였으며, 아사히신문, TV아사히, KDDI가 휴대전화 대상의 유료 포털사업을 추진하기로 했다. 향후 수 년 안에 1,000만 명의 가입자를 목표로 하고 있다.

영국의 BBC에서는 2006년 발표한 창조적 미래전략에서 인터넷의 확산과 TV 대체 현상, 팟캐스팅(Podcasting)을 비롯한 새로운 형태의 미디어 소비, VOD 서비스의 확산 등 신기술 기반의 뉴미디어 서비스가 급속하게 확산되는 상황에서, 다양한 매체에서 BBC의 콘텐츠를 접할 수 있는 미래전략을 제시한 바 있다. 즉, 영상 매체는 휴대 단말기의 '팜 (Palm) 스크린', 'PC 스크린', 대형 텔레비전 등의 '소파 스크린'으로 분화돼 각기 다른 이용자 경험을 요구받고 있으며, 이를 통합적으로 조율하기 위해서는 기존 방송 개념을 초월한 크로스 미디어가 중요하다는 것이 보고서의 주된 논점이다.

일본의 광고회사 덴츠(Dentsu)는 라이프스타일, 트렌드와 같은 소비자의 인사이트를 바탕으로, 시간과 장소 등 소비자가 처한 상황별 문맥에 알맞은 미디어를 취사선택해 소비자를 다양한 정보의 막으로부터 유도하는 도선(導線)을 만드는 이른바 '크로스위치(Crosswitch)'를 주창하여, 광고계에서 새로운 크로스 미디어 시장을 선도하고 있다는 평가를 받고 있다. 실제로 크로스 플랫폼 기반 광고 시장은 새로운 수익시장으로 기대되고 있다.

한편 3 스크린은 N 스크린으로 진화하고 있는데, 향후 콘텐츠 서비스는 Everywhere, Everytime, Everyscreen(Everydevice)에 콘텐츠를 공급, 소비자 욕구 변화에 효과적 대응하는 서비스로 진화할 것으로 예상된다. N 스크린 서비스는 미래를 가장 잘 확인할 수 있는 서비스로 디지털 음악 파일 서비스를 예로 들면, 특정 음악 파일을 재생할 수 있는 단말기(모바일 폰, MP3 플레이어, PC 등)가 다양해짐을 의미한다. 따라서 N 스크린 서비스는 새로운 미디어 플랫폼의 활성화에 기여하거나 지능형 케이블 방송 및 위성방송에 적용되어 기존 미디어보다 더욱 양방향성을 높여 사용자 친화적인 방송 제작 환경을 구축할 수 있게 해줄 것이다.

사업자 측면에서 3 스크린 혹은 N 스크린 서비스는 동일한 콘텐츠 유통으로 서비스 가입 단말기의 다변화 및 결합상품과 번들링 상품의 다양화를 가능하게 해준다. 예컨대, 이 서비스가 도입되면 케이블 방송사는 1가구 단일 가입자 형태를 넘어서서 1가구 N 가입자를 확보할 수 있게 될 것이다. 특히 이와 같은 서비스는 개방형 플랫폼을 통해 서비스 간 융합을 유도하여 새로운 시장을 창출하거나 다종 기기 간 호환성을 확보함으로써 기기 개발-생산과정의 재원과 예산을 절감해주는 등의 효과를 얻을 수 있다. 또한 콘텐츠 창작 및 제작에 소요되는 자원의 절감과 제작기간 단축을 지원해 중소 제작사의 경영 합리화에 기여할 수도 있다. 더불어 새로운 뉴미디어 플랫폼의 시장 진입 시 콘텐츠 부족 문제를 해결하는 안정적 콘텐츠 공급 인프라로 작용하고 나아가 이용자 편의성 증대를 통해 불법으로 유통되는 콘텐츠의 합법적 이용을 유도하는 등의 효과를 기대할 수 있다.

4

법제도적 환경의 현주소

1) 국내 콘텐츠 규제

현재 국내 콘텐츠 산업의 구조는 대기업을 중심으로 독점화되어 있다. 독점화된 구조는 콘텐츠의 편중화를 부추기며, 영세한 콘텐츠 사업자의 경쟁력을 약화시키고 있다. 장기적인 콘텐츠 산업의 발전을 위해 균형적인 가치사슬 구축이 선행되어야 하고, 이를 위해 정부의 제도적 지원이 필수적인 상황이다. 다시 말해 수평적 산업구조와 가치사슬 단계의 분화는 비즈니스 성공을 위한 새로운 요소와 조건을 요구하고 이를 확보하기 위한 정부 역할 역시 변화를 요구한다. 미디어 콘텐츠의 특성상, 영세 사업자에 대한 배려와 유통의 보장을 통한 최종 소비자로의 전달을 원활하게 하기 위해서는 정부의 개입이 필수적이며, 이러한 개입을 통해 강제적 유통 조정 기능을 수행해야 한다. 문화의 다양성 차원에서 다양한 장르의 콘텐츠가 유통될 수 있는 지원, 통제가 필요한 것이다. 예컨대, 스크린 쿼터제가 대표적인 사례이다. 주지하다시피 미디어 콘텐츠 시장 내 사업자 간 상호조정을 통한 자율 정화는 실패하고 있다. 미디어 콘텐츠 시장의 지속성장을 위해 정책적 개입이 필요한 상황인 것이다.

무엇보다 공정경쟁 환경조성이 절대적으로 요구된다. 지금의 콘텐츠 환경은 콘텐츠 제작자와 유통업체 간, 시장 지배적 사업자와 중소 콘텐츠 업체와의 불공정 거래가 여전하다. 따라서 플랫폼 사업자와 콘텐츠 사업자 간 공정경쟁 유도, 판권계약 및 배급 관련 공정거래 가이드라인 마련 등의 현실적 대책이 요구된다. 더불어 디지털 환경에서 이루어지는 불법 복제·유통 방지 대책이 마련되어야 한다. 미디어 콘텐츠의 불법 복제·유통은 기업의 수익 기반을 위협하고, 중복적인 사업 진입규제 등은 투자 의욕을 저하시키기 때문이다. 그러나 규제를 위한 규제로 전락해서는 실질적인 효과를 기대하기 어려울 것이다. 즉, DRM 프리와 같이 일정 대가를 지불한 뒤에는 자유롭게 사용할 권리도 주어야 한다.

아울러 미디어 콘텐츠 제작 및 유통 분야의 정부지원예산 수준은 적절하지 못하고, 미디어 콘텐츠에 대한 투자여건이 개선되지 못하고 있어 소수 인기 콘텐츠에만 금융투자가 집중되는 상황이다. 즉, 통신기업 및 대기업의 투자가 방송, 영화 등과 같은 킬러 콘텐츠에만 집중되고 있어 다른 콘텐츠는 상대적으로 소외되고 있다. 게다가 콘텐츠 산업은 '고위험(high-risk)' 속성을 이유로 투자 회피 경향이 강하기 때문에 제조업 및 도소매업에 비해 은행대출이 상대적으로 낮은 수준이다. DMB, IPTV,

와이브로 등 신규 서비스별 특성에 맞는 콘텐츠 확보를 위해서는 재원 투자가 필요한 상황임에도 이러한 이유로 어려움을 겪고 있다. 국내 대부분의 콘텐츠 기업은 자본력이 영세한 중소기업이다. 미디어 콘텐츠 산업은 일반적으로 시장 규모에 비해 투자 정보의 생산비용이 높으므로 '기업금융' 혹은 '프로젝트에 대한 지분투자'를 중심으로 제작자금의 조달이 주로 이루어지고 있는 실정이다. 콘텐츠 산업에 대한 투자의 가장 주된 수단은 프로젝트 투자 방식이다. 그러므로 콘텐츠 전문투자조합 확대, 다양한 세제혜택 마련 및 콘텐츠의 지적재산권을 담보로 인정하는 투자 환경의 조성이 요구된다.

비합리적인 문화 콘텐츠 산업 투자구조를 고착시킨 뿌리는 사전제작 미비와 회계 불투명성의 관행으로 요약된다. 부가 판권의 부족 등 시장의 협소성으로 인한 투자자금의 산업 내부적 조달은 사전제작 미비 및 회계 불투명성을 용인하며 이는 높은 완성 리스크 및 정산 투명성의 결여로 인한 투자유인의 저하를 초래해 다양한 투자자금의 유입을 저해하고, 투자를 산업 내부적인 자금에만 의존토록 하면서 객관적인 평가 모델의 발달을 제한한다. 이는 다시 투자의 제약으로 인한 시장의 협소성의 순환 고리를 이루어 구조적 개선을 저해한다.

2) 공사균형주의

급속한 통신기술의 발전에 힘입어 방송이 다매체 다채널화, 디지털화됨으로써 종래 지상파 방송에 대한 규제 근거가 되었던 '사회적 영향력'과

'방송 주파수의 희소성' 원리의 타당성은 약화되고 있다. 더욱이 디지털화와 네트워크의 광대역화가 진전됨으로써 전송되는 콘텐츠의 형식은 다양화되고, 네트워크 및 단말기를 융·복합화하는 소위 '방송·통신의 융합' 현상은 방송과 통신의 경계를 허물고 있다.

이에 따라 종래 공공성과 공익성이 강조되던 기존의 방송 관련 제도도 경제적·산업적 측면까지 고려해 방송의 다원화와 수용자 시대에 부응할 수 있도록 근본적인 패러다임의 변화가 필요하게 되었다. 또한 전 세계적으로 방송통신 산업의 성장률이 둔화되고 있고, 이를 극복하기 위한 다양한 노력들이 미국, 유럽연합, OECD, 영국 등 주요 선진국을 중심으로 진행되고 있다. 이러한 노력들 중에 가장 주요한 흐름은 방송통신융합에 대비하는 개방규제 체계로의 전환과 이를 통한 신규 융합 서비스 산업의 활성화 정책이다. 국내에서도 1990년대 말부터 통신방송 융합에 대비해 법 규정과 제도를 정비했고, 이에 필요한 정책들이 다양한 형태로 지원되었다. 특히 2004년 이후부터 DMB, IPTV 등 새로운 경계영역적인 융합 서비스들의 도입을 둘러싼 구체적인 논의들이 진전되었다. 그러나 수년간 부처 간, 사업자 간 대립되는 이해관계의 벽에 부딪쳐 새로운 규제체계의 도입은 물론, IPTV 등 신규 서비스 도입이 지연되는 경우가 발생하기도 했다. 이는 우리의 미디어 정책이 전통적으로 신규 미디어의 진입, 특히 대자본과 통신자본에 의한 신규 미디어의 진입을 부정적으로 간주하고, 이에 대한 진입을 늦추어왔던 정책기조와 맞닿아 있다. 위성방송, 위성 DMB, IPTV 모두 통신자본에 의한 방송시장 진입이라는 이유로 시장 진입에 큰 어려움을 겪었다.

타 산업에 비해 방송산업의 진입과 사업조건이 까다로운 이유는 방송

산업에서 추구해야 하는 공익성에 기인한다. 방송산업 정책 수립 시 가장 우선시되어야 하는 목표들 중의 하나가 공익성 확보라는 것에는 많은 이들이 동의하고 있으나, 공익성의 개념이 무엇이고 융합 환경에서의 공익성 개념이 어떻게 변화되어야 하며, 또한 공익성은 어떻게 실현할 수 있고, 어떠한 방법으로 가장 효율적으로 확보할 수 있는가에 대해서는 이견이 많다.

공익성은 과연 대자본이나 통신자본이 실현하기는 불가능하고, 오로지 기존의 방송사업자들만이 실현할 수 있는 것인가? 과연 기존의 방송사업자들은 공익성 높은 프로그램의 제공에 힘써 국내 방송 서비스 시장의 질 향상에 기여해왔는가? 대기업 자본을 바탕으로 한 통신사업자나 중소기업 자본을 바탕으로 한 방송사업자나 기업의 최대 목표는 이윤극대화일 수밖에 없고, 이러한 목표를 추구하기 위해서는 공익의무를 부과하는 법적 요건을 최소한으로 충족시키는 범위 내에서 진입을 자유롭게 허용해야 한다. 공익성 있는 프로그램은 상업방송에 대한 강제 적용보다는 공영방송을 통해서 제공되는 것이 바람직한 구조이다. 따라서 공익성 논리에 기반을 둔 뉴미디어 진입 제한 정책은 지양될 필요가 있다. 뉴미디어 진입 정책은 많은 소비자가 보다 다양한 프로그램에 접근할 수 있도록 진입장벽 완화와 공정 경쟁 환경을 조성하는 정책으로 변화되어야 한다. 최근 해외 주요 국가에서 방송과 통신의 융합을 맞이해 새롭게 제정되고 있는 통합법들도 방송과 통신의 산업적, 경제적 역할에 주목하면서 방송산업의 활성화와 소비자 혜택의 증진을 중요한 고려 대상에 포함하고 있다. 이제는 방송의 정치적, 사회문화적 관점에만 초점을 맞추는 시각에서 벗어나 방송의 경제적, 산업적 측면을 고려한 방송정책이 필요한 시기이다.

융합 환경에서 이루어지는 정부 규제는 새로운 미디어 사업자의 접근성을 보장하는 정책들, 즉, 경쟁정책이 주요한 정책 수단이 되어야 한다. 미디어 산업에서 소유와 진입의 문제는 공익성과 연결시키기보다는 미디어 산업에서의 공정한 경쟁 환경 구축의 차원에서 논의되어야 하며, 공정 경쟁이 미디어 산업에서의 주요 정책 목적이 되어야 한다. 공공성 혹은 공익성 개념에 대한 그동안의 연구 결과를 보면 특정 사익과 대비되는 개념 범주라는 점에 대해서는 폭넓은 공감대를 형성하고 있으나, 그 의미에 대해서는 합의된 하나의 개념이 도출되기보다는 관점에 따라 다양한 의미를 지니는 것으로 해석되어 왔다.

공익성은 사상적으로 공동체주의, 정치적으로 사회민주주의, 경제적으로 사회적 시장경제체제, 그리고 철학적으로는 선험적 객관론에 모태를 두고 있다. 그러나 구체적인 현실에 있어서 이러한 이분법적 구분을 그대로 적용해 한 사회에서 공익의 수용 여부를 논하기는 어렵다. 더구나 다원화된 현대사회에서는 공익의 긍정, 부정보다는 수용의 수위를 놓고 논란이 제기되는 경우가 많다고 보는 것이 더 적절하다. 따라서 미디어 2.0 정책의 기본이념은 공사균형주의적 통섭의 이념에 기초해 해석되어야 할 것이다. 공익과 사익이 적절한 조화를 이루어야 한다는 의미이다.

공사균형주의에서는 방송산업정책, 방송정책, 매체산업정책과 같은 개념을 반대한다. 문화정책이라는 말이 더 설득적이기 때문이다. 커뮤니케이션과 문화의 사회문화적 가치를 중시하고, 산업적 가치를 존중하는 새로운 이념이 필요한데, 그것을 공사균형주의라고 할 수 있다. 이것은 커뮤니케이션 생산 수단이 다양한 이익을 고루 반영해 국민 권력을 충실히 집행하는 이념을 기저로 하고 있다. 공익과 사익의 균형, 상업성과 비상업성의 균형, 국내적인 것과 국제적인 것의 균형, 서울과 지방의 균형을 추구하는 것이 곧 공사균형주의의 입장이다. 또한 공사균형주의는 궁극적으로 정보문화와 디지털 커뮤니케이션 분야가 국민 권력의 틀에서 시장경제와 결합을 촉진하는 개념이며, 좁은 의미에서 사유화 반대, 공유 영역의 확대 정책이다.

공사균형주의가 필요한 까닭은 산업자본주의 구조에서 발전한 공익성론은 유용한 점이 많지만 새로운 현상이나 변화를 적절히 담아내지 못하기 때문이다. 전통적인 공익철학만으로는 사유화−독점화−종속화를 막을 길이 없다. 공익성은 주로 방송에 해당되는 이념으로 받아들인 측면이 커서 커뮤니케이션 산업 전체를 아우르는 이념으로는 충분하지 않다. 따라서 디지털−시장 개방 구조에서 공사균형주의 전략으로 사적 독점 세력의 지배에 대응해야 한다. 이것은 매체 영역에서 사적 영역은 가급적 규율하고, 공유 영역을 확대시키며, 민주적 통제를 강화시키는 것이다. 이런 가치를 한데 묶는 개념으로서 공익 융합이 제시된 것이다.

커뮤니케이션 산업에서 공익적 가치와 산업적 가치는 지속적으로 대립관계에 있었다. 그러나 이 둘을 상호보완, 선차성의 문제로 보고 조화와 균형을 추구하려는 움직임이 늘어나고 있다. 공익이념도 경제적 동기나 목적을 어느 정도 고려함으로써 공익성을 전통적인 규범에서부터 디지털 다채널 체제의 환경에 적응하려는 적극적인 변화가 필요하다. 공사균형주의는 국민 주권의 철학에 기초한 개념이며, 시장 개방이라는 새로운 경제 환경과 디지털 혁명에 따른 다종 매체 구조의 정립을 반영하는 논리이다.

아날로그 시대의 공익론은 공영방송의 제도적 완결성을 중심으로 기능했다면, 디지털-지구화 시대의 공익론은 국민 주도성, 경제적 가치도 포괄하는 개념으로서 공사균형주의가 중시되어야 한다. 공사균형주의가 지지하는 방송과 통신의 경제 구조는 '사회적 시장(social market)' 또는 '공익 시장(public market)'이다. 이것은 사회적, 공익적 가치를 우선하되, 투자 가치도 적극적으로 인정함으로써 시장적 가치를 존중하자는 것이다(김승수, 2006). 여기서 모든 판단, 정책은 매체의 여론 형성 기능과 문화생산 기능을 가장 중요한 기준으로 삼는다. 그렇지만 과다한 다채널 경쟁에 따른 출혈 경쟁은 피하고, 국민 부담도 최소로 해야 한다. 서비스의 보편성과 최소의 정보문화 격차 그리고 비용 최소 부담의 원칙이 사회적 시장 구조에서 구현되려면 신규 채널과 서비스는 국민 경제와 수요 그리고 국민 의견을 바탕으로 산업정책이 수립되어야 한다. 좀더 자세히 말해 뉴미디어와 융합 서비스를 포함한 콘텐츠 서비스는 국민에게 필수적인 정치적 권리, 사회문화적 권리, 문화 주권적 권리이며 동시에 경제적 권리이다. 여기서 경제적 권리는 국민의 입장에서는 무료 또는 최소의 비용으로 공정하고, 다양한 서비스를 받아볼 권리를 말하며, 기업의 입장에서는 합리적인 시장 규제를 통한 수익권을 보장하는 것이다.

경제체제의 전형적인 구분은 자본주의 시장경제와 사회주의 계획경제 등 두 극단이지만, 현실에서는 국민경제마다 역사, 전통, 사회가치관 등이 다름에 따라 체제의 내용도 달라지게 마련이다. 독일은 '사회적 시장경제'라고 불리는, 나름대로의 특징을 가진 경제체제를 가지고 있으며, 동구의 구사회주의 국가들이 체제 전환을 하면서 가장 많은 관심을 기울인 체제도 바로 독일의 '사회적 시장경제'였다. 나치 시대 개인의 자유가 억압받고, 경제는 중앙통제적 전시체제에서 창의성이 발휘되지 못함을 인식한 일련의 학자들이 자유민주적 경제사회의 실현을 위한 체제 연구를 꾸준히 진행해 그 결실이 사회적 시장경제로 나타났으며, 이 용어는 뮐러-아르막(Mueller-Armack)에 의해서 1946년에 처음 사용되었다[2].

사회적 시장경제 체제는 사회적인 책임을 동반한 시장경제 체제를 뜻한다. 1948년부터 독일이 경제이념으로 채택해 유럽의 대표적인 경제 모델로 자리 잡았다. 이론적인 바탕은 발터 오이켄(Walter Eucken) 등 유럽의 질서자유주의 학자들의 사상에서 비롯된다. 자유로운 시장 경쟁을 보장하지만 필요할 경우에는 정부가 개입한다는 원칙을 갖고 있다. 시장이 항상 완벽하게 작동하는 것은 아니라는 이유에서다. 사회적 시장경제 체제는 자본주의와 사회주의경제 체제의 장점만을 따온 것이다. 사회적 시장경제에서는 경제뿐만 아니라 정치 및 사회적 목표와 실천 원칙까지도 사회질서 정책의 중심사상에 합성되어 사회적 공공복지를

---

2) 사회적 시장경제에서 경쟁 질서 외에 '사회적'이라고 불리는 독특한 사조를 제시하게 된 것은 바로 전체주의의 지배를 경험했다는 데서 쉽게 찾을 수 있다. 즉, 사회적 시장경제를 주창했던 경제학자들이 전후에 획일적이고 공통적인 사고를 했던 것은 아니었지만 전후 독일의 과제는 이 체제를 통해 전체주의 지배의 잔재를 해소하고 경제 재건을 위해 개인의 자기 실현 동기를 진작시키고 그렇게 함으로써 파괴된 국가의 경제자원을 공동체 전체를 위해 활용할 수 있다는 데에 인식을 같이 했다는 것이다. 또한 이들은 시장경제를 자연발생적이라고 보지 않고, 특정 경제유형을 위한 의도적 결정이며, 하나의 도구라고 보는 데 쉽게 합의했다는 데서 이 체제 구축의 성공을 이끌어낼 수 있었다고 본다(이주영, 1999, 141쪽).

추구한다.

한편 사회적 시장경제는 나름대로 여러 가지 특징을 지녔으나 그중 특히, 경제와 사회 문제의 균형적 해결, 적극적 정부의 역할, 인본적 직업세계의 설계, 사회적 규범의 중요성 등을 특히 관심 대상으로 삼고 있다. 이들에 대해 간략하게 설명하면 다음과 같다.

첫째, 경제와 사회 문제가 연계되어 있다고 본다. 사회적 시장경제는 자유, 효율, 사회정의를 동시에 추구한다. 그러나 경제적 자유가 시장에서 자동적으로 형성되지 않는다고 보고 경쟁을 보장할 수 있는 경제, 사회, 윤리적 조건에 대한 강한 정책의 필요성을 인식했다. 특히 윤리적 측면을 강조해 자유와 사회정의를 지키기 위해서는 '물질적인 효율성이나 복지 이전에 자유를 선택'하고 '책임 있는 인간이 중심에 서는 체제'를 구축해야 한다고 보았다. 이는 경제적 효율성과 다양한 선택의 자유가 바로 사회 문제 해결의 첩경이라고 보고 있다.

둘째, 사회구성원 간의 인간적 관계 설정이 우선되어야 하는 인본적 직업세계의 설계이다.

셋째, 적극적인 정부의 역할을 제시하고 있다. 사회적 시장경제에서는 '시장실패론'이나 '정책무용론' 모두를 거부하고, 강력하지만 결코 무소불능이 아니라 한정된 과제 영역에 집중하는 분별력 있는 정부를 요구한다. 결국 정부의 경제에 대한 기본 입장은 경쟁의 유지와 갈등의 조정으로 압축되는데 이는 다음과 같은 인식에서 출발한다. 즉, 경제는 개인의 이윤 동기에 의해서 발전되며, 이윤 동기로 유발된 행위는 항상 이해갈등과 마찰을 동반하게 마련이다. 그리고 개인은 자신의 이익을 위해 국가 권력을 이용하려는 경향을 가졌다. 그런데 국가가 개인 간의 이해 갈등에 잘못 개입하면 공동사회의 적이 될 수도 있다. 따라서 정부는 경제 주체가 자신의 이익을 위해 경쟁하도록 하되 국가로의 권력 집중을 통해서가 아니라 경쟁 질서의 구축으로 해결한다. 이에 따라 정부가 해야 할 중요한 역할은 첫째, 목적 지향적 질서 체계의 조성, 둘째, 예외 영역에서 적극적 역할, 셋째, 공정한 규칙의 설정 등이다.

넷째, 시장경제에서의 사회적 규범을 중요시한다. 사회적 시장경제에서 경제정책과 사회정책 간의 관계는 상호의존적이다. 경제정책과 사회정책의 개별 조치들은 상호 간에 영향을 미친다. 사회적 시장경제에서 사회적 목적의 실현은 경제정책 도구들을 통해서 이루어지며, 그렇기 때문에 정책 수단의 경제적 효과만이 아니라 사회적 효과도 동시에 검토, 의사결정 과정에 환류(feedback)시킬 것이 요구된다. 그러나 사회정책의 수행이 국민경제 유도 체계의 기능 방식에 장애를 일으키지 않아야 한다는 것을 원칙으로 삼고 있다(안두순, 1998).

사회적 시장경제란 무엇보다도 시장으로 분업화된 경제에서 유인, 성과 및 통제 문제의 해결을 위해 질서 정책적으로 정착된 규범체계이기도 하다. 그러므로 사회적 시장경제는 좁은 경제적 시야에 국한되지 않고, 보다 넓은 사회적 관점에서 시장경제와 사회적 목표들이 합성된 소위 '사회적 공생'의 실현을 위한 규범으로 이해할 필요가 있다. 인간의 생활영역은 서로 고립되어 존재할 수 없으며 그렇기 때문에 각 영역의 부분 질서는 조화를 필요로 하며, 이를 위해 고안된 규범체계가 곧 사회적 시장경제인 것이다. 요컨대 사회적 시장경제는 경제적 효율과 사회적 형평을 동시에 달성하기 위한 규범체계임과 동시에 통제경제와 자유방임경제의 대안적 경제체제이다. 그러나 효율과 형평은 특정한 제도적

틀에 의해 항상 동시적으로 실현되는 것은 아니므로, 이를 추구하는 사회적 시장경제의 틀도 고정불변일 수는 없다.[3]

이전에도 한국 시장경제에 독일식의 사회적 시장경제 체제를 도입하자는 논의들이 일부 존재해왔으나, 1997년 IMF의 권고와 압력 하에 한국 정부가 적극적으로 추진해온 신자유주의적 경제개혁의 성과와 문제점에 대한 평가들이 사회적인 논쟁점이 되면서, 한국형 사회적 시장경제 체제의 가능성이 일부 학자들을 중심으로 제기되고 있다. 대표적으로 신정완(2005)은 한국 경제의 대안적 체제 모델로서 '한국형 사회적 시장경제 모델'을 구상했으며, 황준성(2006)도 독일 사회적 시장경제의 경험을 통해 한국 시장경제의 사상적 패러다임으로서는 '질서자유주의'를 경제체제로는 '인본적 자본주의(Human Capitalism)'를 제안하고 있다.

미디어 2.0 시장은 '사회적 시장(social market)' 모델을 지향해야 한다. 사회적, 공익적 가치를 우선하되, 투자 가치도 적극적으로 인정함으로써 시장적 가치를 존중하자는 것이다. 미디어 콘텐츠 시장에 대한 사회적 시장경제 개념의 도입은 미디어 콘텐츠 시장 역시 공정한 경쟁질서 확립이 요구되는 실물시장의 성격을 갖기 때문에, 가능하다고 본다.

물론 방송이 인간의 사고에 영향을 미치며 세계를 바라보는 시각을

---

3) 사회적 시장경제는 경제적 자유주의와 사회주의 간의 제3의 길로써 새로운 방식의 종합(neuartige Synthese)이라 불리며 사회주의적 시대정신의 표현, 또는 시장에서의 자유의 원리를 사회적 조정의 원리와 결합시키려는 원리라고 일컬어지기도 한다. 그러나 '사회적 시장경제'는 어떤 의미에서 상충되는 개념의 결합이며 경쟁과 연대의 상호 긴장된 관계가 내재하고 있으며 이에 따라 시장 경제적 요소를 강조하느냐 아니면 사회적 요소를 강조하느냐에 따라 사회적 시장경제의 성격이 전혀 달라질 수 있는 만큼 그 개념과 내용은 불명확할 수 있다(김문현, 1993).

결정짓기도 하는 등의 소위 의식(意識)산업적인 성격을 갖고는 있지만, 이제는 미디어 콘텐츠가 의식산업보다는 문화산업으로서의 성격을 더욱 크게 갖게 되면서 경쟁을 통해 보다 우수한 상품이 가능한 공급되어야 한다는 시장경제 논리가 상대적으로 강조되고 있는 상황이다. 그러나 시장 내에서 독점이나 과점 등 공정 경쟁을 저해하는 구조적 요인들이 잔존하고 있으며, 시장에서의 공정 경쟁 실패가 이를 시청하고자 하는 많은 시청자들에게 보편적 시청권을 박탈시킬 수 있는 인기 스포츠 중계의 유료방송 독점 등과 같은 사례를 발생시킬 수 있으므로, 정부의 제도적인 개입도 일정 부분 필요할 것이다. 따라서 안정, 공정, 발전이라는 기조를 갖고 효율과 형평의 균형을 유지할 수 있는 계량화된 한국식 사회적 시장경제 모델이 미디어 콘텐츠 시장에도 충분히 고려될 필요가 있다.

여기서 정부의 역할은 균형자로서의 역할이다. 어떠한 상황에서도 중립적인 위치를 고수해야 한다. 사회적 시장 모델은 수용자 복지, 산업활성화, 공공성 제고 등 세 가지 목표를 지향한다. 사업자 간 경쟁촉진을 통해 새로운 매체와 서비스를 활성화함으로써 소비자의 선택 범위를 확대하고 소비자 권익을 보호하는 한편, 시장원리를 통해 제공될 수 없는 다양한 공공 정보와 의견이 유통될 수 있도록 미디어의 공익성을 증진시킴으로써 궁극적으로 수용자의 복지를 증진시키는 데 초점을 둔다. 미디어 융합에 따른 새로운 콘텐츠와 서비스 시장의 활성화로 소비자의 콘텐츠 수요와 이용문화를 고려한 문화적 관점의 진흥정책인 것이다. 이를 위해 정부 역할과 관련한 규제철학의 정립, 융합 서비스 분야의 현안 해결, 미래 비전과 청사진의 제시가 필요하다. 이를 위해서는 황준성

(2006)의 '인본적 자본주의' 체제에 대한 논의를 눈여겨볼 필요가 있다. 황준성은 한국 경제에서 정부는 질서자유주의에 기초한 시장에서 자유로운 경쟁 질서가 계속 유지될 수 있도록 시장을 관리하는 역할을 수행해야 한다고 주장한다. 정부는 무엇보다도 먼저 시장에서의 경쟁 질서를 확립하기 위해 시장 기능을 최대한 회복하는 역할을 수행해야 하며, 시장경제 질서는 기본적으로 경쟁을 바탕으로 하고 이러한 경쟁 질서는 스스로 형성되어질 수 없으며, 경쟁 질서의 확립은 정부가 해야 할 중요한 역할이라는 것이다. 결국 이러한 경우에 경제는 가능한 한 개별 경제 주체 간의 경쟁에 맡겨두어야 하며, 정부는 경쟁이 효율적으로 작동할 수 있도록 제반 법적, 제도적 장치를 마련해야 한다는 것이다. 물론 정부의 강력한 개입을 주장하고 있지는 않지만, 시장의 효율성을 위한 정부의 개입이 필요하다는 입장에서 사업자 간 과열경쟁이 발생할 수 있는 완전 시장경쟁주의의 폐해를 어느 정도 보완할 수 있는 시장체제를 제시한 것으로 볼 수 있다.

3) 미디어 콘텐츠 시장 규제정책 방향

디지털 기술의 발달로 인한 방송과 통신의 융합은 콘텐츠 계층에 대한 과거의 전통적인 규제논리에 중대한 도전을 제기한다. 융합의 도래로 개별 네트워크의 종류에 관계없이 방송 콘텐츠와 통신 콘텐츠가 하나의 네트워크상에서 모두 제공하는 것이 가능한 현재, 기존의 수직적 규제 하에서 적용해왔던 콘텐츠에 대한 규제 근거가 흔들리고 있는 것이다.

융합 환경 하에서 기술 중립적인 네트워크상에서 전송되는 콘텐츠에 대한 규제는 콘텐츠 서비스의 시장획정 및 시장구조 개편과 밀접하게 연관되어 있기 때문에 콘텐츠 산업의 활성화를 위한 중요한 정책적 고려 대상이 된다. 가령, 매체별 또는 플랫폼별로 차별적인 콘텐츠 규제가 이루어진다면 규제 수준이 높은 매체나 플랫폼을 통해 콘텐츠를 제공하는 사업자들은 규제 수준이 낮은 사업자들에 비해 시장 내에서 상대적으로 불리한 위치에 놓일 수 있으며, 이로 인해 강도 높은 규제를 받는 사업자들로 하여금 규제 회피를 위한 기회주의적 행동을 유발하게 할 수도 있다. 이렇게 융합시대에 들어서서 콘텐츠 규제의 새로운 필요성이 커지면서 해외 주요 각국들은 수평적 규제체계의 도입과 더불어 콘텐츠 계층에 대한 규제를 개선하려는 노력을 하고 있다.

최근 국내 방송통신 분야에서 논란이 되고 있는 수평적 규제체계의 서비스 분류 쟁점이나 IPTV의 도입 방안의 이면에도 콘텐츠를 둘러싼 규제의 차별성과 강도에 대한 서로 다른 입장 차이가 존재하고 있다. 결국, 수평적 규제체계 하에서 콘텐츠 계층을 어떻게 규제할 것인가 하는 문제는 결코 콘텐츠 내용을 어떻게 규제할 것인가 하는 과거의 시각과는 달리, 방송통신 서비스 산업의 활성화라는 본질적 이슈를 담고 있는 것이다.

융합 환경이 진전되면서 콘텐츠를 제공하고 소비하는 방식은 물론 미디어 산업의 전반적 구조가 변화하고 있음에도 불구하고 미디어 콘텐츠의 규제철학과 규제방식은 전통적인 틀에서 크게 벗어나지 못하고 있다. 미디어 콘텐츠 규제와 관련된 논의가 제자리에 머물러 있을 수밖에 없었던 중요한 이유 가운데 하나는 국내의 미디어 규제 논의가 최근 몇

년간 IPTV를 중심으로 한 신규 융합 서비스의 도입과 방송통신위원회 설립이라는 현안에 몰두되어 신규 매체의 진입규제, 신구매체 간의 공정 경쟁 규제, 방송통신위원회의 구성 등의 이슈에만 초점이 맞추어져 왔기 때문이다.

융합 환경에서도 콘텐츠 계층 고유의 규제목표와 규제방향은 반드시 존재한다. 그러나 콘텐츠 계층에서의 공익성 추구와 이를 달성하기 위한 규제수단의 실효성 간에는 면밀한 분석이 요구된다. 이 같은 차원에서 이상우와 황준호(2008)는 융합시대 미디어 콘텐츠 규제의 변화 방향을 다음과 같이 제시하고 있다.

첫째, 콘텐츠 내용규제의 가장 큰 문제점은 그 기본 가정이 지상파 방송의 강력한 사회문화적 영향력에 아직도 근거하고 있다는 것이다. 다양한 미디어 서비스 전송 사업자와 콘텐츠 서비스 사업자가 경쟁하고 있는 융합의 시대에 이제 더 이상 시청자는 포박당한 수용자가 아니라는 점을 염두에 두어야 한다. 과거의 공급자 위주의 관점에서 잉태된 방송서비스의 제공 방식인 불특정 다수를 대상으로 하는 일방향성과 동시성의 특성이 뉴미디어의 발달로 인해 변화하고 있는데, 이용자 통제권이 대폭 강화되고 있는 것이다. 이러한 환경에서는 일률적인 미디어 콘텐츠 규제를 적용하기보다는 콘텐츠를 소비하는 이용자의 통제 정도, 제공되는 전송기술의 특성 등 다양한 매체적 특성을 고려한 차별화된 규제방안을 고민해야 한다.

둘째, 보편적 시청권 보장에 관한 조항이 방송법 내에 명문화된 것은 방송시장의 선진화와 공익성 강화를 위해 분명 진일보한 것이다. 그러나 국내의 지상파 의무재송신 규제는 규제의 목적이 불분명하고, 규제의 실효성 또한 떨어진다는 비판에서 자유롭지 못하다. 기본적으로 지상파 의무재송신 규제의 목적은 지역성과 다양성에 기여할 것으로 보이는 지상파 채널들이 가급적 많은 사람들에게 보편적으로 제공될 필요가 있다는 것이다. 사실, 우리나라의 경우 지상파 채널들의 경쟁력이 강하기 때문에 이들에 대한 의무재전송 규정이 없다고 하더라도 신규 유료 TV 매체들은 모든 지상파 채널들을 제공하려는 유인 요인이 존재한다. 이는 현재 적용되고 있는 우리나라의 지상파 채널에 대한 의무재송신 규정에 대한 규제의 실익이 없음을 의미한다. 따라서 지상파 채널들에 대한 접근과 관련한 규제는 그 목적을 명확히 설정해 융합 환경에 맞게 새롭게 재정비될 필요가 있다. 또한 지상파 채널에 대한 접근 규제는 시장 왜곡을 최소화하고 지상파 방송사업자의 채널 제작 유인과 유료 TV 사업자들의 공정한 경쟁 환경 구축 등을 모두 고려해 합리적으로 논의되어야 한다.

셋째, 새롭게 변화하고 있는 미디어 환경에서 쿼터 규제가 문화다양성 확보라는 정책목표를 위한 올바른 수단인지에 대한 고민이 필요하다. 자국 제작물에 대한 쿼터 규제는 해당 국가의 자본으로 제작된 콘텐츠에 대해 일정한 시장점유율을 보장해줄 수는 있지만 문화다양성 증진과는 직접적 관련성이 없다는 문제가 발생한다. 콘텐츠의 다양성 확보가 미디어 산업에서 중요한 정책목표라면, 이를 달성하기 위한 정책적 수단은 과거와 같이 쿼터 규제를 통한 정부의 강압적 정책수단이라는 의미를 탈피해 미디어 시장의 경쟁을 활성화시킴으로써 소비자의 매체 선택권을 다양화할 수 있도록 변화될 필요가 있다. 롱테일 이론에 따르면, 무한히 다양한 미디어 환경 하에서 소비자들은 끊임없이 틈새 콘텐츠를 추구할 유인이 발생하게 되고, 시장은 이러한 소비자들을 만족시키기 위해서 새로운 틈새 콘텐츠를 제작하는 사업자들의 증가를 이끌어낼 것이며, 이는 자연스럽게 문화다양성을 만들어낼 수 있다는 것이다. 이는 융합 환경에서 콘텐츠의 다양성은 진입규제가 아니라 시장경쟁을 통해 보다 효율적으로 해결될 수 있음을 의미한다. 따라서 미디어 산업에서 다양성 확보는 정부의 강력한 진입 규제나 쿼터 규제와 같은 타율 규제에서 찾기보다는 미디어 시장으로의 진입을 자유롭게 하고, 사업자들 간의 공정한 경쟁 환경을 보장하는 차원에서 논의되어야 한다.

해외 주요 국가들은 미디어 융합 환경을 맞이해 미디어 콘텐츠 산업의 경쟁력 강화와 공익성 확보를 위한 새로운 콘텐츠 규제방안을 적극적으로 모색하고 있다. 특히 유럽연합이 2007년 5월에 발표한 '시청각미디어 서비스 지침(Audiovisual Media Services without Frontiers)'은 그러한 노력의 대표적인 사례이다. 동 지침은 기존에 전통적인 텔레비전 방송 콘텐츠만을 규제 대상으로 하였던 '국경 없는 텔레비전 지침(Television Without Frontiers Directive)'이 융합 환경의 도래로 인한 전체 시청각 미디어 산업의 변화에 직면해 현실적 적응력에 한계를 보임에 따라 신규 융합 미디어 서비스를 포함한 전체 콘텐츠 산업에 대한 규제틀을 새롭게 재정비하고자 하는 의도에서 기획되었다.

이 지침은 무엇보다도 통신과 방송의 융합 환경 하에서 유럽연합의 시청각 미디어 서비스 산업의 경쟁력 강화를 위한 투자활성화, 고용창출, 그리고 공정 경쟁 환경 조성을 위한 경쟁법과 동등권의 적용, 투명성 확보, 시장안정성, 규제 예측성 제고, 낮은 진입장벽 등의 경제적인 측면을 강조하고 있다. 이와 아울러 사회, 문화, 언어적 다양성의 차원에서 시청각 미디어 서비스 산업의 공익성을 담보하는 최소한의 규제조치들(미성년자 보호 및 증오물 규제, 광고내용 규제, 유럽 작품 쿼터 규제 등)을 담고 있다.

5

<hr>

기술혁신과 감성적 요인

소비자가 제품을 구매할 때 가격, 성능뿐만 아니라 감성적인 만족감까지 고려하는 것은 이미 일반화된 현상이다. 기업들도 점차 기능, 성능, 가격을 넘어 혁신적인 디자인, 브랜드, 이미지 광고 등을 강조하는 추세다. 특히 디자인은 그동안 효과적인 제품 차별화 도구로 인식되어 왔다. 그러나 최근 디자인의 중요성을 인식한 많은 기업들이 디자인 역량 강화에 주력하거나, 제품 디자인이 경쟁사 간에 빠르게 상호 모방되면서 디자인만으로는 차별화된 감성을 제공하는 것이 점차 어려워지고 있다. 따라서 소비자의 감성적 만족도를 높이는 근본적인 대안으로 감성 기술이 주목받고 있다. 과거에는 기술이 성능 향상을 위한 도구로만 인식되었으나, 기술 수준이 고도화되면서 소비자가 느끼는 미묘한 차이를 구현할 수 있는 수준에까지 이르렀다. 게다가 감성 기술은 폭넓은 소비자 조사를 바탕으로 눈에 보이지 않는 차이를 만들어내기 때문에 경쟁사의 모방이 어렵다는 장점이 있다. 또한 감성 기술은 소비자가 제품 구매 후 사용 과정에서 차별화된 경험을 제공함으로써 소비자 로열티를 높이는 수단이 되기도 한다(홍일선, 2008).

소비자의 감성적 니즈가 다양화 고도화되면서 개인 맞춤형 제품, 자연친화적 소재, 정서적 만족감 등과 관련된 기술의 개발 및 탐색이 더욱 중요해질 전망이다. 최근 마이크로소프트, IBM, 소니 등 글로벌 기업들이 내놓은 컨셉이나 최신 제품들을 살펴보면 감성 관련 기술은 감성적 편의성 개선, 제품과 정서적 교감 증진, 사회적 가치 제고 등 크게 세 가지 방향으로 진화하고 있음을 확인할 수 있다.

첫째, 감성적 편의성 개선이다. 기술의 지나친 발전으로 하이테크 제품은 빠른 속도로 고도화 전문화되고, 사용법이 복잡해지는 추세이다.

[그림 3-18] 모바일 기기의 디자인

Player	Apple	Nokia	Googel
Model	iPhone 3GS	5800 Express music	Nexux-One

이에 따라 일부 소비자는 신제품을 단지 과시용으로 구매하거나, 구매 자체를 기피하는 현상마저 나타나고 있다. 메모리 용량, 컴퓨팅 속도 등 기술적인 성능도 소비자가 만족하는 수준을 넘어서면서, 성능 향상에 따른 한계효용의 증가는 이전처럼 크지 않게 되었다. 그 결과 신기하지만 불편한 최신 제품보다는 익숙한 기존 제품에 향수를 느끼는 소비자가 늘고 있다. 역설적으로 하이테크 제품일수록 이런 경향은 더욱 뚜렷해진다. 휴대폰의 경우 DMB, 블루투스, 풀 브라우징으로 무장한 스마트폰과 나란히 통화, 문자에만 중점을 둔 중저가 휴대폰이 꾸준히 출시되고 있는 것도 같은 맥락이다. 따라서 기능적 우수성만큼이나 사용 편의성을 증진시키는 기술에 대한 수요는 꾸준히 증가할 것이다. 터치스크린, 플렉서블 디스플레이 등이 그러하다.

둘째, 제품과의 감성적 상호작용이다. 엔터테인먼트용 지능형 로봇을 중심으로 소비자와 직접 교감하는 제품들도 등장하고 있다. 사람과 로봇의 자연스러운 상호작용을 구현하기 위해 사용자의 입력 내용 이상을 파악하는 센서, 제품에 감성을 부여하는 감성 소프트웨어, 인간 친화적인 표현 기술에 관심이 모아지고 있다. 이러한 감성적 상호작용 기술은 향후 지능형 로봇을 넘어 인간이 접하는 모든 전자제품에 적용될 가능성이 있다.

휴머노이드는 사람처럼 말하고 표정 짓고 움직이는 것을 목표로 하는 가장 진보적인 형태의 로봇이다. 일본의 액트로이드(Actroid), 한국의 에버(Ever), 아이로봇(IRobot)의 베이비봇(Baby-bot) 등이 현재 개발 중이며, 향후 엔터테인먼트, 의료, 복지 분야에서 수요가 급증할 전망이다.

셋째, 사람과 사람을 이어주는 기술이다. 웹의 등장과 함께 기술은 인간의 사회적 관계 형성에 이메일, 게시판 등을 통해 간접적인 형태로 지

대한 영향을 미치고 있다. 향후 통신 속도의 향상, 무선통신의 진화, 사이버 공간의 활성화 등으로 인해 기술의 역할이 커지고, 그 영향력도 보다 직접적인 형태로 변할 것이다. 이미 사람들은 댓글, 방명록, 트랙백을 통해 타인과 새로운 관계를 지속적으로 맺고 동호회, 인터넷 카페 등 가상 커뮤니티에 강한 소속감을 가지게 되었다. 현대인의 사회적 관계 형성에는 싸이월드, 마이스페이스와 같은 SNS, 쌍방향 통신을 활용한 원격 화상 채팅 및 회의, 위치 기반 서비스 등이 주류로 부상하고 있다. 문제는 이러한 기술들이 사회적 관계 형성을 수월하게 하고 관계의 양적 증대를 가져온 장점은 있으나, 질적인 측면에서 관계의 건조함, 일시성 등 한계를 보이고 있다는 것이다. PC 앞에만 앉아 시간을 보내는 '나홀로 족'의 증가는 이를 반영한다. 따라서 향후에는 질적 문제점을 보완하고, 감성적 만족감을 높여줄 수 있는 사회적 네트워크 분석, 3D 디스플레이, 위치추적 기술 등이 보다 중요해질 전망이다.

향후 소비자의 감성적 만족도를 높이고, 제품을 차별화시키는 요소로 감성과 관련된 기술의 중요성은 더욱 커질 전망이다. 특히 다양한 감성 기술 중 감성적 편의성 제고, 정서적 교감 증대, 사회적 가치 제공 등 세 가지 방향이 중요해질 전망이다. 따라서 미래의 시장 주도자가 되기 위해서는 소비자의 정서적·심리적 사용 경험, 사회문화적 맥락을 통괄하는 감성 기술에 주목해야 할 것이다. 콘텐츠는 문화와 기술결합의 요체이다. 인간의 감성, 창의력, 상상력을 원천으로 문화적 요소가 기술로 체계화되어 경제적 가치를 창출하는 문화상품이 바로 콘텐츠이다. 20세기 '기능(제품)' 시대에서 21세기 '기술+감성'의 시대로 전환하고 있다. '기술+감성=성공'의 공식을 만든 애플의 스티브 잡스는 '아이코닉 디자인'으로 불리는 디자인 철학과 기술력으로 아이팟(iPod)과 아이튠즈 (iTunes)라는 히트 상품을 만들어냈다. 이처럼 상품의 기능(기술)은 기본이며, 이야기(상상력)를 담아야 부가가치가 창출되는 것이다. 굿 디자인 제품에 대한 수요가 증가하고 있는데, 앙드레김 디자인 김치냉장고, 캐릭터 카드, 굿 디자인 아파트(래미안, 어울림, 상떼빌 등) 등이 그 예이다. 또한 인간의 감성에 호소하는 제품의 확산 및 고부가가치화가 진행되고 있다. 상향 평준화되는 상품들 사이에 사람들은 더 이상 제품이 아닌 이미지와 스토리에 관심을 갖고, 이런 제품의 매출이 증가하고 있다. 마이클 조던이 신던 운동화, 헬로 키티(고양이 캐릭터) 등을 통한 문화적 감성 충족은 또 다른 문화상품의 구매를 불러일으키게 되는 것이다.

소비자들은 디지털이라는 새로운 생활의 이면에서 인간적인 감성과 여유로움이 급속하게 사라지는 것을 보면서 인간적인 가치를 되찾으려는 강한 욕구를 갖고 있다. 기술이 발달할수록 인간은 그 기술을 인간화하려는 경향이 있다. 상품의 규격화된 기능과 서비스로는 더 이상 소비자를 사로잡기 어렵다. 소비자가 원하는 것은 감동적인 경험을 제공하는 상품이나 서비스라는 사실에 주목해야 한다. 관건은 소비자, 즉 인간의 감성을 자극하고 되살려주는 데 있다. 경험을 팔아야 한다. 아무리 디지털이 세상을 지배한다 해도, 테크놀로지를 개발하고 활용해 편의를 추구하는 주체는 사람임을 잊어서는 안 되는 것이다.

미디어 콘텐츠 산업에서 주요한 기술개발 추세는 디지털 기술의 진전과 인터넷 확산에 따른 패러다임의 변화를 반영하는 형태로 나타나고 있다. 기술 개발은 콘텐츠를 제작하는 과정에서 적용되는 가공, 처리 등과 같은 제작/편집기술과 디지털화된 콘텐츠의 유통구조에 필요한 유통 및 관리기술 등을 중심으로 이루어지고 있다. 제작 및 편집 기술에는 3차원 음향, VR 및 그래픽, 3차원 게임 및 애니메이션, 하이퍼텍스트 등의 기술이 등장해 새로운 개념의 첨단 콘텐츠 개발을 가능하게 하고 있다. 유통 및 관리 기술로는 워터마킹과 암호화, 인증 및 추적 기술 등을 활용해 콘텐츠를 유통시키고 콘텐츠 저작권을 보호하는 DRM 기술과 디지털로의 변환과 아카이빙 기술, CMS(Contents Management System) 등이 있다.

미디어 콘텐츠 제작에는 이 같은 핵심 기술 확보가 필요하다. 영화, 게임, 방송 등의 분야에서 컴퓨터 그래픽 활용 비중이 높아지고 있으나, CG 저작툴 등 핵심 기술의 해외의존도가 심각한 수준이다. 한국 영화 수준을 한 단계 업그레이드시킨 〈괴물(2006)〉은 총 제작비의 3분의 2를 미국의 오퍼니지(orphange)가 담당한 CG 특수효과에 사용했다(한국문화콘텐츠진흥원, 2007). 미디어 콘텐츠 산업에 고유하게 적용되는 기술은 취약한 핵심 기술, 부족한 전문인력, 그리고 미국, 일본 등에 의존하고 있는 관련 장비 등으로 인해, 선도국인 미국에 비해 70% 수준에 머무르고 있다(산업연구원, 2006).

최고기술국인 미국의 70~85% 수준이다. 영화에 쓰이는 영상특수효과에 있어서 미국은 주연급 수준의 디지털 액터 제작이 가능한 수준이나, 우리나라는 조연급 수준이다. 콘텐츠 제작을 위한 핵심 기술의 수입 의존도가 높아 기술도입 비용이 높다. 대학연구소 및 기업의 CT 연구는 한계, 특히 기업의 독창적 R&D 능력이 취약함에 따라 선진국 기술의 모방·활용에 치중하고 있는 상황이다. 민간 기업이 콘텐츠 제작에 투자하는 연구개발비는 약 9.7억 원으로 1기업당 연구개발비 41억에 비해 매우 낮은 수준(통계청 기업체활동실태조사 '06/ 문화산업백서 '07)이다.

특히 융합형 서비스 관련 국내 기술 수준과 콘텐츠 제작 기술 수준이 높지 않고, 융합에 따른 플랫폼 간 연동과 콘텐츠 호환 환경이 잘 갖추어지지 못한 상황이다. 반면 소비자가 콘텐츠를 생산하고 가공할 수 있도록 하는 소비자 친화적 기술환경은 잘 조성되어 있다고 하겠다. 따라서 플랫폼 간 연동과 호환을 높일 수 있는 기술력을 확보함과 동시에 사용자의 참여로 만들 수 있는 콘텐츠 제작의 기술 환경은 더욱 보장해주는 방안을 마련해야 하겠다.

'미디어 콘텐츠+첨단기술'은 미래 미디어 콘텐츠 산업의 성패를 좌우하는 열쇠로 작용할 것으로 전망된다. 이에 독창적 기술력이 필요하다. 기술적 자립 없이는 기술에 대한 높은 로열티를 지불해야 하므로 콘텐츠 개발로 인한 높은 이익을 보장할 수 없게 된다. 창작 및 제작자는 실현 불가능한 상상의 세계를 현실화시키는 한편 막대한 제작원가를 절감할 수 있다.

콘텐츠 산업 전반에 테크놀로지 활용도가 증가하면서 기술력이 융복합 콘텐츠 시장의 성패를 결정하는 요소로 작동하고 있다. 테크놀로지 수준이 콘텐츠의 질을 좌우하는 중요 변수로 부상하고 있는 것이다. 테크놀로지 기반 콘텐츠의 이익률이 높은데, 특히 애니메이션, 게임 등이 그러하다. 최근 영화제작비에서 테크놀로지 투자는 총 영화 제작비의 3분의 1을 초과한다. 〈괴물〉의 경우 44.6%, 〈디워〉는 33% 이상, 〈스파이더맨〉은 33.3%, 〈킹콩〉과 〈황금나침반〉은 40%이상이다. 〈스피드레이서〉는 세트 촬영 외에는 100% CG로 촬영했고, 블록버스터물인 〈아이언 맨〉은 실사와 CG를 구분할 수 없을 정도의 퀄리티를 보여주었으며, 특히 〈아이언 맨〉은 국내 전체 영화흥행 Top5 중 4위(2008년 1~10월)를 기록했다.

한편, 미디어 콘텐츠의 상업적 성공은 감성에 호소하는 '재미·감동'이 관건이라는 점을 염두에 두어야 한다. 스토리(창조, 상상)에 기술력(상상의 현실화)과 예술성(감성)이 가미되어 재미와 감동을 배가하는 것이다. 테크놀로지가 모든 걸 담보해주는 것은 아니라는 말이다. 심형래의 영화〈디 워〉가 미국 시장에서 성공을 거두지 못한 이유는 타 문화권 감성에 대한 연구가 부족하고 스토리가 부실했기 때문이다. 스토리 부족을 중요한 1차 원인으로 꼽고 있지만, 보다 더 근본적인 문제는 미국인의 문화감성, 문화 인지, 소비자 문화 취향에 대한 고려가 부족했다는 점이다. 동양에서의 용은 신비의 대상이지만, 기독교 문명인 서양문화권에서 용은 문화적으로 거부감을 발생시킬 수 있는 대상임을 간과한 것이다.

한국 영화 최대 흥행작인 상업영화〈괴물〉은 미국에서는 예술영화로 소개되었다는 점에도 주목할 필요가 있다. 딸의 죽음 앞에서 태연히 밥을 먹는 주연배우의 모습은 미국 문화권에서는 너무나 충격적인 모습이다. 동양권에서는 모진 슬픔을 이겨내는 강인한 생명력으로 평가되었지만, 미국적 관점에서는 아버지가 딸을 지켜내지 못하고 태연하다는 것은 문화적으로 커다란 거부감을 주었다. 이러한 사례들은 문화 감성, 문화 인지의 차이에 대한 배려가 필요함을 역설한다.

미디어 콘텐츠는 재미와 감동으로, 콘텐츠와 인간을 감성적으로 소통시켜, 창작자의 가치를 공유, 소비자를 만족케 하는, '정신적·미적 문화상품'이다. 전체 콘텐츠의 미학적 접근(감성)이 고려되지 않고, 개발·사용되는 공학 기반의 콘텐츠는 인간에게 '감동'을 주기 어렵다. 관련 기술의 연구개발은 '창조·감성·상상' 기반에 이공학적인 기술이 융합되는 방향으로 진행되어야 한다.

6

소비자의 진화

미디어 콘텐츠 소비자는 과거 수동적 소비에서 벗어나 마케팅 및 생산에 직접 참여하는 중심적 주체로 변화하고 있다. 디지털 카메라, 캠코더 등 개인용 정보기기의 고도화와 커뮤니티 서비스의 확대는 소비자를 콘텐츠 생산자로 전환하고 있다. 다양한 커뮤니티 활동을 통해 정보를 공유함으로써 콘텐츠의 고도화를 견인하고 있다. 소비자가 프로슈머로서 창출해내는 다양한 비즈니스 모델이 등장하고 있다. 참여·공유·개방 중심의 콘텐츠 이용 행태는 의사소통 양식과 사회적 관계형성 방식을 변화시키고 있다. 이용자가 지식 콘텐츠 생산에 능동적으로 참여하고 공동체의 자원으로 활용하는 집단지성 현상이 등장하고 있는데, SNS와 집단지식 및 지식검색(위키피디아, 네이버 지식검색 등) 등이 그 예이다. 이처럼 미디어 콘텐츠의 공유와 참여구조에 따라 콘텐츠 유통 및 소비 행태가 변화하면서 새로운 생활문화양식이 도래하고 있다. 자신이 직접 제작한 콘텐츠(UCC)를 온라인상에서 소개하고 서로 공유하는 창조적 프로슈머, 즉 크리슈머(cresumer : creativity+consumer)가 부상 중이다. 그러나 능동적인 콘텐츠 소비집단이 등장하고, 이들이 콘텐츠 제작에 적극 관여하고 있음에도 이에 대한 (심리적, 경제적)보상은 적절하게 이루어지지 못하고 있다.

또한 인기 콘텐츠 중심의 소비가 여전하며 지상파 방송에 대한 시청 행위는 크게 감소하지 않고 있다. 소비자의 시청 장르 편중이 방송사업자의 편성 장르 집중으로 이어지고 있으며, 소비자의 콘텐츠 충성도가 플랫폼 충성도보다 높은 상황이다.[4] 또한 소외계층의 콘텐츠 접근권 확대 부족 등 미디어 이용 격차는 뚜렷하게 감소하지 않고 있으며, 저작권에 대한 소비자의 인식 전환도 이루어지지 못한 상황이다. 장애인 및 소외계층의 콘텐츠 이용격차 해소 및 접근권 확대가 필요하다. 장애인을 위한 콘텐츠 부족 및 소외지역, 저소득 계층의 콘텐츠 향유 기회가 부족하다. 장애인 전용 콘텐츠 개발 및 단말기 보급 확대, 저소득 계층 대상 단말기(DTV, 셋톱박스) 보급 지원, 콘텐츠 이용 요금 지원정책 등이 추진되어야 한다. 개인정보보호 강화 및 불법·유해 콘텐츠로부터 보호가 필요하다. 콘텐츠 이용자에 대한 사생활 침해, 정보유출 등 사회적 역기능

---

4) 지상파 TV 방송, 케이블 TV 방송, 위성 TV 방송, DMB(지상파, 위성) 모두 이용자들이 선호하는 콘텐츠는 비슷하다. 방송위원회의 2006년 TV시청행태 연구 조사결과, 각 플랫폼의 이용자들이 선호하는 콘텐츠는 드라마, 뉴스, 영화, 연예 및 오락 등으로 거의 동일하게 나타나고 있다.

및 부작용 해소·예방을 위한 전문 프로그램이 부족하다. 정보 보호를 위한 이용자 교육확대, 유해 콘텐츠 사후 규제 활성화, 콘텐츠 과몰입 등에 대한 진단과 예방정책이 마련되어야 한다.

한편 2008년 이후 국내 미디어 콘텐츠의 소비시장이 크게 위축되는 경향을 보이고 있다. 개인의 문화소비 및 기업의 문화 후원 지출이 축소되고 있는 것이다. 이에 따라 국내 공연시장의 해외 스타 내한공연 및 대형 공연의 축소·포기가 증가하고 있다. 이 같은 상황은 세계적으로도 크게 다르지 않다. 미국 브로드웨이 극장가의 2008년 12월 흥행수익은 2007년 같은 기간과 비교해 10.6% 감소했고 객석점유율은 50% 내외인 것으로 조사되었다. 또한 브로드웨이 유명 뮤지컬 〈인어공주〉, 〈시카고〉, 〈오페라의 유령〉, 〈메리 포핀스〉 등의 티켓이 절반 이상 할인된 가격으로 판매되고 있다.

미디어 콘텐츠에 대한 이 같은 소비 위축에도 불구하고 소비구조상에서 새로운 경향을 읽어낼 수 있다.

첫째, 문화 마니아층 확산(Geek Culture)과 양방향 콘텐츠 수요 증대이다. 상업성과 창의성의 경계가 붕괴되고 취미생활과 문화소비의 고급화 및 전문화가 이루어지면서 고가의 오디오, DSLR 카메라, 스포츠 장비 등 프로추어(Proteur)를 위한 전문가용 하이엔드(High-end) 제품이 인기를 끌고 있다. 또한 문화적 자산을 통해 혈통적·문화적 우월성을 드러내는 '보이지 않는 잉크' 효과[5]가 확산되고 있기도 하다. 이밖에도 관광객의 적극적, 전문적 수요를 겨냥한 SIT관광(Special Interest travel, 특수목적관광)이 증가하고 있다. 또한 IPTV의 등장과 웹 2.0 환경의 도래에 따라 적극적·능동적 콘텐츠 소비성향이 증가하고 있다. 지리적·물리적

거리와 상관없이 소비자 간 콘텐츠를 만들고 공유하고 재편집하는 '순환 엔터테인먼트(Circular Entertainment)' 현상이 나타나고 있다. 그리고 구획된 공간 개념이 사라져 일상생활의 효율성과 수월성이 혁신적으로 향상된 유비쿼터스 시대가 고도화되어가고 있다.

둘째, 경기침체로 인한 3E(실속/Economical, 가치/Essential, 환경/Environment) 소비가 확산되고 있다. 소비자들의 소비 기준은 원티즘(Wantism, 갖고 싶은가)에서 니디즘(Needism: 필요한가)로 전환하고 있다. 단순한 디자인, 실용적 기능 제품, 신중한 소비 등의 성향 증가로 중저가 제품을 선호하는 합리적·실속형(Economical) 소비문화가 정착되고 있다. 그리고 합리적 소비 형태가 강화되면서 자신에게 꼭 필요한 제품을 구입하는 가치형(Essential) 소비 경향이 확대되고 있다. 또한 기업과 제품의 안전, 친환경성 등 공공적 가치를 중심으로 하는 환경적(Environment), 윤리적(Ethical) 소비 인식이 증가하고 있다. 이 밖에 집에 머물며 재미와 위안을 찾고 육체적·정신적 재충전을 위해 자발적으로 집에 머무는 '신(新) 코쿤족' 등장도 이슈가 되고 있다. 이에 따라 인터넷, 비디오 게임 등을 이용한 홈 엔터테인먼트(Home Entertainment) 소비 증가가 이루어지고 있다. 그리고 유아들의 놀이 프로그램에서 성인 평생학습 교육내용까지 다양한 콘텐츠가 축적된 IPTV를 중심으로 자기계발을 위한 이러닝(e-learning) 소비도 증가하고 있으며 정서적·심리적

---

5) 보이지 않는 잉크(Invisible Ink)효과 : 테이블 매너나 세련된 언어, 고전음악·발레·오페라 등 고전에 대한 이해, 시·서·화 등 눈에 보이지 않지만 쉽게 익히거나 보유하기 어려운 문화적 유산과 취향의 효과를 지칭한다.

불안의 치유와 관련된 문화상품, 상담 서비스 등의 힐링 라이프스타일 (Healing Lifestyle)에 대한 수요도 확산되고 있다.

셋째, 미디어&엔터테인먼트형 몰링(Malling) 소비문화가 확산되고 있다. 상품뿐 아니라 동영상, 플래시 등 확장된 인터페이스를 갖춘 엔터테인먼트 쇼핑몰이 증가하고 인터넷과 인터넷 쇼핑몰 이용자가 증가하면서 쇼핑뿐 아니라 쇼핑 관련 아이템 정보, 운세보기, 게임 등이 가능한 엔터테인먼트 쇼핑몰 증가가 이루어지고 있다. 또한 문화, 여가생활을 한 공간에서 모두 즐길 수 있는 복합문화공간(UEC, Urban Entertainment Center)이 확대되고 있고, 원스톱 라이프스타일에 엔터테인먼트 기능이 추가되어 쇼핑과 여가를 동시에 즐기는 새로운 소비 트렌드가 확산되고 있다. 이 같은 경향의 연장선상에서 먹는 것(eat)과 놀이(entertainment)가 조화된 이터테인먼트(EATertainment) 확대되고 있는데, 미국의 몰 오브 아메리카(Mall of America), 일본의 커낼시티(Canal City), 홍콩의 하버시티 (Harbour City) 등의 엔터테인먼트 복합 쇼핑몰이 성업 중에 있다. 국내 코엑스몰, 현대아이파크몰, 센트럴시티, 라페스타 등도 이터테인먼트의 대표적 사례로 꼽을 수 있다.

넷째, 다양한 플랫폼을 넘나드는 미디어 소비 행태가 대두되고 있다. 즉 인터넷 소비 행태에서 인터넷과 다른 미디어 간의 '동시사용 (stacking)' 경향이 나타나고 있다. 브로드밴드의 사용과 동시에 대부분의 사용자들은 모바일 기기만으로도 커뮤니케이션이 가능해졌으며, 굳이 유선전화를 사용하지 않아도 인터넷전화, 혹은 휴대전화로 충분한 커뮤니케이션이 가능하게 되었다. 이 같은 소비경향은 미디어 2.0 환경이 고도화하면서 더욱 증가할 것으로 예상되고 있다.

이와 같이 미디어 산업은 개혁을 넘어 개벽이라 할 만큼 변화하는 소비자와 소비자의 가치 만족을 위해 개발되는 다양한 서비스에 혼란을 겪고 있다. 크리슈머(Cresumer), 스마트슈머(Smartsumer), 스토리슈머(Storysumer), 호모나랜스(Homonarrans) 등은 소비자를 지칭하는 용어들을 보면 소비 욕구 변화의 경향을 감안한 개념이라 할 수 있다. 심지어 소비자들조차 자신이 진정으로 무엇을 원하는가를 알 수 없을 만큼 소비자의 가치는 시시각각 변화하고 있다. 미디어 및 콘텐츠 소비는 시간과 공간의 제한이 사라지면서 글로벌 경쟁이 급속히 진전되고 있으며, 글로벌 개벽과 같은 제품 및 서비스가 출시되어 모든 제품(서비스)은 시작부터 글로벌 경쟁에 내몰리고 있는 상황이다. 산업의 현상이 이러다 보니 기업도 고객이 진정으로 무엇을 원하는가를 읽고, 개별 고객의 욕구를 충족시켜주는 제품과 서비스에 잇아이템(It Item)을 만들어 제공하지 못하면 존재를 장담할 수 없게 되었다.

제4장

미디어 비즈니스 시장의 지속성장 조건

1

미디어 콘텐츠의 미래 진화 방향

1) 미디어의 미래

글로벌 네트워크를 형성하면서 활동하고 있는 Future Exploration Network(2006)은 미디어 융합에 따른 변화를 예측하면서 미래 프레임워크를 제시했다. 이 보고서에서 주장된 구조적인 변화의 모습과 이것을 예측할 수 있는 몇 가지 중요한 단서는 많은 논의를 불러일으킨다. 이 주장을 살펴보면 다음과 같다.

첫째, 신문과 방송 같은 기존의 매스미디어(mass media)와 블로그 및 온라인 소셜 네트워크와 같은 사회적 미디어(social media)가 보다 적극적인 공생관계로 발전할 것이다. 이것은 기존 매스미디어인 방송이 새로운 네트워크와의 결합을 통해 보다 소통적인 매체로 진화될 수 있다는 점을 말하는 것이다.

둘째, 과거 수동적인 소비자의 모습을 하던 미디어 수용자가 점점 더 적극적인 소비자와 생산자로 변화되어간다. 일방적으로 제공받던 콘텐츠를 주로 소비하던 수동적인 소비자를 벗어나 젊은 세대의 경우 창조적 생산자이자 참여자로 진화되어가는 것을 볼 수 있다.

셋째, 과거의 콘텐츠는 주로 미디어가 제작하고 통제했는데, 이제는 이용자가 제작하고 자신의 잣대에 따라 자율 규제하는 콘텐츠 생산단계로 이동하고 있다. 유튜브의 경우에서 보는 바와 같이 이용자가 만들고 이용자가 규제하는 방식은 새로운 도전을 하고 있다.

넷째, 과거의 미디어 콘텐츠는 제공하는 미디어 자체에 좌우되는 고정된 모습을 하면서 소비자가 소비를 했지만, 이제는 소비자가 직접 통제하는 형태의 콘텐츠로 급격히 변해가고 있다. 콘텐츠를 이용하는 시간, 그리고 소비하는 장소에 대한 통제는 물론 콘텐츠의 포맷 자체도 소비자가 임의로 변경시키거나 통제할 수 있는 것이다. 이제는 모든 콘텐츠를 시간이나 공간을 마음대로 선택해 소비할 수 있고, 개인화된 디지털 편집기를 통해 기존의 콘텐츠를 편집 재가공할 수도 있는 것이다.

다섯째, 융합 미디어는 자체 콘텐츠와 광고를 구미디어보다 타깃화된 소비자(수용자) 집단에게 직접적으로 훨씬 잘 전달할 수 있으며, 그 효과 측정도 더욱 정확하게 할 수 있다.

여섯째, 모든 미디어가 휴대 가능한 모바일형으로 발전해가면서 시간과 장소의 구애를 받지 않고 콘텐츠를 제작, 전달, 이용할 수 있는 상황으로 진화되고 있다. 실제로 2010년 4월 출시된 애플의 아이패드는 TV,

PC, 휴대폰에 이어 '제4 스크린' 시대를 여는 모바일형 멀티 미디어 단말기로 각광을 받고 있다.

일곱째, 미디어가 글로벌화되는 유무선망을 통해 글로벌한 접근이 가능하게 됨으로써 보편적인 콘텐츠가 각광을 받을 수도 있으며, 한편으로는 지역적인 특수한 콘텐츠가 글로벌하게 소비되는 가능성도 동시에 열리고 있다. 글로벌한 미디어로 존재하기 위해서는 콘텐츠를 지역화하고 이를 다시 범세계화하려는 과정이 필요하다. 이에 대한 이해와 투자도 필요해지고 있다(Future Exploration Network, 2006, pp. 9-12).

Future Exploration Network의 2008년 보고서는 오늘날 여러 형태로 이루어지는 모든 비즈니스와 사회적 활동을 미디어의 한 형태로 정의하면서, 사회적 상호작용의 비율이 모든 미디어 전반에서 증가하고 있다는 사실을 제시했다. 미디어와 콘텐츠에 대한 접근이 더욱 확대되면서 정보와 엔터테인먼트에 대한 소비자의 욕구는 점점 더 끝이 없이 확대되고 있다. 모든 연령대 사람들이 텔레비전, 인터넷, 신문, 메신저 그리고 그 외의 다른 미디어를 동시에 멀티적으로 소비하는 것은 평범한 일상이 되었다. 앞으로 미디어 총 소비시간은 평균적으로 크게 증대되지만, 대부분 미디어의 광고 영향력은 감소할 것으로 예상된다.

그러나 동시에 더 많은 미디어를 다발적으로 소비하기 때문에 현존하는 미디어 채널은 분화되고 새로운 채널도 신속히 도입될 것이다. 이것은 역설적으로 더욱 많은 텔레비전 채널을 예전에 비해 시청하지만, 채널마다 시청시간은 더욱 지속적으로 줄어들고 있다는 것을 의미하는 것이다. 인터넷과 모바일이 새로운 채널과 콘텐츠의 소비를 급증시키지만, 수용자 집단을 더욱 작게 나누어놓고 있다.

미디어는 항상 새로운 라이프사이클을 창조한다. 그러나 그것의 특징은 극적으로 변화하지 않는다. 새롭게 대두되는 미디어 라이프사이클은 우리가 미디어를 소비하고 계속적인 콘텐츠의 흐름에 창조적 행위를 통해 참여하는 방법으로 추동된다. 최근 새롭게 등장하는 미디어들은 인터넷 환경에 기반한 가운데 실감형 지식 미디어 콘텐츠 서비스를 제공한다는 특징을 지니고 있다. 3DTV 서비스 등이 그 대표적인 사례이다. 향후의 미디어 콘텐츠 서비스는 UHDTV, U-IPTV 등을 통해 상황인지 기반 융합 서비스를 제공하는 스마트 서비스로 진화해나갈 것으로 전망되고 있다.

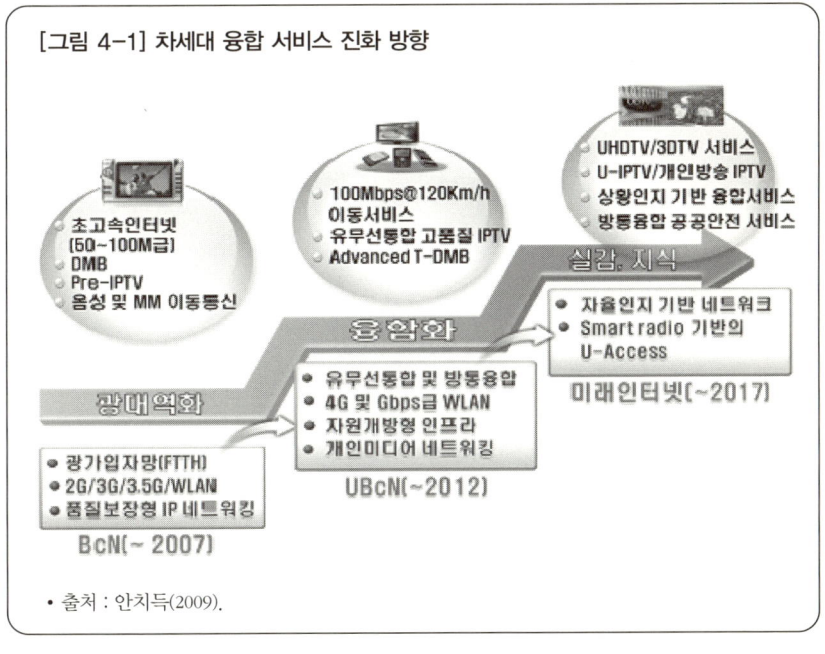

[그림 4-1] 차세대 융합 서비스 진화 방향

• 출처 : 안치득(2009).

2) 미디어 콘텐츠의 가치 진화

미디어 혁명은 전 지구적인 이슈이자 추동력이다. 미디어 환경의 지각 변동은 미디어 조직이나 생산과정, 미디어 생산자, 메시지, 소비자에 이르기까지 광범위한 변화를 동반한다.

국내에서도 매체 간 상호결합과 프로그램, 콘텐츠 융합이 촉진되면서 신문과 방송, 방송과 통신의 경계가 사라지고 있다. 하나의 콘텐츠가 다양한 창구의 채널을 통해 소비자에게 전달되는 '원소스 멀티유즈', 신문이 TV나 라디오 인터넷·휴대전화 등 다른 전자 미디어와 결합하는 '크로스 미디어(cross media)' 현상도 확대되고 있다. 따라서 현재 뉴미디어

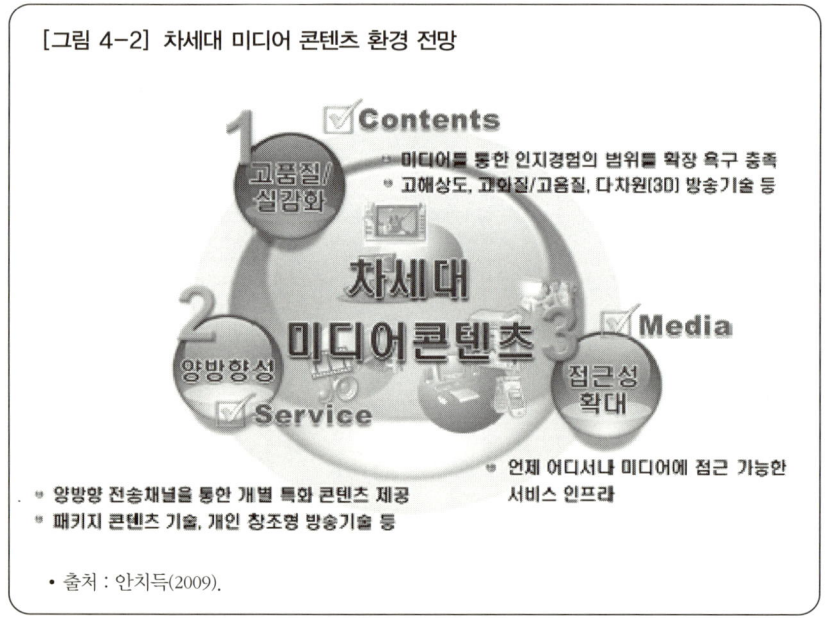

[그림 4-2] 차세대 미디어 콘텐츠 환경 전망

• 출처 : 안치득(2009).

플랫폼은 기술적인 차원의 매체 개념보다는 고객접점의 윈도우라는 개념을 보다 중요하게 인식하는 상황으로 변화하고 있다.

미디어 혁명으로 초래된 모든 변화는 컨버전스 즉, 융합으로 수렴된다. 기존 매체의 좋은 기능만을 흡수한 뉴미디어의 등장, 편리성과 다양성의 증가, 새로운 수익 모델의 창출과 시장 파이의 급속한 성장 같은 현상들이 미디어의 융합과 함께 도래하고 있다. 한편 이 같은 미디어 환경의 변화는 콘텐츠의 진화로 이어지고 있다. 그리고 콘텐츠의 진화는 고품질/실감화, 양방향성, 그리고 접근성 확대 등이 고도화되는 방향으로 이루어지고 있다.

미래에는 매체가 더욱 다양해지고 다원화됨에 따라 콘텐츠 역시 다양하게 제공되며 진화할 것으로 전망된다.

매체의 다양화와 더불어 디지털 컨버전스 환경의 심화는 콘텐츠의 개념을 더욱 확대시키고 있다. 전방위적으로 이루어지는 장르 간, 영역 간 통합이 과거에 비해 더욱 가속화되고 있으며, 디지털 컨버전스를 통해

[표 4-1] 미래 사회의 주요 콘텐츠 키워드

과거 미디어 콘텐츠	뉴미디어 콘텐츠	→차원→	미래 미디어 콘텐츠
파이프(pipe) 기업 중심 인터넷	콘텐츠 중심 인터넷	가치이동	수용자 참여 인터넷
아날로그 단방향 방송	디지털 양방향 방송	컨버전스	방통 융합 미디어
아날로그 품질	표준 디지털(SD) 화질	기술 진화	고화질(Full HD)
불특정 다수	개인 중심	타겟	Social Network
방송, 영화 소비(OSMU)	소비의 다양화 & 개인 중심 소비(OSMU)	소비 패턴 진화	Special & Social Interest 소비(MSMU, MSQU)*

* MSMU: Multi Source Multi Use, MSQU: Multi Source Quick Use

소비자와 콘텐츠 간 접점이 거의 무한대로 확대되고 있으며, 궁극적으로는 다양한 콘텐츠가 다양한 플랫폼을 통해 제공되어 수익을 창출해 내는 멀티소스 멀티유즈(Multi Source Multi Use) 현상이 일반화될 것으로 전망된다.

이 같은 뉴미디어 환경 성숙에 따라 미디어 콘텐츠의 가치 이동이 이루어질 것이다. 융합 환경에 적합한 고품질 콘텐츠로 진화함과 동시에 사회적 자본(지인 네트워크)에 대한 니즈를 충족할 수 있는 콘텐츠로 이동·발전할 것으로 전망되고 있다. 또한 개인 이동형 단말기(PMP, DMB 등)의 대중화, 디지털 콘텐츠 제작기기(디지털 카메라 등)가 확산됨에 따라 이용자의 수요와 취향을 반영하는 개인형 미디어 및 콘텐츠 서비스 요

[표 4-2] 2012년 미디어 콘텐츠 시장 전망

	현재	2012년
테크놀로지 트렌드	- 플랫폼 사업자의 게이트키퍼 역할 - 콘텐츠 창작에 진입장벽 - 채널 기반 단말	- 유비쿼터스 네트워크 기반 크로스 플랫폼 딜리버리 - 편리한 콘텐츠 창작, 생산 및 매니지먼트 - 고기능의 융합 단말
소비자 트렌드	- 대중에 맞춘 콘텐츠 - 콘텐츠 추동(push) - 매스 마케팅 - 콘텐츠 생산 및 공유에 사용자 참여 제한 - 콘텐츠의 배포, 시간 제한	- 틈새 콘텐츠 및 개인화 콘텐츠 - 콘텐츠 추동, 견인(pull) 그리고 상호작용 - 타깃 마케팅 및 개인맞춤 마케팅 - 소비자 중심의 콘텐츠 - 실시간 업데이트로 'Always on' 콘텐츠

• 출처 : Deloitte(2006).

구 증대, 콘텐츠 프로슈머(Prosumer)화가 가속화될 것으로 예상된다.

뉴미디어 환경에서의 융합 콘텐츠는 수동적인 관람형 콘텐츠 범위를 넘어서 IP 네트워크를 기반으로 다양한 형태로 진화할 것으로 전망되는데, 다음과 같은 구체적 단계별 형태로 나타날 것으로 예상된다.

첫째, 콘텐츠 간 연동형 콘텐츠 단계이다. 이 단계에서는 콘텐츠 간 연계 서비스로 편리한 시청방식을 제공하게 된다. 이 단계의 가장 큰 특징은 채널과 VOD가 믹스된 서비스가 제공된다는 점이다. 채널과 VOD 믹스 서비스는 시청 프로그램 연관 VOD 리스트 제공, 채널 시청 중 관련 콘텐츠의 VOD 검색 및 바로가기 지원 등의 형태를 보일 것이다.

둘째, 콘텐츠와 데이터 결합형 콘텐츠 단계이다. 이 단계의 콘텐츠는 기존 콘텐츠 위에 관련 정보 및 기능을 결합한 유용한 서비스 제공하는 형태를 보인다. 대표적인 사례로는 콘텐츠 연동형 양방향 서비스 및 T-커머스 서비스 등이 있다. 콘텐츠 연동형 양방향 서비스는 채널 및 VOD 시청 중 관련 정보 검색과 열람이 가능하다. T-Commerce 서비스는 콘텐츠 시청 중 관련 상품정보 확인 및 구매, 객체인식 기술 등이 활용되어 서비스의 현재보다 고도화된 서비스가 구현될 것이다.

셋째, 이종 플랫폼 결합형 콘텐츠 단계이다. 이 단계의 콘텐츠는 모바일, PC 등 이종 플랫폼과의 융합 서비스를 구현한다. SMS, 벨소리 등 모바일 서비스와 결합, 위젯 등 PC 서비스와의 결합 형태가 있다. 위젯 서비스는 작은 콤포넌트 형태로 서비스를 제공하는 애플리케이션으로 PC에서 시작된 위젯 서비스를 TV에서 제공함으로써 보다 개인화된 서비스를 제공하는 것을 의미한다.

넷째, 양방향 콘텐츠 단계이다. 이 단계에서는 고객의 참여 기반의 특화 콘텐츠 제작도 이루어질 것이며, 이에 따라 다중결말 콘텐츠가 증가하고 양방향 채널도 고도화될 것이다. 다중결말 콘텐츠는 영화/드라마 콘텐츠에 있어 고객의 선택에 따라 다른 결말을 제공하는 콘텐츠를 의미한다. 그리고 양방향 채널은 고객 참여형 서비스를 기반으로 한 채널 서비스 구현, 스포츠 중계 및 공연 등의 콘텐츠 제공 시 멀티 앵글 서비스 등을 지원하는 채널을 말한다.

미디어 콘텐츠 소비의 진화를 전망할 경우에는 무엇보다도 콘텐츠에 대한 접근성과 소비자 개개인의 경험의 질을 적극적으로 고려할 필요가 있다. 과거에는 접근 가능성과 경험 중 어느 쪽을 선택할지에 대해 경합적인 모습을 보였다면, 미래에는 접근성 수준(퀄리티)도 높고 경험 질도 훌륭한 미디어 콘텐츠를 지향하는 쪽으로 소비도 진화될 것으로 전망되기 때문이다.

2

미디어 생태학적 과제

1) 미디어 생태학적 고려의 필요성

인간에게 있어서 미디어는 무엇인가? 미디어의 발전은 사회 변동에 어떠한 영향을 미치는가? 그리고 최근 전개되고 있는 사회문화적 현상들은 미디어와 어떤 관련성을 가지는가? 이러한 논제는 커뮤니케이션학뿐만 아니라 다양한 학문 분야에서 관심을 갖는 논제 중의 하나이다. 미디어와 사회 변화와의 관계를 이해하는 시각은 무엇보다도 미디어를 어떻게 보느냐에 따라 기술결정론에서 이데올로기 또는 사회결정론에 이르기까지 다양하게 논의되며, 미디어 발전에 따른 사회 변동을 기술하는 방법론에도 차이가 난다. 이와 관련해 메이로비츠(Meyrowitz, 1993)는 미디어를 보는 관점을 회로, 언어, 환경의 세 가지로 제시하면서, 후자의 환경으로서 미디어 연구는 그 중요성에 비해 상대적으로 소외되거나 간과되어 온 분야임을 지적한다.

미디어를 환경으로 보는 경우는 사회 변동의 핵심적 요인으로 미디어를 상정하며, 사회에 대한 미디어의 효과를 규명하는 데 관심을 집중한다. 미디어 자체의 본질적 특성에 의해 형성되는 보이지 않는 환경에 주목한 이러한 연구경향들을 '미디어 생태학(media ecology)'이라고 부른다.

생태학(ecology)이란 말은 환경연구, 즉 그것의 구조, 내용, 그리고 인간에의 영향성에 대한 체계화를 의미한다. 여기서 환경이란 느낌과 행동의 방식을 규제하는 복합적인 메시지 체계로 우리가 보고, 듣고, 말하고, 행동할 수 있는 것을 구축한다. 생태학이란 용어는 인간이 거처하는 집을 의미하는 희랍어 'oikos'에서 유래한 것으로 '인간의 직접적인 환경'을 의미한다(Hawley, 1995). 초기 생태학은 동물과 유·무기 환경 간의 총체적 관계를 연구하는 학문으로 주로 자연의 경계를 다루었으나, 오늘날에는 주로 생명 개체나 집단의 환경 적응의 과정을 다루고 있다. 이러한 생태학의 기본 개념은 유기체, 집단, 환경, 그리고 개체 간, 집단-환경 간의 관계로 요약된다(김성벽, 2002). 여기서 환경은 이러한 개체나 집단에 직접적으로 영향을 미치거나 미칠 가능성이 있는 모든 외적인 것을 총칭하는 개념이다. 동식물 생태학에서 환경은 생물리적 자연 상태를 말하며, 인간생태학에서는 여기에 사회문화적, 상징적 조건들이 더해진다.

'미디어 생태학'은 인간을 주제로 하는 인간생태학의 범주에서 논의되는 것으로, 여기서의 환경은 미디어가 된다. 즉 인간을 둘러싸고 있는 인공적이고, 사회적이며, 상징적인 것으로서 커뮤니케이션 미디어를 지칭하는 것이다. 미디어 생태학은 현대사회의 커뮤니케이션 환경을 이해하기 위한 몇 가지 기본적 가정과 이론적 원리를 제시하고 있다.

먼저 기본적 가정은 다섯 가지로 정리된다(Nystrom, 1993). 첫째, 미디어 생태학은 현대사회에 있어서 변화, 특히 커뮤니케이션 기술과 관련한 변화의 특징과 속도는 과거에 경험된 어떤 문화와도 완전히 구별된다는 기본 가정에서 출발한다. 이를 이해하기 위해서는 커뮤니케이션 기술의 변화와 사회환경 변화의 관련성 연구, 즉 변화와 특징의 단계를 과거 문화와의 비교를 통해 분석해야 한다. 둘째, 커뮤니케이션 과정과 효과에 대한 인간의 인식은 커뮤니케이션 기술의 발전을 따라잡지 못한다는 것이다. 따라서 미디어 생태학은 인간과 미디어의 상호작용이 인간의 생존기회를 용이하게 하거나 방해하는 방법을 연구한다. 셋째, 미디어 생태학은 커뮤니케이션 과정과 인간의 지각, 느낌, 가치, 행위에 대한 미디어, 기술, 기법과 같은 복합적 커뮤니케이션 환경의 영향에 대해 인식하고 그 이해를 증진하는 것을 목적으로 한다. 넷째, 커뮤니케이션 변화는 시너지적(synergistic)인 과정으로 단순한 부가적인 과정이 아니다. 새로운 미디어의 도입이나 기존 미디어의 변화는 인간을 둘러싸고 있는 물리적, 사회적, 심리적인 모든 환경에 영향을 미친다. 다섯째, 커뮤니케이션 미디어, 기법, 기술은 인간 행위의 의식적, 무의식적인 강력한 조작 도구로 간주하는 미디어 생태학에 있어서, 미디어 기술에 의해 수행되는 커뮤니케이션 과정과 효과를 이해하는 것은 그러한 조작적 특성에 대한 최선의 공공적 방어가 된다. 따라서 미디어 생태학의 목적은 미디어와 기법, 기술의 과정과 효과에 대해 적용할 수 있는 관점을 가능한 광범위한 수용자에게 유포하는 것이다.

이와 같은 기본 가정 속에서 미디어 생태학자들은 메타이론적인 학제 간 연구의 필요성을 촉구한다. 나아가 커뮤니케이션 환경과 변화에 대한 다양한 분야의 전문가들의 관점과 연구를 통합하기 위한 인식틀을 제공하는 데 미디어 생태학의 목적이 있다고 주장한다. 즉 미디어와 커뮤니케이션의 효과, 적용, 과정에 대한 새로운 이론을 형성하기 위해 다양한 학문 분야의 특별한 관점을 도출해서 그것을 통합하고, 그것을 사용하는 것이다.

생태론적 미디어 연구자들은 미디어 변화와 사회문화적 변동에 대해 다양한 연구를 진행했는데, 이들의 연구는 미디어 생태학의 이론적 원리를 구축할 수 있는 기반이 되고 있다. 미디어 생태학의 이론적 원리는 다섯 가지로 정리된다. 우선, 커뮤니케이션의 다양한 형태는 현실을 부호화하는 다양한 방법으로, 어떠한 커뮤니케이션 미디어의 구조는 그 자체로서 현실의 어떤 인식을 드러내 주는 하나의 메시지이다. 이것은 기본적으로 "미디어가 메시지"라는 맥루한의 주장이 의미하는 것으로, 인간의 현실 구성을 지배하는 것은 미디어가 전달하는 메시지의 내용이 아니라 미디어의 형태라는 것이다. 두 번째 원리는, 모든 커뮤니케이션 미디어는 그 자체의 편향성과 제한성을 갖는다는 것으로, 미디어의 구조는 그것이 전달할 수 있는 메시지의 종류를 결정한다는 것이다(이동후, 1999). 세 번째는 커뮤니케이션의 어떠한 미디어도 독립적으로 운용될 수는 없으며, 각각의 미디어는 다른 모든 미디어에 영향을 미친다는 것이다. 이에 대해 엘룰(Ellul, 1996)은 모든 발명은 선행한 기술시대에 그 뿌리를 가지고 있다고 주장한다. 이러한 원리에서 미디어 생태학은 몇 가지 흥미 있는 가설이 도출되었다. 그것은 첫째, 어떤 새로운 미디어는 항상 구미디어를 반영한다는 것으로, 이것은 미디어의 혼성성(hybridity)의 개념(이동후, 2001)으로 정리된다. 둘째, 뉴미디어는 시간, 돈, 관심, 그것이 소개된 문화에의 충성도 등에서 항상 구미디어와 치열한 경쟁을 한다(Postman, 1992/2001). 셋째, 이 경쟁의 결과 결국 구미디어는 생존을 위해 급격한 변신을 꾀하던가, 아니면 구식이 되어 예술적 형태로 보호받게 된다는 것이다. 네 번째 원리는, 모든 의사소통 미디어는 그 미디어를 사용하는 개인 및 단체의 심리에 영향을 미친다. 이에 대해 리(Lee, 1960)는 특정사회의 구성원들은 오직 그 사회의 부호 속에서 그들에게 제시된 것을 통해서만 실질적으로 현실을 파악할 수 있다며 이 원리를 뒷받침한다. 다섯 번째는, 다양한 커뮤니케이션 미디어는 사회적 단체의 조직화 및 그들의 모든 제도에 다양한 영향을 미친다는 것이다. 이 원리는 미디어 생태학의 가장 지배적인 것으로서 평가되고 있다.

우리나라는 미디어 기기 및 서비스의 '테스트 마켓(test market)'이라는 국제적인 명성을 얻을 만큼 다양하고도 급속한 미디어의 등장과 확산이 이루어지고 있다. 이러한 미디어 생태계의 변동현상은 우리의 인식 수준이 따라잡지 못할 정도로 급속하게 전개되고 있는 인간 환경의 변화를 의미한다. 환경에 의해 지배되는 물적 존재인 인간에게 있어서 미디어 환경의 변화는 커뮤니케이션 양식의 변화와 인간 경험 및 사회문화의 변동을 추동한다. 결국 새로운 미디어 환경은 우리의 삶을 규정해내는 추진력으로 작동한다.

미디어 콘텐츠 2.0 환경은 기존의 미디어 생태계에 변동을 일으키며 새로운 체계 질서를 구축하는데, 이는 생태학적인 문제이다. 여기서 '생태학적'이라는 말의 의미는, 하나의 중대한 변화가 총체적 변화를 수반한다는 의미이다. 새로운 기술, 새로운 미디어는 기존에 없었던 무엇인가를 단순히 더하거나 빼는 것이 아니라 모든 것을 바꾸어놓는 것이다.

우리의 미디어 환경은 세계적으로 유래를 찾아볼 수 없을 정도의 다양성을 나타낸다. 한자의 도입, 한글의 창제에 이르는 문자의 역사와 다양한 인쇄문화의 전통, 구한말부터 시작된 근대적 신문과 출판문화의 확산, 일제 강점기에 도입 이후 근현대사의 흐름과 함께 성장·발전해온 방송 등의 다양한 미디어 발전역사에 이어 뉴미디어, 융합 미디어를 위시한 미디어 2.0 상황에 이르기까지. 이러한 사실은 역사적인 흐름 속에서 개별 미디어의 등장이 가지는 의미에서부터 이들 미디어의 확산과 사회문화적 변화와의 관련성 등을 이해하고 분석하기 위한 미디어 생태학적 연구의 필요성을 제기한다. 각각의 미디어가 도입된 사회문화적 맥락, 개별 미디어의 확산의 과정, 그에 따른 인간 경험과 공동체의 변화 등에 대한 폭넓은 이해가 가능하기 때문이다.

2) 국내 미디어 콘텐츠 생태계의 문제점

미디어 환경의 급속한 변화로 인해 미디어 콘텐츠의 고도화가 진행되고 있지만, 아직까지 국내 미디어 콘텐츠 생태계는 다양한 문제점에 직면해 있는 상황이다. 국내 미디어 콘텐츠 생태계의 문제점은 다음과 같이 여덟 가지로 정리될 수 있다.

첫째, 미디어 콘텐츠의 다양성이 부족하고 문화적 관심이 소홀한 편이다. IPTV, DMB, 와이브로(WiBro), 디지털 케이블 방송 등 다양한 뉴미디어 플랫폼이 등장하고 있지만, 이들 플랫폼을 통해 유통되는 콘텐츠의 다양성은 크게 확대되지 않고 있다. 또한 이들 뉴미디어 플랫폼 시장을 지원하는 정책 역시 지나치게 산업적이고 경제적인 측면의 논리에 의해 구성되고 있는 것도 현실이다.

둘째, 지상파 방송사, 이동통신사, 포털 등 미디어 콘텐츠 유통 및 서비스 사업자의 파워가 막강하다. 이들 유통 및 서비스 사업자들은 자신들의 우월적 지위를 이용해 콘텐츠 사업자들과의 불공정 거래를 시도하고 있기도 하다.

셋째, 미디어 콘텐츠 제작집단이 영세한 반면, 지상파 및 이동통신사의 독점적 지배구조가 여전하다. 국내 미디어 콘텐츠 제작집단의 부분이 소규모 형태이다. 따라서 자본력이 취약하다. 반면 지상파 및 이동통신사는 플랫폼 시장을 독점적으로 지배하고 있기 때문에 제작집단에 대한 우월적 지위를 행사할 수 있다.

넷째, 미디어 콘텐츠 관련 정책 중복 혹은 분산으로 정책 지체 현상이 심화되고 있다. 미디어 콘텐츠 관련 정책 담당 기관의 중복으로 인해 비슷한 취지의 지원 기금과 진흥 사업이 중복되고 있다.

다섯째, 중소제작기업에 대한 정부지원 부족 및 민간투자 회피 경향이 심각하다. 미디어 콘텐츠 산업의 성공 확률은 일반적인 제조업에 비해 상대적으로 낮다. 미디어 콘텐츠 산업은 그만큼 리스크가 큰 산업이다. 따라서 민간의 투자가 부족한 상황이 지속되고 있으며 한정된 정부지원으로 부족한 민간투자의 틈새를 메우는 데에도 한계를 보이고 있다.

여섯째, 신규 인력 유입요인이 부재하고, 창의 인력이 부족해 인력수

급에 불균형이 심각하다. 특히 창의적인 비즈니스 모델 개발 및 혁신적인 콘텐츠 개발 인력 부족 현상이 가장 큰 문제점으로 지적되고 있다. 국내 미디어 콘텐츠 산업계에서도 스티븐 스필버그와 같은 창의성과 비즈니스 기회 창출 능력은 동시에 갖춘 인재에 대한 수요가 증가하고 있다.

일곱째, 디지털 및 융합 관련 핵심 기술 확보가 미흡하다. 최근 각광받고 있는 CG 및 3D 분야에서도 국내의 기술 경쟁력은 미흡한 상황이다. 영화 〈국가대표〉, 〈해운대〉, 〈전우치〉 등에서 국내의 CG 기술력이 선보였지만, 아직까지 CG 관련 기업은 영세성을 면치 못하고 있으며, 기술력 대비 낮은 인지도와 미흡한 정부 지원 등으로 인해 글로벌 CG 시장에서 비교우위를 점하지 못하고 있다. 현재 국내의 CG 기술 수준은 할리우드에 비해 현재 82.4% 수준인 것으로 분석되고 있다. 이에 따라 문화체육관광부는 국내 CG 기술 수준을 2013년에는 할리우드의 90% 이상으로 끌어올리겠다는 비전을 설정해놓고 있다. 3D 기술의 사정 역시 크게 다르지 않다. 3D 전용 방송 카메라와 전송장비 등 개당 수백만 달러를 호가하는 것으로 알려지고 있지만 국내 3D 방송장비의 수준은 세계적 수준에 한참 못 미친다는 평가를 받고 있다. 물론 이 분야의 국내 기술력도 급속하게 성장하고 있는 추세이지만 핵심 칩 등 주요 부문에서는 아직도 외국산 제품에 의존할 수밖에 없는 것 또한 현실이다. 3D TV로 대표되는 디스플레이 분야의 기술 수준도 세계 최고인 소니의 기술력을 앞선다는 평가는 받지 못하고 있다. 3D 콘텐츠도 부족한 상황이다. 2009년 세계 3D 콘텐츠 시장은 3억 달러 규모로 분석되며, 할리우드 영화와 애니메이션이 세계 3D 콘텐츠 시장을 휩쓸고 있는 가운데, 국내 3D 콘텐츠 시장은 세계 시장의 2퍼센트 미만인 400억 원 수준에 머물러 있는 것으로 평가되고 있다. 3D 기술 중 국내 기술력이 세계적 수준으로 인정받고 있는 분야는 2D로 제작된 영화나 TV 프로그램을 3D로 전환하는 컨버팅 기술 분야다. 보통 2시간짜리 3D 영화 한 편을 만드는 데만 5억 달러의 자본과 3년이 정도의 시간이 필요하기 때문에 기존 프로그램을 3D로 전환하는 컨버팅 기술은 시간과 비용 모두를 절약할 수 있는 현실적인 대안으로 각광받고 있다.

수용자의 다양한 콘텐츠 향유 환경이 미흡한 수준이다. 캐나다, 독일, 프랑스, 이탈리아 등 주요 G8 국가들은 물론이고 브라질 등 이머징 마켓에 해당하는 국가들에서도 콘텐츠 정책의 핵심은 국민들이 다양한 콘텐츠에 접근할 수 있는 환경을 구축하는 데 두고 있다. 국내에서도 콘텐츠 제작사들에 대한 다양한 지원 프로그램을 추진하면서 다양한 콘텐츠 생산을 견인하기 위한 정책적 노력이 지속적으로 이루어지고 있지만, 아직까지 국내 콘텐츠 시장이 다양한 콘텐츠로 넘쳐난다는 평가는 거의 없다. 오히려 국내 콘텐츠 제작부문은 유통을 주도하는 미디어 플랫폼 사업자의 우월적 지위 남용에 의해 크게 위축되고 있는 상황이다. 이로 인해 지상파 콘텐츠 등 거대 자본이 투자되고 플랫폼 사업자가 관여한 소수의 콘텐츠가 IPTV, 위성방송, 케이블 방송, DMB 등 다양한 플랫폼에서 획일적으로 반복적으로 소비되고 있다.

결국 국내 미디어 콘텐츠 산업은 전반적으로 선순환구조가 확립되지 못한 상황으로 평가될 수 있으며, 미디어 콘텐츠 생태계가 불건전한 모습으로 작동하고 있어 미래 지속 가능한 성장 가능성이 미약한 수준이라고 하겠다. 사실 수용자 입장에서 기술적인 혁신 자체는 별로 중요한 것이 아니며, 사업자 간의 융합 여부도 관심사가 아니다. 단지 자신에게 필요한 서비스에 관심을 가질 뿐이다. 미디어 환경이 어떻게 변화하고 진화하든지 간에 결론은 '콘텐츠'가 핵심이라는 사실이다. 융합 미디어가 보편화되는 시점에서 사용자들은 자신이 원하는 콘텐츠를 장소와 시간에 구애받지 않고 접하고자 하는 욕구가 높기 때문에 기업은 보다 질 좋은 콘텐츠를 보다 빠르고 편리하게 제공해야 한다.

융합 미디어 플랫폼의 등장으로 미디어 콘텐츠 산업에 새로운 기회요인이 발생하고 있기에, 미래를 위한 전략적 대응방안을 모색할 필요성이 제기되는 상황이다. 또한 다양한 플랫폼의 급속한 등장은 위협요인으로 작용할 수도 있다. 현재의 융합 미디어 콘텐츠 시장은 서비스 사업자 주도로 유지되고 있어 미디어 콘텐츠 시장의 안정화, 자생적 산업발전의 여건 등이 부족한 실정이다. 결국 현재 다양하게 등장하고 있는 융합 미디어 플랫폼은 그에 적합한 새로운 콘텐츠를 보여주지 못하고 있다. 위성방송, DMB의 등장이 콘텐츠의 '다양성'을 담보할 것으로 기대되었지만, 플랫폼에 실린 내용물은 기존의 것을 재탕하는 수준에 불과하다고 하겠다. 이러한 현실은 미디어 콘텐츠 시장에 대한 냉정한 성찰과 새로운 방향성 제시를 요구하고 있다.

결국 융합 미디어의 성공도 다양한 킬러 콘텐츠의 안정적인 확보에 있다고 하겠다. 실제로 DMB의 경우 콘텐츠 부족이 성장세를 이어가는 데 있어 가장 큰 문제로 부상하고 있는데, 특색 없는 콘텐츠 수급으로 인해 DMB에 대한 관심도가 약화된 상황이다. IPTV, 와이브로 역시 미래에 경쟁력 있는 콘텐츠 확보가 충족되지 못한다면 시장 확대를 장담하기 어려움은 분명하다.

3) 커뮤니케이션 능력 상실에 대한 우려

인간은 미디어를 통해 자신을 둘러싸고 있는 환경에 대한 정보를 접하게 되고, 나아가 환경 자체를 경험하게 된다. 따라서 미디어 환경의 변화는 인간 환경의 변화이자 새로운 인간커뮤니케이션 형태 및 경험 양식의 변화를 의미한다. 미디어는 그 기술적 속성에 따라 시간과 공간을 구성하고, 재구성하면서 인간의 의식과 경험 그리는 사회구조의 변동에 영향을 미친다. 따라서 미디어 환경의 변화는 단순히 하나의 기기의 변화가 아니라 인간의 경험 공간을 재구조화함으로써 의식과 행동에 영향을 미치는 인간 환경의 총체적인 변화를 의미한다.

미디어가 인간의 의식과 행동에 미치는 영향에 대한 문명비판적 관점의 연구들은 우리에게 다양한 개념적 접근을 가능하게 해준다. 이 같은 관점의 대표적인 연구자 중 하나인 닐 포스트만(Neil Postman)은 그의 저서 『어린이다움의 상실(The disappearance of the childhood)』에서 어린이라는 개념과 미디어를 연관지어 설명하고 있다. 닐 포스트만은 어린이와 어른을 생물학적으로 구분하기보다는 두 집단 사이의 세상에 대한 정보의 차이로 구분한다. 그리고 어린이는 부정, 부패, 성, 폭력 등과 같은 세상에 대한 정보가 부족한 집단으로 개념화해 어른과 차별화한다. 이 같은 어른과 어린이의 구분 방법에서 보다 주목할 것은 역사적으로 인쇄 미디어가 등장하기 이전에는 어른과 어린이의 세상에 대한 정보의 차이가 크지 않았다는 닐 포스트만의 설명이다. 즉, 인쇄 미디어가 인류의 보편적 미디어로 이용되기 이전까지 어린이와 어른은 함께 노동현장에서 노동을 했고, 이 과정에서 어린이와 어른의 정보 격차는 크게 벌어질 수 없었다는 것이다. 하지만 인쇄 미디어 사용과 교육 과정의 보편화로 인해 세상에 대한 정보와 지식은 학교에서 책을 통해 배우게 되었으며, 이 과정을 거치지 않고서는 노동 현장에 곧바로 나설 수 없는 사회구조가 형성되어 어른과 어린이의 세상에 대한 지식과 정보의 격차를 창출했다고 닐 포스트만은 주장한다. 하지만 읽을 줄 몰라도 세상에 대한 지식과 정보를 획득할 수 있는 TV 등 영상 미디어의 사회적 확산으로 다시 어른과 어린이의 구분은 희미해지게 되었으며, 바로 이 같은 상황을 닐 포스트만은 '어린이다움의 상실'이라는 개념으로 설명했다. 따라서 닐 포스트만은 인쇄미디어의 사회적 이용 확산이 어린이와 어른을 구분짓게 했고, TV 등 동영상 미디어 이용의 보편화가 이 같은 구분을 사라지게 만들었다고 본 것이다.

'기능적 문맹(functional illiteracy)' 개념 또한 인간의 능력에 대한 미디어의 영향력을 잘 보여주고 있다. 기능적 문맹이란 문자를 읽고 쓰지 못하는 상황을 의미하는 것이 아니다. 문자를 읽고 쓸 수 있는 능력은 있지만 글 읽기를 꺼려하고, 글을 읽더라도 그 내용에 대한 정확한 분석이 어려운 상황으로 정의된다. 가전제품이나 의약품의 사용설명서를 읽기 꺼려지거나 읽어도 그 내용을 파악할 수 없는 상황이 기능적 문맹의 대표적인 사례이다. 전문가들은 기능적 문맹의 원인이 영상 미디어 이용의 확산에 있다고 분석하고 있다. 영상 미디어의 이용 확산으로 글을 읽고 해석하는 과정을 통해 정보를 획득하던 패러다임에서 TV 등 영상 미디어를 통해 보고 듣는 과정을 통해 정보를 얻는 패러다임으로 이동하게 되었고, 이 때문에 사람들은 동영상 미디어를 통해 상대적으로 쉽게 정보를 획득하는 방법에 익숙해지게 된 반면, 글을 읽는 것은 꺼려지게 되었다는 것이다.

영상 미디어 사용의 확대에 따라 '우뇌를 사용하는 국민'이라는 개념
도 대두되었다. 인간의 뇌는 우뇌와 좌뇌로 구분될 수 있다. 그리고 우뇌
와 좌뇌는 각각 다른 기능을 수행하는 것으로 설명된다. 우뇌는 감성적
기능을, 그리고 좌뇌는 주로 이성적 기능을 담당한다. 그런데 인간이 접
하는 미디어가 인쇄문자 미디어인지 아니면 동영상 미디어인지에 따라
뇌의 다른 부분이 자극받게 된다. 인쇄문자 미디어는 주로 인간의 좌뇌
를 자극하고 동영상 미디어는 우뇌를 자극한다. 만약 일상생활에서 인
간이 인쇄 미디어보다 동영상 미디어를 훨씬 많이 이용할 경우 우뇌가
상대적으로 많은 자극을 받게 되는 것이다. '우뇌를 사용하는 국민'이라
는 개념은 현대사회에서 동영상 미디어의 이용이 증가함에 따라 사회
전체적으로 우뇌의 사용이 증가하는 상황을 설명하는 개념이다.

이처럼 미디어는 인간 인식 능력의 발전에 결정적인 영향을 미친다.
한 사회의 특정 미디어 형태가 그 사회의 사회적, 정신적 상황을 광범위

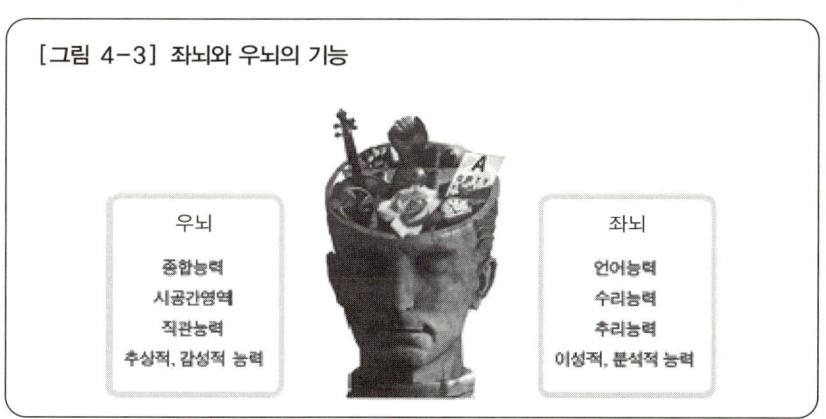

[그림 4-3] 좌뇌와 우뇌의 기능

우뇌
종합능력
시공간영역
직관능력
추상적, 감성적 능력

좌뇌
언어능력
수리능력
추리능력
이성적, 분석적 능력

하게 규정한다는 데 이론의 여지가 없다. 예컨대, 문자 이전 시기의 문화에서는 기억이 지배적이고 의식적이며 정신적인 활동이었다. 구텐베르크가 금속인쇄술을 발명하고, 서양사회에서 인쇄문화가 확산되기 시작한 15세기 이전까지만 해도 인간의 일상생활은 주로 기억에 의존할 수밖에 없었다. 문자를 읽고 쓰는 기술을 활용하는 사람은 극소수에 불과했기 때문이다. 심지어는 중세시대까지만 해도 읽고 쓰기를 하지 못하는 왕과 귀족이 존재하기도 했다. 읽기는 가능하지만 이보다 좀 더 어려운 글쓰기에는 익숙하지 못한 왕들이 있었다는 기록도 남아 있다. 왕이나 귀족에게 온 편지를 대신 읽어주고 이들이 구술한 답장을 받아쓰는 하인이 존재한 것도 바로 이 같은 이유 때문이다. 또한 법원에서 증인이 중요하게 취급받는 것도 문자 활용이 일반화되지 못했던 시기의 관습에서 유래되었다. 중세시대까지만 해도 문자를 사용하는 사람이 소수였기 때문에 문서보다는 증인의 증언이 법정에서 더 중요하게 취급되었다. 본격적인 인쇄문자 미디어시대 이전에는 기억술에 대한 교육도 이루어졌다. 기억술은 그리스 로마 시대에 만들어져 중세시대까지 지속적으로 교육되었다. 특히 중세시대의 기억술은 기독교의 가르침 전파를 위해 발전되었다.

한편 서구에서 금속인쇄술을 활용한 인쇄문자 미디어의 이용이 일반화된 이후에는 사회의 '보편적인 합리성'이 이루어졌다. 인쇄술로 말미암아 보다 광범위한 계층의 사람들이 지식에 접근할 수 있게 되었기 때문이다. 또한 문자들로 이루어진 문장을 이해하기 위해서는 논리적 합리성이 필요하다. 인쇄물의 독자들은 문장을 구성하는 문자들을 하나 하나 순서대로 읽고, 앞문장과 뒷문장을 연결지어 차례대로 읽어야만 전체적인 맥락을 이해할 수 있다. 이 같은 인쇄물의 논리적 선형성(linearity)은 인쇄물의 이용이 사회 전체에 논리적 합리성을 확산시킨다. 인쇄문자 미디어가 대중화되면, 각 개인도 새로운 커뮤니케이션 시스템에 접속해 자신의 체험을 해당 프로그램 언어의 구조에 맞춰 습득하고, 가공하며, 저장해야 할 필요성이 커지면서 사회는 구술문화에서 탈피해 문자문화를 형성한다. 이러한 과정을 '삶의 합리화'라고 하는데, 15세기 이후 이 같은 과정은 학문뿐만 아니라 교육 시스템과 일생생활의 다양한 분야에 두루 적용되었다.

영상 미디어시대가 고도화되고 있는 요즘, 가장 각광받는 미디어 중 하나는 이동전화이다. 이동전화는 산업적으로도 매우 중요하지만, 인간의 인지 능력과 문화적 형태에도 적지 않은 영향을 미치고 있다. 현재 대한민국의 이동전화 경험 환경은 '미디어의 인간화'로까지 요약할 수 있다. 이동전화는 전화의 기능을 넘어 MP3, 게임기, 카메라, 캠코더, TV, 컴퓨터 등 거의 모든 미디어 역할을 수행한다. 최근에는 스마트폰의 확산으로 이동전화의 기능이 더욱 확장되고 있다. 애플 아이폰과 연결된 앱스토어(App Store)에는 교통정보나 여행정보 등 다양한 실생활정보형 애플리케이션이 넘쳐나고 있다. 또한 정부 및 공공기관이 보유하고 있는 공공 정보도 스마트폰을 통해 이용할 수 있는 콘텐츠로 재구성되고 있다.

이처럼 이동전화는 단순히 편리한 의사소통의 도구를 넘어 우리의 삶과 분리하기 힘든 현대 문명의 이기가 되었다. 휴대폰으로 방송과 영화를 보고, 음악을 듣고, 게임을 하고, 각종 뉴스나 정보를 찾고, 위치를 확인하고, 은행거래를 하고, 문자나 동영상 메시지를 주고받으며, 캐릭터

[그림 4-4] 이동전화의 일상생활에 대한 연계성을 증강시킨 스마트폰

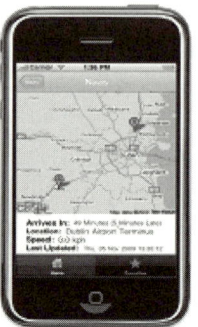

나 벨소리 등을 다운로드받고, 동호회 활동도 한다. 2010년에는 국내 모 이동전화 생산업체에 의해 방위 표시와 나침반 기능을 내장하고 있으 며, 114장으로 구성된 이슬람 경전 '코란'을 음성과 문자로 제공하는 이 동전화 제품이 생산되기도 하였다. 이 이동전화기는 하루 5번 기도할 시 간을 알려주고, 기도 중 전화가 울릴 경우 수신 거절과 함께 자동으로 문 자 메시지를 발송해주며, 이슬람 고유의 달력을 내장, 이슬람 종교 관련 행사 일정도 알려준다. 이제 이동전화는 단순한 통화수단이 아니라 모 든 커뮤니케이션의 중심이 됐다. 한때 '사치품'이었고, 시간이 지나 '생 활필수품'이 됐으며 지금에 와서는 새로운 소통의 방식과 비즈니스 업무 까지 지원하는 '컨버전스 유닛'으로 발전한 것이다.

2008년 상반기를 기준으로 우리나라 이동통신 가입자 수는 인구 4,300만 명, 인구 대비 92.2%의 보급률을 기록한 것으로 조사되었다. 또한 2010년 5월 SK텔레콤은 자사 이동전화 가입자 수가 1984년 서비

스 시작 이후 26년 만에 2,500만 명을 넘어섰다고 발표하기도 했다.

휴대전화는 이제 한국인의 생활필수품이라고 해도 과언이 아니다. 사실상 '1인 1휴대폰 시대'가 도래한 것이다. 이 과정에서 우리나라는 CDMA 세계 첫 상용화에 이어 세계 최초 DMB 실시, 3세대(3G) 이동통신 강국이라는 세계적 수준의 정보통신 인프라와 서비스를 갖춘 IT강국으로 자리 잡았다. 1988년 7월 1일 SK텔레콤의 전신인 한국이동통신이 아날로그 방식의 이동통신 서비스를 선보인 후 20년의 성과다. 이동전화 제조업체들은 경쟁적으로 매 분기마다 초고속 인터넷 접속, 터치 스크린 등 다양한 기능으로 무장한 신상품들을 소비자에게 선보이고 있으며, 유행에 민감한 젊은 세대들은 다양한 기능이 컨버전스된 휴대폰을 유행처럼 구입하며 휴대하고 있다. 분명히 우리는 휴대폰 없이는 살 수 없는 시대를 살고 있다.

2008년 여름 이동전화는 새로운 문화현상을 촉발하면서 가히 혁명적 패러다임을 잉태했다. 바로 이동전화가 매개하는 촛불집회 사례이다. '광우병 소' 사태가 촉발한 문화혁명의 근저에 바로 이동전화가 있는 것이다. 광장에 모인 사람들의 한손에는 촛불, 또 다른 한손에는 휴대폰이 들려 있다. 이동전화 영상으로 현장이 생중계된다. 스스로를 취재한, 편집되지 않은 '생' 영상이 무선 인터넷으로 중계되고 네티즌은 실시간으로 그 상황을 목격한다. 길거리 휴대 저널리즘, 모바일 저널리즘이다. 모바일과 인터넷에 기반을 둔 사이버 커뮤니케이션이 여론의 흐름까지 바꿔놓는 현상이 발생하고 있다. 개방된 플랫폼을 통해 이용자 스스로 참여와 소통을 활성화하고 새로운 콘텐츠까지 생산해내는 2.0 미디어 지형인 것이다.

한편, 이동전화는 여전히 두 얼굴의 소유자다. 심각한 사회문제로 대두되고 있는 휴대전화 중독현상이 그것인데, 통화보다는 문자 메시지가 주범이다. 문제의 원인은 소위 '엄지족'의 지나친 문자 메시지 사랑에서 기인한다. 심지어 청소년들 일부는 휴대폰 사용을 강제로 금지시키면 심신불안 증세를 보이는 '금단증상'까지 보고된다. '쇼를 하라', '비비디 바비디 부' 등 우리는 이동전화 광고가 제시하는 라이프스타일을 따른다. 새로운 휴대폰이 나오면 사용하던 휴대폰은 기꺼이 버린다. 한국인의 휴대전화 교체주기가 평균 18개월이라는 통계가 나오기에 이르렀다. 특히 주 타깃인 20대와 30대 초반, 그리고 나이와 상관없이 젊은 생각을 가진 타깃(YMC : Youth Minded Consumer)에게 휴대전화는 주요 패션 아이콘이자 자신을 드러내는 상징물이다. 휴대전화 광고는 바로 이러한 상징성을 조준하고 있다. 최근에 국내외 유명 뮤지션들의 콘서트장에는 어김없이 이동전화를 이용한 공연장면 촬영이 문제를 일으키고 있다. 휘트니 휴스턴의 내한공연에서도 그녀가 '보디가드 OST'를 부르며 공연의 클라이맥스를 장식할 때 대다수 관객이 휴대전화를 들고 동영상을 촬영했다. 또한 뮤지컬 스프링어웨이크닝은 여배우의 노출 신 촬영을 방지하기 위해 처음으로 디카, MP3 등의 검색대를 도입하기도 했다.

한편 전문가들은 이동전화 사용으로 인한 커뮤니케이션 능력(communication competence)의 상실을 지적한다. 커뮤니케이션 능력은 대인관계에 있어서 의사소통 행위의 목표달성과 질을 결정하는 중요한 요소로 설명되고 있다. 구체적으로 커뮤니케이션 능력은 인간이 주변 환경과의 유기적인 관계를 형성하고 환경에 적응하며 환경을 통제할 수 있는, 환경과의 상호작용적 능력으로 정의할 수 있다. 그런데 현대사회의 미디어 이용 과정에서는 이 같은 커뮤니케이션 능력의 약화가 도처에서 확인되고 있다. '난데'로 대변되듯 발신자를 확인해야 하는 예의가 필요 없어 언어예절이 무시되기 일쑤이고, 언어규칙이 무시된 문자가 남발된다.

이동전화는 인간의 생활양식도 변화시켰다. 편지를 대신하는 이메일과 문자, 만남에 설레며 약속시간을 고대하는 '기다림의 미학'이 사라졌다. 그리고 기억용량은 단축번호로 대체된다. 또한 이동전화는 하나의 이미지 파워를 갖게 되었다. 이동전화는 이제 단순한 이동통신 단말만을 의미하지 않게 되었다. 최신 이동전화 소유자는 최신 유행에 동참하는 이미지를 지니게 되었다.

한국에서 이동전화는 하나의 커뮤니케이션 도구가 아니라 신체의 일부분이 되어서 체화되고 있다. 이동전화 없이는 일상생활에 어려움을 느끼며, 심리적 불안감까지 갖게 되었다. 커뮤니케이션 능력과 생활양식, 그리고 감정 및 정서까지도 이동전화의 영향을 받게 되었다. 이동전화는 지금의 미디어 생태계와 한국사회의 변화를 추동하는 가장 강력한 도구인 것이다.

3

지속 가능한 비즈니스 생태계 구축 전략

2.0 미디어 콘텐츠 시장 상황은 시장의 성공요소 및 정부 역할에 대한 재검토를 요구하고 있다. 수평적 산업구조와 가치사슬 단계의 분화는 비즈니스 성공을 위한 새로운 요소와 조건을 요구하고 이를 확보하기 위한 정부 역할 역시 변화해야 함을 역설한다. 국내 콘텐츠 산업의 지속 성장과 국가경쟁력 제고를 위한 미래전략 마련이 시급한 것이다.

이에 생태계 개념에 기초해 정책을 일회적 또는 고립적 활동이 아니라 조직 주체와 제도들의 상호작용을 고려해 수립 집행하고자 하는 전략적 패러다임의 이동이 요구된다. 정부의 역할은 다양한 이해관계자 사이의 공생적 네트워크를 촉진하고, 생태계환경을 거버넌스(governance)하는 것이다. 정부는 콘텐츠의 경제적 가치를 촉진하는 지원자이며 동시에 시장실패를 보완하는 조정자 역할을 수행해야 한다. 따라서 미디어 콘텐츠 생태계 정책의 목표는 개방형 산업혁신 생태계가 효율적으로 작동될 수 있도록 투자의 효율화, 혁신역량 강화, 비즈니스 인프라가 선순환 구조를 이룰 수 있도록 설정되어야 할 것이다. 콘텐츠 생태계 구성요소 간 공존·균형을 통한 순환작용, 조절작용, 진화작용으로 시장의 선순환구조를 구축해야 한다는 것이다.

미디어 콘텐츠 산업의 발전을 위해서는 가치사슬의 각 영역이 구성하는 산업생태계가 선순환구조를 형성하는 것이 가장 중요하다. 미디어 콘텐츠 산업의 생태계를 구성하는 각 영역이 조화롭고 균형 있는 성장을 통해 창출된 에너지를 다른 영역과 상호 협력적 관계를 유지하면서 발전적으로 진화할 수 있는 생태계의 구성이 중요한 것이다. 따라서 정책적인 측면에서도 콘텐츠 산업의 생태계를 구성하는 가치사슬상의 모든 비즈니스 활동의 유기적 결합을 촉진하는 것이 콘텐츠 산업 진흥정책의 핵심목표가 된다.

이러한 목표를 달성하기 위해 콘텐츠 생태계 구성요소 및 콘텐츠 라이프사이클을 고려한 세부전략 과제를 도출하면 다음과 같다. 첫째, 미디어 콘텐츠 정책 추진체계 혁신 및 법제도 정비가 요구된다. 국가적인 차원의 비전과 목표가 명확히 설정되어야 한다. 미디어 콘텐츠 산업 진흥정책 추진체계의 일원화가 요구된다. 민관 정책 협력을 위한 거버넌스 구축이 시급하다.

둘째, 미디어 콘텐츠 제작 능력을 제고해야 한다. 미디어 콘텐츠의 상품가치는 문화, 예술, 역사, 지리 등 원천요소로부터 발생하기 때문에 이에 대한 발굴 및 개발 지원 시스템이 필요하다. 디지털 융합에서 고품질의 콘텐츠를 구현하고 소비자의 니즈 및 이용행태에 따른 맞춤형 콘텐츠를 제작해야 한다.

셋째, 미디어 콘텐츠 유통질서의 건전화가 요구된다. 선진 유통환경 조성, 콘텐츠 유통 시스템의 재정립이 필요하다. 콘텐츠 유통 채널 간의 장벽을 해체하고 콘텐츠 사업자 간의 유효 경쟁이 이루어지는 유통 비즈니스 환경을 조성해야 한다. 창작자 및 중소 콘텐츠 사업자의 육성을 위하여 거래비용을 축소하고 비즈니스 수익이 가치사슬 전반으로 배분될 수 있는 합리적 유통구조를 구축해야 한다.

넷째, 융합형 창작/기획 인력을 양성해야 한다. 혁신의 주체로 인적 자원은 핵심적인 정책 이슈가 된다. 미국 경쟁력위원회는 혁신가(innovator)를 키우기 위해 과학·기술과 경영·경제를 동시 습득하고 활용할 수 있는 인력을 배출하는 새로운 과정(학제적 과정) 신설을 제안하고 있다. 우리 역시 지금까지 교육 시스템에 집중된 일회성 정책보다는 전체적인 생태계 관점에서의 인적 확보 시스템을 구축해야 한다. 예컨대, 미디어 콘텐츠 제작과 마케팅을 연계시킬 수 있는 비즈니스 기획역량 관련 전문교육을 강화하는 방안 등이다.

다섯째, 재정 지원제도 개선 및 민간투자를 적극 유도해야 한다. 미디어 시장 자본의 확대를 위해 민간투자를 유인하는 다양한 투자제도를 개발해야 한다. 미디어 콘텐츠 비즈니스에 대한 기업들의 참여와 콘텐츠 벤처기업의 활성화를 유도하는 다양한 세제혜택을 마련해야 한다. 미디어 콘텐츠 산업은 초기 개발 단계에서 높은 R&D 자금이 필요하기 때문에 벤처자본 투자의 활성화는 경쟁력 확보의 중요 요인이 된다.

여섯째, 핵심 미디어 콘텐츠 기술을 개발해야 한다. 미디어 콘텐츠 라이프사이클에 기초한 미디어 콘텐츠 기술 개발의 유기적 통합을 달성해야 한다. 기술개발 자금지원 현실화, 다양한 유형의 기술개발 지원 수단 (예-기술이전 지원, 개발된 기술의 산업화 지원)을 강구해야 한다.

일곱째, 미디어 문화 향유 기회를 확대해야 한다. 미디어 콘텐츠 이용 환경을 조성해야 하는데, 콘텐츠 단말의 표준화를 통해 이용자의 편의를 제고하고 콘텐츠 활용을 통해 삶의 질을 개선할 수 있는 기회를 제공해야 한다. 더불어 계층, 소득, 지역 등의 차이에 따른 콘텐츠 활용 능력의 격차가 발생하지 않도록 미디어 리터러시를 확대해야 한다. 또한 미디어 콘텐츠의 범람에 따른 역기능을 해소해야 하는데, 콘텐츠 중독의 예방과 치료에 관심을 두어야 하며 불법 콘텐츠의 유통을 차단하는 등 역기능을 최소화하는 정책시행과 지원이 필요하다.

여덟째, 콘텐츠 저작권 체계를 정비해야 한다. 네트워크, 플랫폼 간의 콘텐츠 이동성, 그리고 콘텐츠의 공유 가능성을 제고하기 위한 저작권 체계 및 관련 제도 정비가 요구된다. 융합 시장에서 창의적인 콘텐츠가 다양한 경제적 가치로 전환될 수 있도록 저작권 보호 및 관리 시스템 구축이 확대되어야 할 것이다.

생태계 개념을 적용할 때, 2.0 미디어 콘텐츠 시장 정책방향은 '기획/제작-유통/서비스-소비/재생산' 사이클을 구성하는 요소들의 상호 활성화를 통한 미디어 콘텐츠 산업의 선순환 구조를 구축하는 것으로 요약된다. 하나의 가치사슬 안에서 유기체적 상호작용을 통해 지속적 성장이 가능하도록 유도해야 하는 것이다. 이를 위해 2.0 미디어 콘텐츠 생태계의 구현은 일종의 '사회적 시장(social market)' 모델을 지향해야 한다. 사회적·공익적 가치를 우선하되, 투자 가치도 적극적으로 인정함으로써 시장적 가치를 존중하는 것이다. 미디어 융합에 따른 새로운 콘텐츠와 서비스 시장의 활성화로 소비자의 콘텐츠 수요와 이용문화를 고려한 문화적 관점의 진흥정책인 것이다.

그 이념적 지향은 '공사(公私)균형'적 통섭의 이념이 되어야 한다. 공익과 사익의 균형, 상업성과 비상업성의 균형, 국내적인 것과 국제적인 것의 균형, 서울과 지방의 균형을 목표로 해야 한다. 이는 국민 권력의 틀에서 시장 경제와 결합을 촉진하는 개념이며, 사유화 반대, 공유 영역의 확대를 지향하는 정책이념이다. 또한 이것은 미디어 영역에서 사적 영역은 가급적 규율하고, 공유 영역을 확대시키며, 민주적 통제를 강화시키는 것으로 실현된다. 경제적 효율성과 다양한 선택의 자유를 보장하되 효율성과 자율이 갖고 오는 부정적인 문제들을 사회정의(법, 제도)의 구현을 통해 보완해야 한다.

결국 미디어 생태계정책은 '수용자 복지'를 최우선으로 하되, '산업 활성화'와 '공공성 제고'를 함께 고려해야 하는 것이다. 미디어 사업자 간 경쟁촉진을 통해 새로운 미디어와 서비스를 활성화함으로써 소비자의 선택범위를 확대하고 소비자 권익을 보호하는 한편, 시장원리를 통해 제공될 수 없는 다양한 공공 정보와 의견이 유통될 수 있도록 미디어의 공익성을 증진시킴으로써 궁극적으로 수용자의 복지를 증진시키는 데 초점을 두어야 하는 것이다. 이를 통해 2.0 미디어 콘텐츠 환경에 대응한 새로운 미디어 콘텐츠 생태계 구축이 가능하게 된다. 미디어 콘텐츠 생태계에 대한 새로운 분석과 이에 기초한 정책의 수립은 미디어 융합시대를 여는 열쇠가 되고 있다.

■ 참고문헌 및 자료

강승한(2008). 『유비쿼터스 사회의 지식생태 전략』, 진한엠엔비.

강장묵(2009). 『뉴미디어와 소통의 정치학(네트워크 시대, 민주주의의 도전과 과제)』, 한울.

강효숙(2007). 『만화콘텐츠와 미디어믹스』, 북코리아.

곽원섭(2008). 『벤처기업과 미래선도산업』, 글누림.

구문모(2007). 『미디어 콘텐츠의 비즈니스 원리』, 해남.

국가과학기술자문회의(2007). 『소프트웨어 및 콘텐츠 글로벌 경쟁력 확보 방안』.

권상희(2010). 『미래방송의 핵심키워드』, 3D-TV(www.digieco.co.kr).

권상희(2008). 『디지털문화론』, 성균관대학교 출판부.

권상희(2007). 『사이버커뮤니케이션 이론』, 성균관대학교 출판부.

김국신(2009). 『복잡계 이론을 통한 북한의 정상국가화 방안 연구』, 통일연구원.

김기태(2009). 『미디어 교육의 이해와 활용』, 한국콘텐츠진흥원.

김도연·김동욱·조은기(2006). 『융합 환경에서의 방송산업 시장획정 방법 및 규제 개선에 관한 연구』, 한국방송광고공사.

김동환(2004). 『시스템사고 : 시스템으로 생각하기』, 선학사.

김대호(2008). 『미디어의 미래』, 커뮤니케이션북스.

김미숙 외(2001). 『현대사회학』, 을유문화사.

김범준(2009). 『복잡계이론의 현주소(성균관대학교 지식통합포럼 발표문. 2010년 4월)』.

김원제 외(2007). 『뉴미디어 플랫폼 확산에 따른 콘텐츠 창작 및 유통환경의 전화와 대응방안연구』, 한국콘텐츠진흥원, 문콘진 연구보고서 07-29.

김원제(2009). 『콘텐츠 실크로드 미디어 오디세이』, 한국학술정보.

김윤화(2009). 「3 스크린 플레이(3 Screen Play) 서비스 추진현황」, 정보통신정책연구원 동향, 21권 11호, 통권 464호.

김인경(2010). 「다매체와 콘텐츠 소비에 따른 통합충족과 레퍼토리에 대한 연구」, 중앙대 박사논문.

김택환(2008). 「웹 2.0시대의 미디어 경영학」, 중앙북스.

김춘호 외(1993). 「현대생태학」, 교문사.

김현식(2008). 「포털 매트릭스 : 포털 제국과 문화의 위기」, 로크미디어.

김희수 외(2006). 「방송서비스의 다매체화 및 통신방송 융합에 따른 공정경쟁 이슈 연구(I)(연구보고 06-06)」, 정보통신정책연구원.

노경란(2000). 「2010년 모바일 진화론」, 삼각형M&B.

디지털융합연구원·KT경영연구소(2005). 「디지털 생태계 미래전략연구」.

라이터스 편집부(2005). 「복잡계 이론이 창조하는 새로운 지식의 패러다임」.

명승은(2008). 「미디어 2.0」, 한빛미디어.

문화관광부(2006). 「문화산업백서」.

문화체육관광부(2010 a). 「콘텐츠 산업 2014」.

문화체육관광부(2010 b). 「2009문화산업통계」.

문화체육관광부(2009). 「2009대한민국 게임백서」.

매일경제세계지식포럼사무국(2007). 「다보스 리포트, 힘의 이동」, 매일경제신문사.

박만규 역(1993). 「종의기원」, 삼성세계사상 16, 삼성출판사.

박정규 역(1997). 「미디어의 이해-인간의 확장」, 커뮤니케이션북스.

박찬익·장천래(2005). 「Value Chain 진화론」, 물류신문사·인천대동북아물류혁신클러스터.

백선기(2007). 「인터넷 공간의 진화와 미디어 콘텐츠」, 커뮤니케이션북스.

복잡계 네트워크(2006). 「복잡계 워크샵 삼성경제연구소」.

민병원(2005). 「복잡계로 풀어내는 국제정치」, 삼성경제연구소.

방송통신위원회(2009).『2009 방송산업실태조사』.

삼성경제연구소(1997).『복잡성과학의 이해와 적용』, 삼성경제연구소.

삼상경제연구소(2007).『웹 2.0이 주도하는 사회와 기업의 변화』, CEO Information,
　　제 588호.

서정환 역(2000).『드림소사이어티 : 꿈과 감성을 파는 사회』, 리드리드출판.

손상영(2008).『디지털저작권관리정책과 사회후생』, 정보통신정책연구원.

송인혁 · 이유진 외(2010).『모두가 광장에 모이다 : 소셜이 바꾸는 멋진 세상』, 아이엔
　　유INU.

송해룡(2009).『미디어 2.0과 콘텐츠생태계 패러다임』, 성균관대학교출판부.

송해룡 · 김원제(2007).『융합환경의 미디어 콘텐츠생태계 진단 및 생태학적 정책대
　　안』, 방송위원회 자유 2007-26.

송해룡 외(2009).『위험인지와 위험커뮤니케이션』, 커뮤니케이션북스.

송해룡(2003).『디지털 미디어 서비스 그리고 콘텐츠』, 다락방.

심상민(2002).『미디어는 콘텐츠다』, 김영사.

심상민(2007).『컬처비즈니스』, 위즈덤하우스.

안치득(2009).『디지털 컨버전스와 기술발전 전망』, 3개 학회 공동 개최 컨퍼런스
　　Beyond Convergence : '디지털 컨버전스의 미래' 발제 자료.

우메다 모치오(2006).『웹진화론』, 재인.

유동운(2000).『경제진화론』, 선학사.

유동운(2002).『경제본능론 : 진화생물학 · 사회생물학 · 진화심리학 · 문화인류학 · 진
　　화경제학의 만남』, 북코리아.

윤영수 · 채승병(2006).『복잡계 개론』, 삼성경제연구소.

윤홍근(2009).『미디어마케팅』, 한울아카데미.

이동우(2010).『앱티즌』, 21세기북스.

이동후(1999).『기술중심적 미디어론에 대한 연구 : 맥루한, 옹, 포스트만을 중심으
　　로』, 언론과 사회 제24호, pp. 6~46.

이동후(2008). 『미디어 생태학 사상』, 한나래.

이상우·황준호(2008). 『국내지상파 방송 콘텐츠규제 개선을 위한 정책방안』, 언론정보학회 세미 나자료집.

이요섭(2007). 『진화경제학의 이해』, 연암사.

이인식(2008). 『지식의 대융합』, 고즈윈.

이진원(2009). 『디지털네이티브』, 비즈니스북스.

장석권(2010). 『개방형 IPTV 생태계 활성화를 위한 원칙과 상생방안』, KT경제경영연구소.

전충현(2009). 『문화콘텐츠 전략기획론』, 글누림.

전충현(2008). 『미디어 벤처 생태계 조성의 원칙과 방향』, KBI지식포럼.

전효리 정성영(2010). 『융합기술 R&D를 위한 개방형 혁신시스템 도입방향』, 전자통신동향분석, 25권 1호.

정준형 역(2004). 『비즈니스 생태학』, 에코리브르.

정하웅 강병남(2001). 『복잡계의 이해 : 네트워크의 구조적 성질 및 그 응용』, 물리학과 첨단기술. 10권 12호.

주용완(2010). 『인터넷 미디어사회』, 상아기획.

채승병·양재석·김선빈(2006). 『정책지식 생태계 활성화 전략의 행위자기반 접근』, 제1회 복잡계 컨퍼런스 – 복잡계 이론과 현실, 생산적 적용의 모색.

최민재 지성우(2008). 『디지털시대 방송 프로그램 저작권과 동영상 UCC』, 방송과 커뮤니케이션. 9권 2호.

최세경(2008). 『멀티플랫폼 경쟁시대에 수평규제체계의 도입방안』, 멀티플랫폼 경쟁시대의 시장규제와 사업자 전략, 한국언론학회 세미나 발제문.

최영묵(2009). 『미디어 콘텐츠와 저작권』, 논형.

KT경영연구소(2007). 『IT 2.0 : IT산업의 네오르네상스를 위한 비전과 전략』.

KT경영연구소(2008). 『디지털이 만든 새로운 세상』, 가상세계(Virtual Life).

KT경영연구소(2010). 『남아공 월드컵과 소셜커뮤니케이션』.

최창현(2005). 『복잡계로 바라본 조직관리』, 삼성경제연구소.

한국문화관광정책연구원(2003). 『CT발전과 문화산업 구조변화』.

한국소프트웨어진흥원(2007). 『디지털 콘텐츠산업백서(2006~2007)』, 진한 M&B.

한국콘텐츠진흥원(2009). 『2009 하반기 콘텐츠산업 동향분석보고서』.

한국콘텐츠진흥원(2010). 『애니메이션산업백서 2009』, 커뮤니케이션북스.

한규현(2007). 『복잡계란 무엇인가?』, 원자력산업.

한준(2005). 『인터넷 생태계의 구조와 변동』, 2005 디지털컨퍼런스 자료집.

Anderson, P.(1999). Complexity theory and organization science. *Organization Science.* Vol. 10(3).

Angelo Corallo, Giuseppina Passiante, Andrea Prencipe(2008). *The digital Business Ecosystem.* Edward Elgar Publishing, Inc. USA.

Arthur,W.B.(1994a). On the evolution of complexity, in Cowan, G.A. Pines, D. & Meltzer, D.(eds.) *Complexity : Metaphors, Model, and Reality.* Westview.

Arthur, W.B.(1994b). *Increasing Returns and path Dependency in th Economy.* The University of Michigan Press.

Benkler, Y.(2000). From consumers to users: Shifting the deeper structures of regulation towards sustainable commons and user access. *Federal Communication Law Journal,* Volume 52, 561−579(http://www.law. indiana.edu/fclj/pubs/v52/no3/benkler1.pdf).

Calic, Janko, Neill Campbell, Majid Mirmehdi, Barry Thomas, Ron Laborde, Sarah Porter and Nishan Canagarajah(2004) ICBR−Multimedia management system for Intelligent Content Based Retrieval. In: International Conference on Image and Video Retrieval CIVR 2004, pages 601−609. Springer LNCS 3115, July 2004.

Chesbrough, H.(2003). *Open Innovation: The New Imperative for Creating and Profiting from Technology*, Harvard Business School Press Books,

Chesbrough, H.(2007). Why Companies Should Have Open Business Models. *MIT Sloan Management Review*, 48(2).

Chesbrough, H.,&Rosenbloom, R.S.(2002). The role of the business model. *Industrial and Corporate Change*, 11(3).

Commission of the European Communities(2008). Preparing Europe's digital future i2010 Mid−Term.(http://ec.europa.eu/information_society/ eeurope/i2010/docs/annual_report/2008/com_2008_199_en.pdf).

DCMS(2006). *Creative Industries Economic Estimates Statistical Bulletin.*

Deloitte(2006). *Turn on to digital: Getting prepared for digital content creation and distribution in 2012.*

Dini, P, Darking, M L, Rathbone, N, Vidal, M, Hernandez, P, Ferronato, P, Briscoe, G, and S Hendryx(2005). The Digital Ecosystem research Vision: 2010 and Beyond. Position paper following the cycle of workshops 2005 and the online debate, July 2005, Bruxelles.

European Commission(2007. 8). Europe in the Global Research Landscape. European Commission, DG−INFSO(2005a). What is an European Digital Ecosystem? Policy Priorities and Goals. internal report, Bruxelles, February 2006.(http://www.digital−ecosystems.org/doc/fp7−de− shortintro.pdf).

European Commission, DG−INFSO(2005b). Towards Business Cases and User−Oriented Services in Digital Business Ecosystems. Conclusions of the FP7 Workshop on Needs and Requirements of Regions, Bruxelles, 18 April 2005.

Ellu, Jacques(1964), *Technological Society*, 박광덕 역(1996), 기술의 역사, 한울.

Elron, Dan and Golob, James(2006). Digital Ecosystem: Convergence between IT, Telecoms, Media and Entertainment. Keynote speech of joint session with IT, Telecoms, Media and Entertainment Governors, 27 Jan. Davos, Switzerland.

Foster, J. & Metcalfe, J.S.(2001). Modern evolutionary economic perspectives : an overview, in Foster,J. & Metcalfe, J.S.(eds.) *Frontiers of Evolutionary Economics : Competition, Selforganization and Innovation Policy.* Edvard Elgar.

Foster, J., The analytical foundations of evolutionary economices: from biological analogy to economic self-organization. *Structural Change and Economics Dynamics,* 1997, Vol.8(4),

Future Exploration Network(2006). *Future of Media.*

Future Exploration Network(2007). *WEB 2.0 Framework.*

Future Exploration Network(2008. 7). Future of Media Report 2008. (http:// rossdawsonblog.com/Future_of_Media_Report2008.pdf).

Hannon,B.(1997), the use of analogy in biology and economics-from biology to economics, and back. *Structural Change and Economics Development.* Vol.42(4), pp.471-488.

Hawken, P.(1993). The Ecology of Commerce.: 정준형 역(2004). 비즈니스 생태학. 에코리브르.

Hawley, Amos H. 강대기 외 역(1995), 인간생태학: 지역공동체 이론, 일지사.

Holland, J.H., *Hidden Order : How Adaption builds Complexity.* Cambridge, Perseus Books.

Holland, J.H., *Adaption in Natural and Artificial Systems.* The University of Michigan, 1992. p. IX 참조.

Hodgson, G.M.(1994), *Economics and Evolution : Bringing Life back to Economics.* Policy Press, Cambridge.

Hope, E.(2007). Competition policy and sector-specific economic media regulation : and never the twain shall meet?(pp.310~343) P. Seabright & J. von Hagen(eds.), *The Economic Regulation of Broadcasting Markets : Evolving Technology and Challenge for Policy,* Cambridge University Press.

IBM Institute for Business Value(2004). Media and entertainment 2010 Open on the inside, open on the outside: The open media company of the future.

Kaufman, S. *The Origin of Order : Self-Organization and Selection in Evoltution.* New York, Oxford University Press.

Keskinen,A., Aaltonen, M. & Mitleton-Kelly,E.(2003). Organisational Complexity. Finland Futures Research Centre, Turku School of Economices and Business Administration.

Lewin, R.(1999), *Complexity : Life at the Edge of Chaos.* The University of Chicago Press.

Merry,U.(1995), *Coping with Uncertainty: Insights from the New Science of Chaos, Selforganization, and Complexity.* Praeger, Westport.

Merry, U.(1999). Organizational strategy on different landscapes : A new science approach. *Systematic Practice and Action Research.* Vol. 12(3).

Meyrowitz, Joshua.(1993), Image of Media: Hidden Ferment-and Harmony- in the Field, *Journal of Communication* 43(3), pp. 55-66.

Mitleton-Kelly, E., Ten principles of complexity and enabling infrastructures, in Mitleton-Kelly, E.(des.) *Complex Systems and Evolutionary Perspectives on Organizations: The Application of Complexity Theory to Organizations.* Pergamon.

Moore, J. F.(1996). The Death of Competition : Leadership & Strategy in the Age of Business Ecosystems. New York, Harvard Business.

Moore, J. F.(2003). Digital Business Ecosystems in Developing Countries: An Introduction. Berkman Center for Internet and Society, Harvard Law School. http://cyber.law.harvard.edu/bold/devel03/modules/episodeII.html.

Nachira, F.(2002). Toward a network of digital business ecosystems fostering the local development.(http://www.europa.eu.int/information_society/topics/ebusiness/godigital/sme_research/index_en.htm).

Nelson, R.R. & Winter, S.G.(1982). *An Evolutionary Theory of Economics Change*. The Belkap Press of the Harvard Univetsity Press.

Nystrom, C. K.(1993), Toward a Science of Media Ecology : The Formulation of integrated conceptual paradigms for the study of human communication system. New York University.

OECD(2003). Seizing the Benefits of ICT in a Digital Economy.

OECD(2004). The Economic Impact of ICT.

OECD(2006). Information Technology Outlook.

Postman, Neil(1992). Technopoly; 김균역(2001), 테크노폴리, 민음사.

Potts J.(2000), *The New Evolutionary Economices : Complexity, Competence and Adaptive Bahaviour. New horizons in institutional and evolutionary economics*. Edward Elgar.

Schelling, T.C.(1978). *Micromotives and Macrobehaviour*. W.W.Norton Company.

Schumpeter, J.A.(1951). *The Theory of Economics Development: An Inquiry into Porfis, Capital, Credit, Interest, and the Business Cycle*, 박영호역(2005), 경제발전의 이론, 커뮤니케이션북스.

Tapscott, D.(1999). Creating Value in the Network Economy, *Harvard Business School;* 심상민(2000). 넷경제의 가치, 물푸레.

Tapscott, D., & Williams, A.(2006), *Wikinomics, How Mass Collaboration Changes Everything*, Portfolio; 윤미나(2007), 위키노믹스, 21세기북스.

Qualman, Erik, Socialnomics: How social media transforms the way we live and do business, inmD(2010), 소셜노믹스, 에이콘.

Waldrop, M.M.(1992), *Complexity: The emerging science at the edge of order and chaos*. Touchstone, New York, 1992.

■ 신문기사 및 기타 자료

디지털타임스(2008. 6. 24), 「우리가 선택하는 인터넷 세상」, 디지털타임스.

머니투데이(2010. 4. 8), 「문화부, 콘텐츠 생태계 조성에 5000억 투자」, 머니투데이.

아이뉴스24(2010. 3. 11), 「애플, 미국 2위 스마트폰 사업자로 안착」, 아이뉴스24.

한국경제신문(2009. 5. 18), 「3 스크린(3S) 시대 열린다」.

지티스-게임산업종합정보시스템(http://www.gitiss.org/index.jsp)

study artificial intelligence(http://www.aistudy.co.kr/physics/chaos/complex_system.htm)

복잡계 네트워크 COREN(http://www.complexity.or.kr/)

The Information Resource about the European approach on Digital Ecosystems(http://www.digital-ecosystems.org/)

IBM(http://www-935.ibm.com/services/us/gbs/bus/html/bcs_whatwethink.html)

KT경제경영연구소 Digieco(http://www.digieco.co.kr/KTFront/index.action)

(사)한국시스템다이내믹스학회(http://www.ksds.net/q/home/)

한국콘텐츠진흥원(http://www.kocca.kr/)

문화체육관광부(http://www.mcst.go.kr/main.jsp)

영화진흥위원회(http://www.kofic.or.kr/main.do)

한국전자통신연구원(http://www.etri.re.kr/)

한국인터넷진흥원(http://www.kisa.or.kr/index.html)

정보통신산업진흥원(http://www.nipa.kr/index.do)

LG경제연구원(http://www.lgeri.com/)

정보통신정책연구원(http://www.kisdi.re.kr/kisdi/jsp/fp/kr/main.jsp)

방송통신위원회(http://www.kcc.go.kr/)

현대경제연구원(http://hri.co.kr/)

단국대학교 미디어 콘텐츠연구원(http://www.dkuimc.kr/main/main.php)